Aprender juntos
alumnos diferentes

Pere Pujolàs

Aprender juntos
alumnos diferentes

LOS EQUIPOS DE APRENDIZAJE
COOPERATIVO EN EL AULA

EUMO-OCTAEDRO

Colección *Recursos*, n.º 62

Título original: *Aprendre junts alumnes diferents*
Eumo Editorial, 2003

Traducción del catalán: Mari Carmen Doñate

Primera edición: octubre de 2004

© Pere Pujolàs i Maset

© De esta edición:
Ediciones OCTAEDRO, S.L.
C/ Bailén, 5 - 08010 Barcelona
Tel.: 93 246 40 02 • Fax: 93 231 18 68
http: www.octaedro.com
e-mail: octaedro@octaedro.com

EUMO Editorial
C/ de Miramarges, 4 - 08500 Vic
Tel.: 93 889 28 18 • Fax: 93 889 35 41
http: www.eumoeditorial.com
e-mail: eumoeditorial@eumoeditorial.com

ISBN: 84-8063-700-5
Depósito legal: B. 42.132-2004

Diseño y producción: Servicios Gráficos Octaedro

Impresión: Hurope, s.l.

Impreso en España
Printed in Spain

Índice

A Sandra, Pau,
Alhasana, Donkey,
Albert y Dolors

Este ha sido nuestro primer encuentro con vosotros. A través de los chicos que no queréis.

Nosotros también nos hemos dado cuenta de que con ellos la escuela es más difícil. Alguna vez aparece la tentación de sacárselos de encima. Pero si ellos se pierden, la escuela ya no es escuela. Es un hospital que cura a los que están sanos y que rechaza a los enfermos. Se convierte en un instrumento de diferenciación cada vez más irremediable.

¿Y vosotros os atrevéis a representar este papel en el mundo? Entonces llamadlos de nuevo, insistid, volved a empezar desde el principio a pesar de que os tomen por locos.

Es mejor parecer loco que ser un instrumento del racismo.

Alumnos de la Escuela de Barbiana. *Carta a una maestra*. Vic: Eumo Editorial, 1998, p. 14 (texto original de 1967).

Prólogo

Susan B*RAY* S*TAINBACK*
Octubre de 2000

Con mucho gusto escribo el prólogo de este libro, que trata un tema tan esencial para la calidad de la enseñanza de todos los alumnos: el de crear comunidades educativas mediante el aprendizaje cooperativo. Con la mejor de las intenciones, en la enseñanza hemos tomado el camino de la fragmentación a fin de ofrecer soportes educativos. Nuestros esfuerzos se han dividido en educación especial y educación general. Los recursos de nuestro sistema educativo, los esfuerzos y el personal se han fragmentado. Además, hemos estratificado a los alumnos en grupos que dan a entender las desigualdades de algunos niños. Todo esto ha producido el resultado de un debilitamiento de toda la enseñanza en general y, por tanto, de nuestra sociedad, por el hecho de devaluar a algunos individuos y de limitar las oportunidades y las experiencias de todos.

En este libro el profesor Pujolàs explica con mucha claridad de qué manera la hábil ejecución de los procedimientos del aprendizaje cooperativo puede conseguir que todos los alumnos satisfagan sus necesidades educativas a partir de un sistema unificado.

– Mediante el uso de los procedimientos de la enseñanza cooperativa, un sistema educativo unificado e inclusivo puede satisfacer y sacar partido de la singularidad de cada alumno.
– Se ha de dejar que cada alumno tenga la oportunidad de desarrollar las habilidades y los conocimientos necesarios dentro del contexto de un grupo más grande de compañeros.

– El aprendizaje cooperativo se puede utilizar para ayudar a los alumnos a desarrollar las habilidades y los conocimientos necesarios para trabajar con sus compañeros, para apoyarse recíprocamente y para solucionar problemas significativos.
– Y, finalmente, el aprendizaje cooperativo puede inculcar en los alumnos el respeto mutuo y el reconocimiento de la singularidad y la valía de cada uno de los compañeros de clase.

Todos estos aprendizajes son fundamentales para promover una sociedad productiva que pueda garantizar una buena calidad de vida para todos sus miembros.

Hasta no hace demasiado tiempo, muchos educadores, políticos y padres reconocían que la enseñanza inclusiva y su abrumador potencial para causar impacto en la calidad de vida de todos tan sólo era un sueño. Tal como ya indicaba James Allen en un tratado escrito en las postrimerías del siglo XIX, cuando la revolución industrial estaba provocando cambios violentos en Inglaterra,

> El éxito mayor de todos empezó siendo un sueño [...] Los sueños son el plantel de la realidad [...] Si a pesar de todo eres fiel a ellos, tu mundo se hará realidad (James Allen, *As Man thinketh*. Nueva York: Barnes & Noble, 1992, pp. 3-4).

Estas palabras siguen siendo tan ciertas ahora como lo eran entonces. Gracias a la dedicación de personas interesadas por este tema, el sueño de la enseñanza inclusiva y de los avances hacia una sociedad inclusiva se está convirtiendo en una realidad en muchos lugares de todo el mundo. Pero como en todos los sueños dignos de verse cumplidos, ha habido y continúa habiendo muchos retos y barreras. Y aunque los retos y barreras no sean razones insalvables para dejar de perseguir el sueño, sí son problemas que hay que solucionar.

El Dr. Pujolàs y muchos otros educadores, estudiantes y miembros de la comunidad están tratando y solucionando los problemas para que el sueño de la inclusión llegue a ser una realidad en las aulas, en las escuelas y en las comunidades. Pero desgraciadamente en cada nuevo entorno en el que alguien empiece a trabajar a fin de que la inclusión se convierta en una realidad habrá retos y barreras..., problemas que habrá que solucionar. Cuando se encuentren y se compartan las soluciones, las barreras que será necesario superar y los problemas que habrá que solucionar se afrontarán cada vez con más facilidad.

En este libro, *Aprender juntos alumnos diferentes*, el profesor Pujo-làs comparte la investigación y las experiencias que explican el modo como el aprendizaje cooperativo puede ayudar a los educadores a po-tenciar, organizar y desarrollar aulas y comunidades inclusivas en las que todos sean bien recibidos, apreciados y valorados por sus compa-ñeros. Textos como este y otros recursos parecidos son los que ayudan a conseguir más fácilmente una realidad inclusiva.

Shafik Asante, un especialista en los temas de comunidad, diversi-dad e inclusión, escribió que el liderazgo «no consiste tan sólo en saber qué hay que hacer, sino en cómo hay que hacerlo y hasta en por qué hay que hacerlo» (Asante, *When Spider Webs Unite*. Toronto: Inclusion Press, 1997, p. 100). En este libro, el profesor Pujolàs se nos revela como un gran líder. Presenta de manera clara la descripción y las bases lógicas para el cambio de rumbo que debe tomar la educación a fin de mejorar nuestras escuelas y comunidades, así como nuestra sociedad. Para envolver esta información, el profesor Pujolàs utiliza sus amplios conocimientos sobre el estudio y la práctica escolar cotidiana y pre-senta al lector las técnicas y los procedimientos que facilitan un óptimo progreso del alumno, potenciando las habilidades y los valores necesa-rios para alcanzar el objetivo educativo de la inclusión.

John F. Kennedy dijo una vez que, a pesar de que cualquiera de no-sotros puede sentirse impotente para provocar cambios que mejoren el mundo, si nos unimos podemos convertirnos en una gran fuerza capaz de conquistar cualquier montaña. La meta de la inclusión es una buena montaña en educación, y, si trabajamos todos juntos, la «montaña soñada» de una escuela y una sociedad inclusivas se puede hacer rea-lidad.

para todos», en lo que respecta a la educación), no quiere decir tratar a todo el mundo de la misma manera. Los niños y las niñas no son iguales, y, por tanto, no debería tratárseles como si lo fueran. Lo que realmente requiere este principio general —que es un principio de justicia— es que no se les trate de una manera igual, homogénea, sino a cada uno de ellos según sus necesidades específicas. Por esto, dicho principio general de igualdad de oportunidades se tiene que transformar, en la práctica educativa, en derechos concretos que sean significativos en vistas a conseguir que cada niño, de acuerdo con sus necesidades específicas, llegue a las mismas metas —los fines últimos de la educación— por diferentes caminos. La «igualdad para todos» —que postula la escuela inclusiva— supone, pues, atender a todo el mundo según la diversidad. Pero si tenemos en cuenta lo que hemos dicho en el punto anterior, más que encontrar la manera de tratar a los alumnos diferentes, hemos de hallar la manera de enseñar a todos los alumnos juntos, teniendo en cuenta que son diferentes. Las propuestas didácticas que encontraréis en este libro intentan avanzar en esta dirección.

3. Así pues, la inclusión constituye una opción diferente de las otras opciones posibles. Una opción que pasa por aceptar a todo el mundo y por educar a todos los niños y niñas en aulas y comunidades educativas normales y corrientes. Otra opción sería educar a unos alumnos —la mayoría— en las aulas y los centros ordinarios, y a otros —una minoría— en aulas y centros especiales. Una cosa es la escuela inclusiva, que acoge a todo el mundo, y otra bien distinta una escuela selectiva, que acoge a los alumnos en función de su capacidad.

¿Una *escuela inclusiva, para todos*, o una *escuela selectiva, para unos cuantos*? Esto es lo que está en juego. Sin ningún género de dudas, yo me inclino por la primera. Estoy convencido —como dicen los autores del texto que encabeza esta presentación— de que la inclusión —contrariamente a los vientos que soplan— no sólo es el mejor camino, sino, además, un camino posible y factible. Esto es lo que intentaré explicar, mostrar y, en la medida de lo posible, demostrar en este libro. En el primer capítulo me centraré en explicar cómo debe ser, en mi opinión, una escuela para todo el mundo, y las condiciones que favorecen la transformación de los centros escolares en escuelas para todos, sean cuales sean las características personales de los alumnos. Después, en el resto de capítulos, presentaré el aprendizaje cooperativo como una manera —en mi opinión, la única— de conseguir que alumnos diferentes puedan aprender juntos.

1. La educación inclusiva: enseñar una forma de vivir

Parábola del invitado a cenar

La profesora de pedagogía dijo a sus discípulos:

«El maestro de una escuela se puede comparar a un prohombre muy respetado que sabía cocinar muy bien y que preparó una cena para un grupo de amigos.» Al ver la cara de extrañados de sus discípulos, la profesora siguió explicando: «Un prohombre de una ciudad se encontró con un viejo conocido a quien no veía desde hacía mucho tiempo. El prohombre tenía previsto celebrar el día siguiente una cena con un grupo de amigos y amigas que también lo conocían y que tampoco sabían nada de él desde hacía muchos años, y lo invitó a cenar. El prohombre era buen cocinero y preparó una cena espléndida: entrantes variados, guisos de toda clase y un pastel con frutas confitadas. Todo regado con vinos del Priorato y cava del Penedés. El mismo día de la cena, cayó en la cuenta de que su viejo amigo —no recordaba demasiado bien el porqué— tenía que tener mucho cuidado con lo que comía y que seguramente nada de lo que había preparado con tanto cuidado le iría bien. Le telefoneó enseguida (por suerte, se habían intercambiado los teléfonos por si surgía algún problema) explicándole lo que pasaba, y le dijo que lo sentía mucho, que más valía que no fuera a la cena y que ya le avisaría cuando celebraran otra. Otro prohombre de la misma ciudad se encontró en la misma situación. También había preparado una cena espléndida para sus amigos y había invitado a un viejo conocido de todos con el que se había encontrado un par de días antes. La misma tarde de la cena, otro de los invitados le hizo caer en la cuenta de que, por si no se acordaba, el viejo amigo no podía comer de todo. El prohombre, que se había olvidado de ello, corrió a telefonear a su amigo para preguntarle si aún tenía el mismo problema y para decirle que no se preocupara, que fuera de todos modos, ya que él le prepararía un plato de verdura y pescado a la plancha. Curiosamente, un tercer prohombre de la misma ciudad, también muy respetado, se encontró con un caso idéntico. Cuando ya lo tenía prácticamente todo a punto, se acordó de que aquel a quien había invitado a última hora (un viejo conocido suyo y de unos amigos con los que había quedado para cenar aquella misma noche) tenía que seguir una dieta muy estricta. Entonces cambió el menú deprisa y corriendo: seleccionó algunos entrantes que también podía comer su viejo amigo, guardó los guisos en el congelador para otra ocasión e improvisó un segundo plato, también espléndido, pero que todo el mundo podía comer; también retocó el pastel, y en vez de fruta confitada le puso fruta natural. Llegada la hora de la cena, todos juntos comieron de los mismos platos que el anfitrión les ofreció».

Después de esta larga explicación, la profesora preguntó a sus discípulos: «¿Cuál de estos tres comensales de última hora se debió de sentir más incluido en la cena con sus viejos amigos y conocidos?».

«Sin duda, el tercero», respondieron unánimemente los discípulos, sin vacilar un solo momento.

«Efectivamente», corroboró la profesora de pedagogía. Y siguió con la lección, diciéndoles: «Una escuela selectiva sólo quiere a aquellos discípulos que pueden comer el "menú" que tiene preparado de antemano: un currículum prefijado. En cambio, una escuela inclusiva es muy diferente. Ni siquiera se conforma con preparar un "menú especial" —un currículum adaptado— para un estudiante que tiene problemas para comer el "menú general", es decir, el currículum ordinario, general. Una escuela inclusiva es aquella que adecua el "menú general" para que todo el mundo pueda comerlo, para que sea un currículum común». Y concluyó: «En una escuela inclusiva, detrás de cómo y de qué se enseña hay unos determinados valores que configuran una forma muy determinada de vivir».

Detrás de cualquier planteamiento didáctico hay, sin duda, una determinada manera de entender el proceso de enseñanza y aprendizaje. En este sentido la psicología de la instrucción nos proporciona muchas y buenas pistas para articular un dispositivo didáctico que facilite al máximo el aprendizaje de los alumnos. Pero la manera como enseñamos también viene determinada, efectivamente, y en grado sumo —tal como se explica en la «Parábola del invitado a cenar»— por aquello a lo que damos un valor principal (estar todos, comer todos el mismo menú, etc.), por los valores que queremos inculcar cuando enseñamos y educamos, y por la finalidad última que perseguimos con la educación y la enseñanza. Y la finalidad de la educación, en general, y la de la enseñanza, en concreto, son muy distintas, dependiendo de si una y otra se articulan desde un enfoque selectivo o desde un enfoque inclusivo. «Dime cómo educas y cómo enseñas, y te diré qué buscas educando y enseñando», podríamos decir. Como se decía en la presentación de este libro, lo que está en juego es el modelo educativo que condiciona todo lo que hacemos en el campo de la educación. Una cosa es un *modelo selectivo*, en el que la educación se convierte en un instrumento de clasificación y jerarquización, en tanto selecciona y promueve a los alumnos que tienen más capacidad para estudiar hacia etapas educativas superiores. Esta es la función social de la educación, aquello que socialmente se le pide, en un sistema educativo selectivo. Y otra cosa muy diferente es un *modelo inclusivo*, en el que la educación es un instrumento de promoción y desarrollo personal y social de todos los alumnos —no sólo de los más capaces—, y cuya función social consiste en dotar a todos los ciudadanos de una formación integral, partiendo de la base de que todos pueden aprender, y tienen que aprender, cada uno hasta el máximo de sus posibilidades.

No se trata de una cuestión banal o intrascendente. Detrás de cada una de la opciones hay una manera diferente de entender la sociedad en general, y la educación en particular, que lleva a perseguir unas finalidades y unos resultados también muy diferentes.

¿Por qué opción nos inclinamos: por una escuela para todos, sean cuales sean las características personales de los alumnos, o por una escuela diferente según sean las características de los alumnos? ¿Por una escuela única para todos, o por una escuela ordinaria, corriente, para la mayoría, y otra especial para una minoría? Esta es la cuestión. La opción, pues, está entre una *escuela selectiva* —cuya finalidad es seleccionar a los más capaces—, o bien una *escuela inclusiva*, que procura el máximo desarrollo de todos los alumnos.

En este primer capítulo resaltaré los rasgos principales de un enfoque inclusivo de la educación, contraponiéndolos a los que corresponden a un enfoque selectivo, y describiré las condiciones que se han de ir dando para avanzar de una manera efectiva hacia una escuela inclusiva, en la que alumnos diferentes puedan aprender juntos.

Escuela selectiva *versus* escuela inclusiva

No se trata de dos escuelas que enseñan cosas completamente distintas, de manera que lo que enseña la una no lo enseña la otra. Es una cuestión de énfasis, de prioridades y de finalidades: una pone más bien el acento en la instrucción, en la transmisión de los contenidos académicos, que pasa a ser el objetivo primordial de su actuación, el fin que persigue; la otra, en cambio, pone el énfasis sobre todo en la educación integral y en la consecución del máximo desarrollo personal y social por parte de los alumnos; los contenidos académicos —que también se transmiten— se convierten en uno de los medios para alcanzar este desarrollo.

De una manera excesivamente simplista, muchas veces se han presentado estas dos escuelas —estas dos maneras de enfocar la educación— como si una enseñara cosas sustantivas, las que realmente sirven para seguir estudiando y para triunfar en la vida, y la otra se empeñara, en cambio, en educar a personas y en enseñar valores y otras cosas parecidas. Si a unos padres se les pone en esta disyuntiva, es muy posible que digan: «¿Sabéis qué? Vosotros preparad a nuestro hijo para la universidad, y nosotros ya nos encargaremos de educarlo...». La disyuntiva, en todo caso, debería estar entre una escuela que sólo instruye y se despreocupa de educar (que prepara para la universidad y deja la educación en manos de los padres y, en todo caso, en las de otros agentes educativos), o bien una escuela que al mismo tiempo instruye y educa (que prepara para la universidad y colabora con los padres y otros agentes educativos en la educación del alumnado). Si a los padres se les pusiera en esta nueva disyuntiva, la mayoría estarían plenamente de acuerdo con la segunda de estas opciones.

Nos inclinaremos, u optaremos, por una u otra escuela, dependiendo —entre otras cosas— de lo que le pidamos a la escuela, según cómo la concibamos y las finalidades que le atribuyamos, tal como describiré con un cierto detalle a continuación. No obstante, creo necesario advertir que, en la práctica, más que con estas dos escuelas extremas que acabamos de mencionar, nos encontramos con una amplia gama de situaciones intermedias: unas se acercan más a un extremo —el polo de la *escuela selectiva*— y otras se hallan más próximas al extremo opuesto —el polo de la *escuela inclusiva*—.

Y permitidme aún otra precisión: lo más determinante no es que la escuela real, una escuela en concreto, esté situada más en un extremo que en otro, sino que en su conjunto tenga la voluntad de acercarse más a un extremo que al otro. Lo importante no es tanto la situación puntual entre un polo y otro, sino la dirección hacia la que se decide que se desea avanzar: hacia una *escuela selectiva*, o bien hacia una *escuela inclusiva*.

Una educación y una escuela selectivas

Detrás de cada uno de estos dos modelos extremos de escuela hay una determinada manera de entenderla, un determinado discurso ideológico y una determinada filosofía. La narración, el discurso —y, si queréis, la filosofía— que dan sentido a una educación y a una escuela selectivas es el discurso que Neil Postman denomina como el «dios de la utilidad económica»:

> La idea impulsora [de este discurso] es que la finalidad de la enseñanza es preparar a los niños para entrar, de una manera competente, en la vida económica de una comunidad. De esto podemos deducir que cualquier actividad escolar que no se proponga fomentar este objetivo se considera una futilidad o algo ornamental, es decir, una pérdida de un tiempo muy valioso (Postman, 2000, pp. 35-36).

Podemos señalar, como rasgos distintivos de esta manera de entender la educación, los siguientes:

– El objetivo de una educación selectiva no se centra sólo en que los alumnos aprendan en la escuela cuantas más cosas mejor, sino, si puede ser, en que aprendan más que los alumnos de las demás escuelas, y más que los otros alumnos de la misma escuela. En una educación selectiva se insiste en la necesidad de formar sobre todo una personalidad *hábil* —cuanto más hábil mejor, y más hábil que las demás— y *competente*, cuanto más competente mejor, y más competente que las demás.
– En una educación selectiva —que selecciona al alumnado en función de su capacidad para aprender— los saberes que se consideran más importantes tienen un carácter fundamentalmente académico, enciclopédico, y se entienden como el conjunto de conocimientos codificados y debidamente clasificados que se van acumulando a lo largo de la escolaridad.
– Lógicamente, una educación selectiva genera una escuela también selectiva, sólo *para unos cuantos*, porque no todos tenemos ni la

capacidad, ni la voluntad (las aptitudes y las actitudes) necesarias para adquirir estos conocimientos. Parte de la base de que hay alumnos que «sirven» para estudiar —y a éstos les atienden maestros y profesores «ordinarios» en escuelas «ordinarias»— y otros que «no sirven», o porque no «quieren» o porque no «pueden», para cuya atención hacen falta unos centros «especiales» y unos maestros «especiales».

– Es una escuela que se fundamenta en lo que Brown, Nietupski y Hamre-Nietuptski (1987) denominan la *lógica de la homogeneidad*, que es una de las asunciones filosóficas más concurrentes y cuestionables —según la opinión de estos autores, que comparto— en el mundo actual; según esta lógica, la homogeneidad es un objetivo generalmente positivo que, si no se puede alcanzar, al menos hay que orientarse hacia él. Estos autores se refieren a la búsqueda de una agrupación del alumnado basada en las similitudes, en la estratificación basada en las diferencias y en la realización de composiciones uniformes. En la educación especial, esta lógica ha llegado hasta extremos absurdos y se han establecido aulas especiales, centros especiales y grupos especiales para una multitud de grupos y subgrupos dependiendo del tipo de discapacidad que tengan los alumnos, sin caer en la cuenta de que «con la asunción y la creencia en las propiedades presumiblemente positivas de la lógica de la homogeneidad en los sistemas educativos, los educadores han impedido de un modo sistemático, aunque inadvertidamente, que muchos alumnos deficientes y no deficientes adquirieran las habilidades, los valores y las actitudes necesarios para funcionar en los polifacéticos e interpersonalmente complejos entornos de los adultos» (Brown, Nietupski y Hamre-Nietuptski, 1987, p. 23).

– En una escuela selectiva se mide el éxito —su eficacia y su calidad— por el número de alumnos que alcanzan la meta: los que obtienen el título, los que aprueban la selectividad, los que pueden cursar los estudios universitarios que han elegido en primera opción, los que consiguen prestigiosos puestos de trabajo, etc. Por este motivo una escuela así deja a mucha gente en la cuneta: a todos los que no sirven para estudiar y a todos los que no quieren hacerlo. Una escuela así se tiene que quitar de encima, cuanto más pronto mejor, a esos «malos» estudiantes, ya que, si no, bajarán las estadísticas, el porcentaje de éxito será menor y, en definitiva, el índice de calidad disminuirá.

– Una escuela selectiva se preocupa fundamentalmente de hallar métodos eficaces que le sirvan para lograr su fin: conseguir un índice de éxito más alto. El mejor método es el que le permite enseñar más de cada cosa a los alumnos que previamente ha seleccionado (los que «pueden» y «quieren»), y no el que ayuda a enseñar a más alumnos hasta el máximo de lo que éstos pueden aprender, aunque no «puedan» o no «quieran» hacerlo.

– Para una educación y una escuela selectivas, la diversidad —a la que de un modo excesivamente simplista se identifica con los alumnos que no aprenden— se considera un problema para el profesorado. Por esto, desde un enfoque selectivo, la manera más rápida y eficaz —por no decir la única— de solucionar este problema consiste en «eliminar» dicha diversidad y en homogeneizar la escuela; es decir, que sólo estén los que pueden y quieren estudiar y que a los «otros» los atiendan profesores *especialistas* en centros *especiales*.

Una educación y una escuela inclusivas

Detrás de una educación y una escuela inclusivas también hay una «narración» —una filosofía— que le otorga sentido. Neil Postman la denomina la «ley de la diversidad».

> La idea de la diversidad es una narración rica en torno de la cual se puede organizar la enseñanza de los niños. [...] Aquí la lección es que la igualdad es el enemigo de la vitalidad y la creatividad. Desde un punto de vista práctico, esto es algo que podemos ver en todos los campos de la actividad humana. El estancamiento se produce cuando desde fuera del sistema no llega nada nuevo ni diferente [...]. Hasta podemos decir que la igualdad no sólo es enemiga de la vitalidad, sino también de la excelencia, ya que donde hay pocas o ninguna diferencias —en la estructura genética, en la lengua, en el arte— no se pueden desarrollar criterios robustos de excelencia. Soy consciente de que algunos han llegado a la conclusión opuesta. Éstos sostienen que la diversidad en los asuntos humanos hace imposible tener un criterio porque existen demasiados puntos de vista, demasiadas tradiciones diferentes y demasiados objetivos; así, la diversidad, concluyen, nos hace a todos relativistas. [...] La diversidad no equivale a la desintegración de los criterios, no es un argumento contra los criterios y no conduce a un relativismo irresponsable y caótico. Es un argumento para el crecimiento y la maleabilidad de criterios, un crecimiento que tiene lugar a través del tiempo y el espacio, y al que le se da forma con diferencias de género, de religión y de todas las otras categorías de humanidad. Así, el relato de cómo han crecido

la lengua, el arte, la política, la ciencia y la mayoría de expresiones de la actividad humana, y de cómo se han visto vitalizados y enriquecidos a través de la mezcla de ideas diferentes, constituye una manera de organizar el aprendizaje y de dar a los niños un sentimiento de orgullo por ser humanos [...] De este modo, la ley de la diversidad nos convierte a todos en humanos inteligentes (Postman, 2000, pp. 82-87).

De acuerdo con estas ideas, y en contraposición a la educación y la escuela selectivas, esta manera inclusiva de entender la educación y la escuela tiene los siguientes rasgos distintivos:

– Una educación inclusiva tiene como objetivo que la escuela contribuya a adquirir, hasta el máximo de las posibilidades de cada uno, todas las habilidades técnicas (cómo hablar, leer, calcular, orientarse, etc.) y sociales (cómo comunicarse, respetarse, etc.) que son necesarias para *ser, vivir* y *convivir*. No se trata de saber más que los demás, sino de saber todo cuanto se pueda y de poner lo que se sabe junto a lo que saben los otros para así alcanzar metas comunes y transformar y mejorar la sociedad. Se trata de hacer ciudadanos competentes, pero no competitivos sino cooperativos; ciudadanos tolerantes y respetuosos con las diferencias, pero no permisivos; ciudadanos libres, críticos y responsables. En una educación inclusiva, se insiste en la necesidad de formar una personalidad *autónoma* y *crítica*, y no sólo *competente* y *hábil*.
– Una educación inclusiva necesita, lógicamente, una escuela también inclusiva, para la adquisición de una sabiduría original —de unos saberes diferentes— que Jacques Delors despliega en cuatro actividades: el *saber*, que posibilita que se «aprenda a aprender» —que enseña las habilidades que permiten usar aquello que se ha aprendido como base de un aprendizaje posterior—, con la finalidad de aprovechar las posibilidades que ofrece la educación a lo largo de toda la vida; el *saber hacer*, en vistas a estar en condiciones de influir sobre el propio entorno y adquirir una competencia que capacite al individuo en la tarea de afrontar las situaciones que irá encontrando a lo largo de la vida, sean cuales sean; el *saber hacer*, para contribuir a la realización personal en todas las dimensiones del ser humano, con una capacidad de autonomía y de responsabilidad personal cada vez mayor, y el *saber convivir*, para participar y cooperar con los otros en todas las actividades humanas, para llevar a cabo proyectos comunes, y prepararse para analizar y superar los conflictos. *Saber, saber hacer,*

saber ser y *saber convivir* indican la complejidad de lo que una escuela inclusiva debe contribuir a desarrollar en los alumnos, algo que va mucho más lejos de un conjunto de conocimientos académicos codificados y clasificados.

– Decimos que es una escuela inclusiva *para todos* no sólo porque todos pueden, a un nivel u otro, y todos necesitan aprender estos cuatro «saberes», sino también porque, como mínimo algunos —si no todos— de dichos saberes (el *saber ser* y el *saber convivir*, por ejemplo) sólo se pueden enseñar y aprender —practicar— en una escuela en la que cabe todo el mundo, no sólo unos cuantos. Por ejemplo, ¿cómo podremos enseñar a ser solidarios y a convivir con todas las personas en una escuela de la que se han excluido a unos cuantos? ¿Cómo podremos enseñar a respetar las diferencias —esto es lo que significa ser tolerantes— en una escuela que no admite a los «diferentes»?

– Se trata de una escuela que se fundamenta en lo que Brown, Nietupski y Hamre-Nietuptski (1987) denominan la *lógica de la heterogeneidad* —opuesta a la lógica de la homogeneidad—. Dado que la naturaleza de muchos de los entornos postescolares, domésticos, laborales o recreativos de la comunidad es fundamentalmente heterogénea, la lógica de la heterogeneidad postula que, si esperamos a que los alumnos «diferentes» funcionen eficazmente en entornos comunitarios heterogéneos, es necesario que en la escuela tengan la oportunidad de llevar a cabo tantas experiencias educativas basadas en dicha heterogeneidad como sea posible. Esta lógica de la heterogeneidad lleva a la conclusión de que las personas con diferencias o disimilitudes deberían poder interactuar cuanto más mejor. Una de las manifestaciones más realistas de la lógica de la heterogeneidad es la de una escuela inclusiva en la que puedan aprender juntas, y convivir, personas con discapacidades y sin discapacidades, y en general, personas diferentes, sean cuales sean sus diferencias. De todos modos —como advierten estos mismos autores— es preciso decir y remarcar que, en algunas ocasiones seleccionadas y con finalidades específicas, atender temporalmente al alumnado en grupos homogéneos puede ser sostenible desde un punto de vista educativo, médico y social; es decir, rechazar completamente la lógica de la homogeneidad puede ser tan irracional como adoptarla ciegamente. No obstante, esta lógica, en la medida en que determina los servicios educativos provistos para los alumnos «diferentes», es por lo general negativa y hay que rechazarla a favor de la lógica de la heterogeneidad siempre que sea posible (Brown, Nietupski y Hamre-Nietuptski, 1987).

– La escuela inclusiva mide el éxito —su eficacia y su calidad— por la capacidad de «añadir» algo a lo que *sabían* y a lo que *eran* los alumnos al ingresar en ella, hasta el máximo de sus capacidades y posibilidades. Lo importante es el «valor añadido» que la escuela les procura a los estudiantes, no el logro de una meta común y establecida de antemano. Una escuela así será de calidad en la medida en que sea capaz de atender a todo el mundo, sean cuales sean sus necesidades educativas, y conseguir que todos aprendan algo. Por este motivo una escuela así acoge a todos y no margina a nadie. Y ello no por una especie de extraño paternalismo, sino porque está convencida de que todo el mundo es valioso y de que todo el mundo puede aportar cosas valiosas y útiles para la comunidad.

– La escuela inclusiva se preocupa, fundamentalmente, de encontrar métodos, estrategias y maneras de organizar la clase que le permitan atender juntos a alumnos diferentes, sin que nadie salga perjudicado, aunque no «quieran» o no «puedan» aprender. Este es el reto: encontrar métodos que permitan enseñar más cosas a más alumnos sobre los contenidos de las diferentes áreas, hasta el máximo de las posibilidades o capacidades de cada uno (no métodos que permitan enseñar más contenidos de las diferentes áreas a determinados alumnos).

– La diversidad, para una educación y una escuela inclusivas, es algo natural y enriquecedor, y por este motivo hay que encontrar la manera de atenderla de forma adecuada, potenciando las diferencias que nos hacen singulares y compensando, combatiendo o anulando, si es posible, las desigualdades. La de la diversidad no es una cuestión simple: hay más de una «diversidad». Hay una diversidad que hace que los alumnos sean simplemente diferentes y singulares, que se debe potenciar: es la diversidad, por ejemplo, que se deriva de los intereses de los alumnos o de valores culturales (todos tienen derecho a saber más música que el resto si muestran un especial interés por esta disciplina; todo el mundo tiene derecho a ser y a vivir de acuerdo con su cultura y a expresarse en su lengua, por minoritarias que éstas sean...). Sin embargo, hay una diversidad que se debe compensar y contra la que es necesario luchar: la que se deriva de las desigualdades personales y sociales, que con mucha frecuencia son injustas en relación con las oportunidades de los demás. Una escuela como ésta se preocupa más de organizar la heterogeneidad para que sea provechosa, educativamente hablando, para todo el mundo, que de homogeneizar la escuela, negando o anulando la diversidad.

El planteamiento de escuela desde un modelo inclusivo se ha visto asumido plenamente por parte de un conjunto de centros de algunos estados de Canadá y de Estados Unidos, que —tal como explican Susan Stainback y William Stainback (1999)— han llamado la atención de padres, maestros y otros miembros de la comunidad educativa en tanto ejemplos de una nueva manera de entender la educación, conocida con el nombre de *educación inclusiva*.

Susan Bray Stainback (2001*c*) define la *educación inclusiva* como el proceso por el que se ofrece a todos los niños, sin distinción de su capacidad, raza o cualquier otra diferencia, la oportunidad de continuar siendo miembros de la clase ordinaria y de aprender de los compañeros, y junto con ellos, en el aula.

Y las escuelas inclusivas se basan en este principio: todos los niños y niñas, incluyendo a aquellos que tienen discapacidades más severas, deben poder ir a la escuela de su comunidad (barrio, pueblo, etc.) con la garantía de que se respetará su derecho a ser ubicados en una clase común. Se pueden tener en cuenta otras alternativas, pero sólo eventualmente, y cuando se hayan hecho todos los esfuerzos para hacer factible su atención en la clase común y siempre que dichas alternativas al alumno le reporten claramente más beneficio. «Como resultado, los estudiantes con necesidades especiales o discapacidades van a la misma escuela adonde irían si no fueran discapacitados y van a una clase común con compañeros de su edad» (Porter, 2001, p. 7).

Los postulados de la escuela inclusiva, un ideal para vivir

Ford, Davern y Schnorr (1999) señalan la existencia de una fuerte paradoja en relación con la educación que, generalmente (en sistemas educativos selectivos), recibe un alumno con discapacidades. Para proporcionarle un currículum «funcional» —que le sirva para la vida en sociedad—, se le escolariza en un entorno diferente del de los alumnos sin discapacidades, con quienes se supone que tendrá que interactuar cuando deje la escuela. ¿No sería más fácil la integración social y el trato normalizado si los escolarizáramos juntos, y si juntos aprendieran —unos de otros— lo que es fundamental para su crecimiento personal y social?

Por otro lado, la atención integrada de todos los alumnos de una misma zona en una misma escuela es la forma más eficaz, por no decir la única, de educar en todos los valores de solidaridad y cooperación que constituyen «la base para la construcción de una sociedad centrada en las personas que respete tanto la dignidad como las diferencias de todos los seres humanos», como proclama la UNESCO (1995, p. 60) en la denominada *Declaración de Salamanca*.

Bajo los postulados de la escuela inclusiva — y de la educación entendida desde un punto de vista inclusivo—, hay un determinado estilo de vida —un «ideal para vivir»— y una determinada manera de entender la sociedad; es decir, como una comunidad de intereses, de anhelos y de metas: un «ideal para convivir». Este «ideal para vivir y convivir» determina cómo tiene que ser, cómo tendría que ser, la escuela que lo prepara. A continuación incluimos la descripción de sus principales rasgos, explicados, en parte, a partir de lo que expone Susan Bray Stainback (2001*c*).

La escuela tiene que celebrar la diversidad

Para empezar, y antes que nada, en la escuela la diversidad se debe considerar como una cualidad. La visión que afirma que, en educación, las diferencias entre los individuos constituyen una dificultad y que, por tanto, tienen que reducirse o recortarse —homogeneizarse—, tiene que ser sustituida por el reconocimiento —y el convencimiento— de que las diferencias individuales —las que nos hacen singulares, no las desigualdades y las injusticias— son cualidades valiosas que es necesario capitalizar, porque en la diversidad se dan las mejores oportunidades para aprender. Y además la diversidad se tiene que celebrar de todas las maneras posibles. Se han de aprovechar todas las oportunidades que los estudiantes y el personal de la escuela en general —con diferentes características y experiencias— tienen para interactuar entre sí. La diversidad de los miembros que la conforman fortalece a la escuela y las aulas, y a todos les ofrece grandes oportunidades para aprender de esta diversidad.

Hay que poder disfrutar aprendiendo: todo el mundo tiene que encontrarse bien y seguro en la escuela

La escuela tiene que ser un lugar al que los estudiantes, los maestros y los profesores, y todos los demás miembros de la comunidad, *quieran* ir porque, por un lado, se encuentran bien en él y, por otro, se sienten seguros.

Encontrarse bien...

Cada día, el hecho de ir a la escuela debería ser —para todos los que acuden a ella, bien sea para aprender, bien para enseñar, o bien para desempeñar cualquier otra función— una satisfacción (y no una carga penosa o una amenaza), una aventura productiva en la que y de la que todos pueden aprender. Debería ser el lugar adonde van los estudiantes a trabajar juntos para aprender, ayudándose los unos a los otros y disfrutando con esta experiencia. Y debería ser el lugar al que acuden los maestros porque consideran excitante y alentador el hecho de iniciar a los alumnos en la aventura de aprender, tanto si se trata de la escuela elemental, de la primaria o de la secundaria.

En cambio, en algunos círculos relacionados con la educación se presupone que para aprender es necesario sufrir, como si el «esfuerzo» tuviera que ser necesariamente sinónimo de «sufrimiento» y el aprendizaje de verdad, el que realmente cuenta, estuviera reñido con el gozo; como si no fuera posible disfrutar aprendiendo, o aprender disfrutando. Los que piensan de este modo comparten la idea, muy frecuente entre muchas personas, de que disfrutar aprendiendo es algo propio, en todo caso, del parvulario (y por eso se valora tan poco la educación infantil...). Pero a medida que los alumnos van subiendo en el sistema educativo, para aprender más tienen que disfrutar menos. Aunque lo expresen con otras palabras —ahora se habla mucho de «la cultura del esfuerzo»—, parece que para dichas personas el lema continúa siendo el mismo: «La letra, con sangre entra». Si es así, no se dan cuenta de que el disfrute es una condición indispensable para *querer* aprender. Y como el aprendizaje es una cuestión personal —en el sentido de que nadie puede aprender por otro—, al final sólo aprende de verdad quien *quiere* hacerlo, sólo se aprende bien (otra cosa es aprenderlo mal, para olvidarlo al momento) aquello que al estudiante le proporciona alguna satisfacción y en lo que ve algún sentido, y por eso lo *quiere* aprender. Aunque no lo parezca, un alpinista puede disfrutar subiendo una montaña, aunque le cueste y le suponga un gran esfuerzo. Entonces, ¿por qué los alumnos no pueden disfrutar aprendiendo, aunque el hacerlo les cueste? Sin negar, evidentemente, el esfuerzo que conlleva cualquier aprendizaje, la escuela tendría que conseguir enseñar de manera que los alumnos se lo pasaran bien aprendiendo.

Lo que acabo de decir será más viable si, en las escuelas, no sólo el personal docente sino también los estudiantes constituyen recursos para sus compañeros y una fuente de conocimiento para quien la necesite. Todos juntos han de formar una pequeña comunidad dentro de una comunidad más grande (un pueblo, una ciudad o una nación) y poseer los atributos positivos de una comunidad en funcionamiento. El sentido de comunidad puede transformar un colectivo de «yoes» en otro de «nosotros», y así convertirse en escuelas con un fuerte sentido de identidad y pertenencia a un lugar y a una comunidad comprometida con los valores de justicia, solidaridad y respecto hacia los demás (Stainback, 2001*c*).

Sentirse seguros...

En la escuela, además, los estudiantes y todo su personal tienen que poder sentirse *seguros*. Todos tienen que estar comprometidos en las actividades que en ella se llevan a cabo y deben estar dispuestos a prestar su apoyo y asistencia a aquellos que lo requieran. La ansiedad, y el miedo al fracaso, a la desolación y al ridículo —que tanto daño hacen a algunos y que dificultan y, a veces, hasta impiden el aprendizaje— son sentimientos que deberían ser fácilmente superables porque siempre se tendría que encontrar a algún estudiante o a algún otro miembro de la escuela dispuesto a ayudar y a compartir un problema, o a proporcionar apoyo moral cuando se necesite. Este tipo de apoyo no depende sólo de los recursos económicos. En la escuela cada miembro tiene la responsabilidad de prestar apoyo a los compañeros y a todo aquel que necesite que le ayuden. Con una relación así, de interdependencia positiva y de apoyo entre los miembros de la escuela, tiene que quedar claro que todo el mundo tiene algo importante que ofrecer a los demás. La responsabilidad de prestar apoyo tiene que estar compartida por todos y todos han de disponer de la asistencia de los otros cuando la necesiten. Además, todos los miembros son *dignos de consideración y estima*, porque todos son miembros valiosos de la comunidad (Stainback, 2001*c*). En una escuela así, es evidente que todo el mundo se sentiría seguro...

La escuela tiene que estar basada en una política de igualdad

La escuela debe tener un lugar para todos sus miembros: todo el mundo tiene que sentirse bien recibido. No debería haber condiciones o políticas que excluyeran de esta escuela a algunos miembros de la población. De hecho, no debería haber ningún lugar en el que el estatus de algunos estudiantes o de los adultos estuviera automáticamente por encima o por debajo del estatus de los demás porque tanto a unos como a otros se les atribuyen diferentes maneras de aprender u otras características diferenciadoras, sino que se tendría que aceptar a cada miembro de la escuela en tanto miembro de pleno derecho de la comunidad escolar (Stainback, 2001c).

Esta escuela se tiene que basar en principios igualitarios, como los de la educación inclusiva —todo el mundo tiene derecho de ir a la escuela de su comunidad y a la misma clase que los compañeros de su edad—, y tiene que ofrecer una educación de calidad. Esto no significa que se deba tratar a todo el mundo de la misma manera, como si las personas no fueran diferentes, sino que se ha de tratar a todo el mundo *igual de bien*, en función precisamente de las diferencias y de lo que cada persona necesita específicamente. Por tanto, se han de tener en cuenta las necesidades educativas de todos los estudiantes y, en consecuencia, las necesidades de todos los demás miembros de la comunidad escolar (maestros y profesores, personal no docente, administradores y familiares y los adultos en general).

La escuela tiene que contar con profesores que faciliten el aprendizaje

El enseñante, en tanto fuente de conocimiento, no puede satisfacer todas las necesidades formativas de nuestra sociedad. El ritmo de los cambios que se producen a diario no permite esperar que la información que pueda facilitar el profesorado sea suficiente para permitir que los estudiantes actuales sepan todo lo que necesitan saber. Asimismo, es preciso reconocer que los estudiantes tienen naturalezas, intereses y necesidades individuales de aprendizaje muy diversos. Así pues, no se puede esperar que un profesor o una profesora conozca y satisfaga cada una de las necesidades educativas individuales de los estudiantes de su clase. Por estas razones, si queremos que la educación de los estudiantes tenga éxito, el rol tradicional del enseñante y el énfasis con que se llevan a cabo los procesos de enseñanza y aprendizaje tienen que cambiar. Se ha de organizar el ambiente de las clases, las experiencias de enseñanza, los recursos y los procedimientos, y las condiciones prácticas para aprender, de tal manera que los estudiantes no sólo tengan la oportunidad de satisfacer todas sus necesidades educativas, sino también la motivación necesaria. Este es el reto de los maestros y profesores. No obstante, es necesario buscar el apoyo de los padres y de los otros miembros e instituciones de la comunidad a fin de que los estudiantes tengan experiencias de aprendizaje dinámicas y motivadoras que respondan a sus necesidades educativas (Stainback, 2001c).

En lo que respecta a los contenidos, desde el enfoque del *aprender a aprender*, el aprendizaje de las habilidades básicas, como, por ejemplo, leer, escribir y comunicarse, constituye un aspecto crítico y muy importante, ya que se considera un medio para aprender más cosas, y no un objetivo en sí mismo. Y lo mismo debe decirse de las alternativas existentes a estas habilidades (Braille, lenguaje de signos, paneles de comunicación, etc.) para aquellos que las necesiten o puedan beneficiarse de ellas. Son una parte fundamental de su plan de estudios, y no únicamente un medio para comunicarse, sino también, y en la medida de sus posibilidades, un medio para aprender más cosas (Stainback, 2001c); es decir, son cosas que pueden proporcionarles más autonomía y, en definitiva, una mejor calidad de vida.

La escuela tiene que preparar para la cooperación y no para la competición

En la escuela, la cooperación debe estar por encima de la competición. La escuela ha de involucrar a cada uno de sus miembros no sólo para que trabaje individualmente (porque nadie tiene que hacer el trabajo de otro), y para que se responsabilice y se comprometa personalmente, sino también para que comparta y coopere con los demás; la escuela debe cuidar el afecto mutuo, la satisfacción y el éxito de todos sus miembros.

Por desgracia, muchas personas y, por tanto, muchas escuelas, no comparten esta visión. El énfasis que la sociedad actual pone en la «competición» ha llevado, en las discusiones sobre educación, a valorar la excelencia de tal manera que para alcanzarla es preciso triunfar sobre los demás. Desde bien pequeños, los niños tienen que aprender a no ser «débiles» y a no dejarse «ganar» por los demás. Con frecuencia, una docena de años de escolarización obligatoria no bastan para promover ni la generosidad, ni el compromiso respecto al bienestar de los otros. Al contrario, los estudiantes se gradúan con el convencimiento de que ser inteligente significa ser el número uno (Steinback, 2001c).

Ante esto, los equipos de trabajo cooperativo con los otros miembros de la escuela (tanto para los estudiantes como para el profesorado) no sólo constituyen una herramienta positiva para enseñar y aprender mejor, sino que también han de suponer un reto educativo, un contenido más a enseñar y aprender. En la sociedad actual, y, por tanto, en la escuela, las personas somos cada vez más interdependientes y cada uno de nosotros tiene que desarrollar un papel relevante si queremos superar el gran reto que tenemos entre manos: construir un mundo más justo en el que todo el mundo pueda vivir con dignidad.

Si prestamos atención, bajo estos rasgos de la escuela inclusiva hallaremos un «ideal para vivir y convivir», unos valores que tenemos que ir descubriendo y cultivando tanto a nivel personal como social, que determinan, sin duda, la educación y la escuela que queremos para nuestros hijos. Valores como, por ejemplo, la diversidad y el respeto por las diferencias, que tienen que ir acompañados ineludiblemente por la lucha contra las desigualdades y las injusticias (la diversidad no puede constituir un valor si es fruto de la injusticia; considerarla así sería un escarnio); la solidaridad y la ayuda mutua, que tienen que generar la confianza que proporciona el hecho de percibir a los demás como una fuente de ayuda y no como competidores implacables, y que ahuyentan la ansiedad y el miedo al ridículo y al fracaso que paralizan a más de uno; la aceptación de todos en tanto miembros valiosos y apreciados de la comunidad, una aceptación que no se puede desvincular del trato justo —igual para todos— que cada uno recibe en función de lo que necesita (si no, es mera palabrería); la responsabilidad de cada miembro de la comunidad, que tiene que conseguir que esta comunidad sea corresponsable de la educación de los niños y los jóvenes, en vistas a que a su vez ellos contribuyan a la educación de las generaciones futuras; la cooperación, que quiere decir poner todo cuanto uno es y sabe junto a lo que son y saben los otros al servicio del bien común, y que, por tanto, no tiene sentido si no va acompañada de la generosidad y del compromiso en lo referente al bienestar de la comunidad.

Enseñar todo esto en la escuela, y posibilitar que los niños y las niñas lo vivan, es, antes que nada, enseñar una manera de vivir. Y en última instancia esto es lo que debe hacer la escuela. Y esto es, sin duda, lo que quiere hacer la escuela inclusiva.

Sin embargo, todo el mundo sabe —y yo también— que una escuela así es un sueño, una utopía. Pero un sueño hacia el que podemos tender, un sueño que puede ir convirtiéndose en realidad, sencillamente porque en algún lugar ya ha dejado de serlo... Stainback y Stainback (1999) nos presentan un cúmulo de ideas prácticas lo suficientemente experimentadas y contrastadas como para hacer posible una educación inclusiva, y Gordon L. Porter (2001) nos muestra los elementos críticos para avanzar hacia escuelas inclusivas, a partir de la experiencia que él mismo viene promoviendo desde hace quince años en un distrito escolar de la provincia canadiense de New Brunswick, con 14 escuelas y unos 5.000 estudiantes en un área de 7.200 km².

Por este motivo, y precisamente porque es fácil que esta visión de la escuela ideal pueda ser tildada de utópica, la propia Susan Bray Stainback acababa una ponencia que presentó en la Universidad de Vic (Barcelona) en febrero de 2001 con estas palabras:

> La percepción de un sistema educativo ideal en el que todos los niños y los adultos trabajen juntos en una comunidad armónica, productiva y feliz es un sueño que algunos pueden pensar que nunca será realidad. Pero a pesar de ello nosotros no podemos caer en un pensamiento tan negativo. En vez de esto tenemos que mantener los ideales por los que luchamos, y no podemos perder el camino para mejorar no sólo la educación, sino la sociedad en general. Nuestra labor en tanto educadores consiste en esforzarnos por un ideal, en vez de aceptar simplemente las condiciones y los métodos menos deseables que constituyen el *statu quo*. Si la educación y nuestra sociedad tienen que seguir avanzando, aunque esto no sea fácil de conseguir, necesitamos trabajar para hacer que este ideal sea una realidad.
>
> [...] Una educadora contemporánea, de Toronto, Ontario (Canadá) tenía una visión similar, cuando dijo: «La educación que demos a los estudiantes mañana no puede ser mejor que la que soñemos hoy» (S.B. Stainback, 2001*b*, p. 21).

Repito esta última frase, para resaltarla: «La educación que demos a los estudiantes mañana no puede ser mejor que la que soñemos hoy». Soñemos, pues; no tengamos miedo a hacerlo. También parecía un sueño, una utopía, para la clase trabajadora de finales del siglo XIX una jornada laboral de cuarenta horas semanales y las vacaciones pagadas... ¡Y bien que se llegó a conseguirlo más adelante, gracias al hecho de que algunos confiaron en que aquel sueño sería, tarde o temprano, una realidad consolidada y lucharon para que lo fuera!

Pero para que esta escuela ideal sea una realidad y para que este sueño de escuela sea una realidad cada vez más consolidada se han de dar una serie de condiciones. A continuación las veremos y concretaremos un poco.

Condiciones que hacen posible una escuela para todos

Resituar la escuela en su lugar, como una comunidad de aprendizaje al servicio de la comunidad

En primer lugar, y como una especie de condición previa *sine qua non*, es decir, imprescindible, es necesario que la escuela recupere el lugar original, que haga lo que tiene que hacer y sólo lo que tiene que hacer, y que devuelva a quien corresponda las funciones que no le son propias y que se ha otorgado a sí misma de forma unilateral o que algunos le han adjudicado de manera abusiva. Joaquín García Roca (1998) sabe expresarlo con mucha claridad: A lo largo de los años la escuela se ha ido desvinculando de la familia, de la comunidad, de las organizaciones sociales, de los servicios de salud y de otros servicios de proximidad y ha ido perdiendo la gran riqueza que procedía de la producción comunitaria de la educación.

Se ha acabado identificando la educación —de una manera demasiado zafia— con el sistema escolar y con los recursos institucionales. Ahora la pretensión ilustrada que postula que la escuela podría por sí sola satisfacer todas las necesidades educativas de la vida humana se ha roto, y cada vez se ve con más claridad que es necesario vincular la educación a otras fuentes, a otros contextos y a otros escenarios. Y de esta manera la educación desborda el marco escolar y tiene que buscar nuevos vínculos con la calle, con la familia, con la comunidad, etc. Por tanto, la escuela debe redefinir sus confines, así como mostrar abiertamente qué es capaz de hacer y qué no puede hacer; en vez de aceptar suplencias imposibles, la escuela tiene que insistir en su rol ante la sociedad y devolverle a ésta las tareas que le han sido asignadas de manera inapropiada. Por este motivo se precisa un nuevo consenso sobre la necesidad de que la escuela sea más permeable a los dinamismos comunitarios, a las familias y a las organizaciones sociales. La escuela ya no se puede entender como un espacio blindado, aislado, ni tampoco es conveniente sobrecargarla de funciones. La escuela sólo constituye una pequeña parte de los instrumentos de que dispone una cultura para iniciar a los jóvenes en sus formas de vida.

El *fin* es la educación que crea significados, que ofrece motivos para vivir, que hace al individuo consciente de sus raíces, que le posibilita el hecho de vivir en el mundo como si fuera su hogar y que activa procesos de integración social. La escuela, que posibilita el intercambio de conocimientos e institucionaliza la enseñanza, es un simple *medio*. Pero con demasiada frecuencia el medio se convierte en fin, y ni tan sólo se puede afirmar que haya un vínculo automático entre escuela y educación. La labor fundamental, hoy, consiste en establecer nexos entre el *medio* de la escuela y el *fin* de la educación (García Roca, 1998, p. 12).

La escuela es un espacio en donde convergen y conviven, con roles diferentes, los alumnos y sus familiares, los profesores y las profesoras, y el personal de administración y servicios; unos van para aprender o para que aprendan sus hijos, y otros trabajan ahí, o bien enseñando, o bien ejerciendo otras funciones no docentes. Todas estas personas forman lo que se denomina una *red social*, ya que entre todas se teje una amplia gama de interacciones que, según hacia donde se orienten o según cómo se desarrollen, facilitarán o entorpecerán —en más o menos grado— la convivencia de todos los protagonistas y el logro de las metas que la sociedad les ha encomendado en tanto institución: la formación de las futuras generaciones que la han de perpetuar y que posibilitarán que siga avanzando (Carretero, Pujolàs y Serra, 2002).

Si centramos nuestra atención sobre las personas que pasan una buena parte de su jornada en la escuela —sobre la red social que forman—, nos tenemos que referir al centro escolar como una comunidad que forma parte de otra comunidad más amplia (de un pueblo, de un barrio, de una ciudad, etc.). Por este motivo decimos que la escuela es *de* la comunidad (y la comunidad debe sentirla suya) y *para* la comunidad (tiene que satisfacer —en la parte que le corresponde— las necesidades educativas de todos los miembros de dicha comunidad).

El centro escolar en tanto comunidad

En un centro educativo, reforzar la red social equivale a construirlo en tanto comunidad. Flynn (1989) define el término *comunidad* aplicado a un centro educativo de la siguiente manera:

> Creo que una auténtica comunidad es un grupo de individuos que han aprendido a comunicarse entre ellos con sinceridad, cuyas relaciones son más profundas que sus apariencias y que han establecido un compromiso significativo para «divertirnos juntos, llorar juntos, disfrutar con los otros y hacer nuestras las situaciones de los demás» (Flynn, 1989, p. 4, citado por Stainback, Stainback y Jackson, 1999, p. 23).

Es importante tener una idea clara de qué es una comunidad —aunque cueste definirla—, si pretendemos que el centro escolar sea eso, reforzando la red de relaciones entre todos sus miembros. Las personas de un centro escolar se convierten en una comunidad si todas se sienten vinculadas, aceptadas y respaldadas, y si cada una de ellas respalda y anima a los compañeros y a los otros miembros de la comunidad, al tiempo que se satisfacen las necesidades educativas.

En un centro como este, entendido como una comunidad en el seno de otra comunidad más amplia, cabe todo el mundo y nadie puede sentirse excluido: todos los niños y niñas, todos los chicos y chicas en edad escolar del pueblo o del barrio deben tener la oportunidad de ser educados en una escuela para todo el mundo, es decir, en una escuela inclusiva. No se entendería que una institución educativa de una comunidad (de un barrio, de un pueblo... «trabado en red», que forma una red social) no acogiera —o hasta excluyera— a algunos de los miembros de dicha comunidad. Una escuela entendida en tanto institución al servicio de esta comunidad más amplia tiene que ser inclusiva: una *escuela inclusiva* para una *comunidad inclusiva*. Por esto, como insisten Stainback, Stainback y Jackson:

> [...] en las comunidades inclusivas, los dones y talentos de cada cual (incluyendo a aquellos alumnos tradicionalmente definidos por sus discapacidades profundas o por su comportamiento crónicamente molesto) se reconocen, estimulan y utilizan en la mayor medida posible. Esto sucede porque cada persona es un miembro importante y valioso con responsabilidades y una función que desempeñar para apoyar a los otros. Todo ello ayuda a fomentar la autoestima, el orgullo por los logros, el respeto mutuo y el sentido de la pertenencia al grupo y de valía personal entre los miembros de la comunidad. Es imposible que suceda esto si algunos alumnos están siempre recibiendo apoyo y nunca lo proporcionan. Como señala Wilkinson (1980): «[...] las personas son interdependientes; todo el mundo tiene una función y un papel que desempeñar y eso mantiene unidos a los individuos y forma una comunidad» (p. 452) (Stainback, Stainback y Jackson, 1999, p. 23).

En esta cuestión convergen no sólo quienes han estudiado y divulgado las escuelas inclusivas, sino también filósofos, sociólogos y otros estudiosos de los problemas que se generan en el seno de las escuelas despersonalizadas. Algunos problemas actuales de la educación general pueden deberse, al menos en parte, a la ausencia de comunidad en muchas escuelas de una sociedad cada vez más urbana, compleja y despersonalizada (Stainback, Stainback y Jackson, 1999).

Decir que hay que transformar los centros escolares despersonalizados en una comunidad equivale a afirmar que hay que favorecer la interdependencia positiva entre todas las personas que están directa o indirectamente relacionadas con el centro escolar: los alumnos y sus familias, los profesores y las profesoras, y el personal de administración y servicios. Todos deben tener la convicción —o ir construyendo la convicción— de que navegan en el mismo barco y que «se salvan o se hunden» conjuntamente. Asimismo, reforzar la red social interna de un centro equivale a construir una comunidad, a transformarlo en una comunidad. Por este motivo, en un centro escolar que, además, quiere ser una comunidad, habrá interdependencia positiva si todos sus miembros son conscientes de que no pueden alcanzar el éxito como centro —que no pueden alcanzar la finalidad última del centro: que los alumnos aprendan— salvo que, efectivamente, *todos* los alumnos aprendan, Y al revés, han de sentir que el centro ha fracasado si algunos alumnos fracasan, si algunos de ellos no consiguen progresar en el aprendizaje. Cuando existe interdependencia positiva, todo el mundo tiene que poder palpar que su trabajo beneficia al resto de la comunidad, y que el trabajo de los otros le beneficia a él; todos tienen que sentirse miembros activos de la comunidad y trabajar en equipo para alcanzar el éxito de todos. Cuando se ha entendido y establecido la interdependencia positiva entre los miembros de una escuela, todo el mundo es consciente de que se necesita el esfuerzo de todos como un requisito indispensable para alcanzar las metas propuestas, y de que todos y cada uno de los miembros de este centro tienen una contribución única y relevante en el esfuerzo de todo el conjunto, por medio de los recursos que cada uno aporta, del papel que desempeña o de las responsabilidades que ejerce. Igualmente, todos dan a los otros miembros —y reciben— ánimo y apoyo en el ejercicio de sus responsabilidades (Carretero, Pujolàs y Serra, 2002).

No obstante, convertir los centros educativos en una comunidad en la que todos sean aceptados y valorados supone, más allá de la declaración de intenciones, articular una serie de respuestas prácticas que hagan viable y posible esta filosofía. La inclusión no se puede reducir al campo de los grandes principios, sino que ha de hacerse operativa a través de decisiones que afecten la práctica educativa de cada día.

En los centros inclusivos a los alumnos hay que darles las ayudas y los apoyos que precisen en vistas a alcanzar los objetivos curriculares adecuados a sus necesidades. No se pretende que todos dominen el currículum de acuerdo con una norma general, establecida de antemano, sin tener en cuenta sus características. El currículum se adecua al alumno, y no al revés. Y además, estos apoyos y estas ayudas se han de dar, siempre que sea posible, dentro del aula ordinaria. En los centros inclusivos, las aulas también son inclusivas. Esto supone que, en vez de llevar a los alumnos al servicio de soporte, el soporte es el que se acerca al alumno dentro del ámbito del aula de todos. Lo importante es encontrar maneras de satisfacer las necesidades educativas de los estudiantes en el ambiente natural de la clase, junto a sus compañeros. Por este motivo, es preciso (Stainback y Stainback, 1999):

– Fomentar *redes naturales de apoyo* mediante tutoría entre iguales, círculo de amigos, aprendizaje en equipos cooperativos, etc., y por medio del trabajo de colaboración entre los profesores de aula y los especialistas. Tanto en el caso de los alumnos como en el de los maestros, se trata de promover la cooperación entre compañeros, en vez de llevar a cabo actividades competitivas e individualistas. Se da por supuesto que las relaciones naturales y de apoyo, en las que los individuos se ayudan y se respaldan como compañeros, amigos o colegas dentro de la escuela y de la clase, son tan importantes como la ayuda profesional a cargo de expertos. El hecho de conceder una gran importancia a los apoyos naturales ayuda a conectar a los alumnos y a los profesores en unas relaciones activas de compañerismo y colegialidad que facilitan el desarrollo de una comunidad de ayuda.
– Adaptar el aula, dotándola de los recursos necesarios, para atender las diversas necesidades educativas del alumnado. De esta manera, los recursos inicialmente pensados e introducidos en el aula debido a la presencia de algún alumno con necesidades educativas muy concretas (por ejemplo, la necesidad de utilizar canales visuales, además de los auditivos, en la transmisión de la información porque en el aula hay un alumno sordo) pueden beneficiar a otros alumnos que, si bien no tienen ningún déficit auditivo, se distraen con facilidad o tienen dificultades para estar atentos y seguir las explicaciones orales del profesorado.
– Capacitar a los alumnos para que puedan apoyarse mutuamente. Por lo general, en el aula, el profesor es el único responsable de apoyar a quien lo necesite, de resolver los problemas o de transmitir la información. En cambio, en un aula inclusiva las cosas son diferentes: en vez de mantener el control de la clase y de asumir toda la responsabilidad, el profesor delega parte de la función de apoyo y de enseñanza en los

miembros del grupo. Su función consiste en capacitar a los alumnos para que apoyen y ayuden a sus compañeros, y para que tomen decisiones en relación con su propio aprendizaje. La habilidad de todos los miembros de una clase para compartir y aceptar la responsabilidad del aprendizaje, así como la capacidad del maestro para promover la autogestión y el apoyo mutuo entre los alumnos, son necesarias para hacer posible que alumnos diferentes puedan aprender juntos.

– Fomentar, de manera consciente y planificada, la comprensión y la aceptación de las diferencias individuales como un aspecto fundamental para desarrollar la confianza en sí mismo, el respeto mutuo y el sentido de comunidad y de apoyo recíproco en la clase y en el centro. Por este motivo se tienen que realizar actividades y proyectos debidamente planificados que promuevan la comprensión y la aceptación de las diferencias y del valor de cada persona.

– Instaurar el principio de la flexibilidad en el funcionamiento de las aulas y del centro, un hecho que no supone la carencia de estructura y dirección, sino la aceptación del cambio y de la disposición a cambiar siempre que se considere necesario, con el convencimiento de que siempre se puede encontrar la manera para beneficiar el aprendizaje de todo el mundo.

A manera de conclusión, Stainback, Stainback y Jackson añaden:

> Por experiencia sabemos que es posible incluir a todos los alumnos en las aulas siempre que los educadores hagan el esfuerzo de acogerlos, fomentar las amistades, adaptar el currículum y graduar las prácticas. No obstante, la inclusión plena no siempre se desarrolla con suavidad. En consecuencia, es vital que los adultos *no* opten por la vía fácil de excluir al niño, sino que busquen soluciones para conseguir una inclusión total y satisfactoria (Stainback, Stainback y Jackson, 1999, p. 29).

La escuela dentro de una comunidad

De entrada, he situado a la escuela en el seno de un colectivo más amplio que forma una especie de red —una comunidad más amplia— junto con otros sistemas con los que está relacionada. De este modo, la escuela se tiene que considerar estrechamente ligada a otras personas, organizaciones y servicios de la comunidad: las familias, los servicios sociales y sanitarios, los servicios psicopedagógicos públicos y privados, los centros de ocio, las entidades deportivas, el centro abierto del barrio, entidades de voluntariado, etc. El centro escolar —en tanto institución social dedicada por antonomasia a la educación— ha de ser uno de los principales promotores de la acción educativa de la comunidad de la que forma parte. Entre otras funciones, tiene la de procurar educación, junto con otras instituciones, a todos sus miembros, niños, jóvenes y adultos, sean cuales sean sus características personales y sus necesidades educativas. Esta comunidad educativa más amplia —igual que la comunidad que forma el centro escolar— también se tiene que ir construyendo, edificando, sobre las interrelaciones de todos los que están vinculados a la educación de los miembros de la colectividad, bien sea a través de la acción educativa directa (como los maestros, los profesores, los educadores sociales...), bien sea a través de acciones de asesoramiento y de soporte a la acción educativa directa (como los profesionales de los servicios sociales, sanitarios y psicopedagógicos (Carretero, Pujolàs y Serra, 2002).

Entre todos los agentes educativos de la comunidad educativa, entendida en sentido amplio, tiene que haber —tal como sucede en la comunidad educativa del centro escolar— una *interdependencia positiva de finalidades*: todos tienen que sentirse vinculados a la misma tarea y han de llevar a cabo sus actuaciones específicas de forma coordinada y en colaboración. Es decir, por más específicos y especializados que sean, los procesos educativos tienen que involucrar a todos los agentes sociales: maestros, padres, educadores sociales, terapeutas ocupacionales, etc. Como dice Canevaro (1985), se tienen que socializar y se tienen que llevar a cabo en un contexto socializante, con la implicación de todos los agentes. De otro modo, a pesar de que desde un punto de vista puramente técnico son incuestionables, pueden resultar contrarios a las personas a las que van dirigidos.

Esto me lleva a considerar el tema de la participación de todos los agentes sociales involucrados en la escuela; se trata de una participación responsable que ha de ir avanzando hasta la toma de decisiones compartidas entre los sectores sociales involucrados, es decir, hasta la cogestión.

No se trata de solicitar un «favor» a algún padre, a algún comercio o a alguna empresa de la zona, sino del tejido de una trama de acuerdos, alianzas y negociaciones en el que cada uno sienta no sólo que aporta, sino que también recibe. Por tanto, no se trata de la planificación de la escuela, sino de una propuesta del conjunto de la comunidad educativa. Los recursos de cada uno y la red de relaciones personales que se potencia en el conjunto forman un crisol de posibilidades de metas inmensurables (Dabas, 1998, pp. 38-39).

La acción educativa va más allá de la instrucción en unos conocimientos determinados y supone —en algunos casos— la intervención de otros profesionales, además de los maestros y profesores, sobre todo si lo que importa es que la escuela sea una comunidad inclusiva, como la que he definido anteriormente. Esto supone asimismo la apertura de la escuela y el establecimiento de conexiones con otros servicios y profesionales (sociales, sanitarios y psicopedagógicos), con una relación de corresponsabilidad, no de dependencia de unos respecto de otros.

Un planteamiento muy parecido al que acabo de mencionar lo hace Joaquín García Roca (1988) cuando afirma que las necesidades educativas, especiales y ordinarias de los alumnos exigen un proyecto educativo compartido por toda la comunidad educativa, y que, por tanto, hay que movilizar en esta meta común a los diferentes agentes educativos, es decir, a los profesionales y a los no profesionales, a los técnicos, a los voluntarios, y a las escuelas y las empresas. Efectivamente, un centro escolar podrá ser una *escuela inclusiva, abierta a todo el mundo*, tal como la he definido antes, si no cuenta sólo con los maestros y con la colaboración esporádica de algún padre o alguna madre, sino que, a la hora de llevar a cabo sus tareas, dispone, de un modo institucionalizado y organizado, de la colaboración de las familias (padres, madres, abuelos, abuelas, etc.), de los otros servicios educativos de la comunidad (centro abierto, ludoteca, biblioteca, etc.), de los servicios sociales, médicos, voluntarios, etc.

Podemos encontrar experiencias de una escuela como la descrita en las denominadas «comunidades de aprendizaje» (véase un ejemplo en González Rodríguez, 2000), que utilizan los recursos humanos de la comunidad, invitando a la gente del barrio a trabajar voluntariamente junto con el profesorado de los centros. Una de las herramientas que utilizan es el «contrato de aprendizaje» —para personalizar la enseñanza— en el que han de intervenir todas las personas y contextos que se relacionan con el alumnado: profesorado, madres, padres, otros familiares, amistades, etc. Otra de las herramientas que usan es el aprendizaje cooperativo.[1] Estas escuelas consideran que el voluntariado es esencial para colaborar con el profesorado; sin estos recursos humanos no podrían prestar muchos de los servicios que ofrecen.

---

1. Tanto la *personalización* como el *aprendizaje cooperativo* son dos condiciones más para avanzar hacia una escuela inclusiva, de las que hablaré más adelante en este mismo capítulo.

Plantear una base curricular realmente común

La escuela inclusiva pone un énfasis especial —seguramente más que el que pone la escuela selectiva— en los objetivos generales de la educación, aquello que perseguimos en última instancia, y no tanto en los objetivos más inmediatos, relacionados con los conocimientos que se han de alcanzar en cada una de las asignaturas o materias. Por tanto, una pregunta clave que hay que responder cuando queremos construir una escuela para todos es la siguiente: ¿qué tienen que aprender verdaderamente los alumnos? Responder abiertamente y de forma clara y sincera a esta pregunta nos llevará, seguramente, a dejar de lado muchas de las cosas que ahora enseñamos y a dar más importancia a otras que enseñamos poco o que hasta puede ser que no enseñemos en absoluto. La directora de un centro público de educación infantil y primaria lo explica de una manera muy gráfica y clara:

> A pesar de que acabábamos de formalizar nuestro PCC (Proyecto Curricular de Centro) según el DCB [Diseño Curricular Base], nosotros mismos cogimos nuestro PCC con las listas del alumnado, cuyas competencias conocíamos sobradamente, y pensando sólo en los niños, en la era de la información en Europa y en las edades de nuestros chicos y chicas —de dos años[2] hasta sexto de primaria—, empezamos a romper muchas de las páginas de nuestro PCC. Elegimos tan sólo lo que ellos necesitaban (González Rodríguez, 2000, p. 11).

Si centramos nuestra atención en los objetivos más generales, a un nivel o a otro y con un grado de énfasis u otro, comprobaremos que *todos* los alumnos pueden progresar en el logro de estos objetivos, que constituyen, en su conjunto, una Base Curricular Común, realmente común. Cuanto más se concreten estos objetivos, menos «comunes» serán: a «leer», «escribir», «escuchar» y «hablar» también puede aprender un alumno que, para hacerlo, utilice un plafón u otro sistema alternativo de comunicación... Una cosa es decir que los alumnos tienen que aprender a «utilizar las matemáticas» y otra muy diferente es afirmar que tienen que saber sumar, restar, multiplicar y dividir fracciones... Y como éstos, podríamos poner muchos otros ejemplos.

En nuestro contexto educativo, el despliegue del currículum pres-

2. Una de las innovaciones que ha introducido este centro —que es una escuela pública— es el aula de 2 años, en respuesta a una necesidad de las familias del barrio.

criptivo en los centros educativos —lo que se denomina Proyecto Curricular del Centro (PCC)— también tiene que ser, según nuestra normativa curricular, un referente para todo el alumnado, lo que se ha denominado Base Curricular Común (BCC). Según Robert Ruiz (1999), el sentido que damos al concepto de Base Curricular Común es el de un currículum pensado y diseñado para servir de base para la toma de decisiones de todos y cada uno de los alumnos. No obstante, como es lógico, esto no quiere decir que todos los alumnos puedan alcanzar los mismos tipos y grados de aprendizaje, sino que algunos de los elementos del currículum prescriptivo y de su despliegue en los centros tiene que poder ajustarse, concretarse, etc., en vistas a proporcionar a cada alumno las oportunidades de alcanzar el grado de crecimiento personal más alto posible, entendido en un sentido amplio y vinculado a los requerimientos sociales y culturales de la colectividad.

Fijémonos en que Robert Ruiz habla del hecho de que *algunos* de los elementos del currículum —no todos— se tienen que poder ajustar a cada alumno. Él mismo lo señala y lo justifica de la siguiente manera:

> Aquello que consideramos como más común en cualquier currículum son las metas formuladas de manera más genérica para todo el alumnado (cuando se trata de las etapas de educación infantil y de educación obligatoria). En nuestro sistema educativo estas metas son los objetivos generales de cada una de las etapas. En estos Objetivos Generales de Etapa (OGE) están formuladas, en términos muy genéricos, las capacidades que se espera que el alumnado pueda alcanzar a partir de la interacción educativa. Son capacidades que siempre obedecen a consideraciones y decisiones sobre aquello con lo que tienen que contar los miembros de nuestra colectividad y, en este sentido, son los elementos curriculares más fijos, comunes e inmodificables. Son un bien al que pretendemos que accedan, en la mayor medida posible, todos y cada uno de los alumnos. La modificación y adecuación del resto de elementos tienen por finalidad, precisamente, asegurar la máxima asunción de estas metas, y así lo tiene en cuenta nuestra normativa de modificación del currículum (Ruiz, 1999, p. 129).

Así pues, si queremos intensificar el carácter inclusivo de nuestros centros educativos —de educación infantil y de educación obligatoria— tenemos que utilizar como referente para todos los alumnos —como Base Curricular Común—, cuando se trata de determinar su propio currículum —lo que tienen que aprender y cómo lo tienen que aprender, de acuerdo con las posibilidades y características personales de cada uno de ellos—, los Objetivos Generales de Etapa y, en consecuencia, los Objetivos Generales del Área (OGA), de cada una de las áreas que conforman el currículum prescriptivo. Tomar como metas comunes para todos los alumnos los contenidos y los objetivos terminales supondría dejar al margen de dicho currículum a buena parte del alumnado, y el currículum dejaría de ser «común» o, como mínimo, sería menos «común». Desde esta perspectiva, los «contenidos» a enseñar y aprender en las diferentes áreas son el medio a través del cual los alumnos progresan en el logro de las capacidades generales señaladas en los OGE y los OGA, y los denominados «objetivos terminales» sólo son posibles indicadores del progreso de los alumnos en la asunción de los objetivos generales.

Sin embargo, en la práctica ésta no es la interpretación más corriente, sino que más bien se considera como prescriptivo el aprendizaje de los contenidos de cada área (y, de alguna manera, los objetivos terminales) y quien no los aprende o no los alcanza no puede ser atendido —o no debería ser atendido— en los centros ordinarios. En este sentido, la Base Curricular queda restringida a los alumnos más capaces: a los que pueden aprender la mayoría de contenidos.

Establecer una Base Curricular Común, realmente *común* —y, por tanto, en nuestro caso poner el énfasis en los Objetivos Generales— constituye una de las condiciones necesarias si queremos hacer una escuela para todos —en la que puedan trabajar lo mismo, a diferentes niveles, y juntos, alumnos diferentes— y si queremos tener un marco curricular de referencia común a partir del que se puedan establecer las prioridades educativas de cada alumno en concreto. Pero desgraciadamente —como dicen Ford, Davern y Schonorr (1999)—, en la mayoría de los casos, y también en nuestro contexto educativo, no se tiene en cuenta a *todos* los alumnos, sino tan sólo a unos cuantos, a los más capaces, cuando se determinan los objetivos educativos y se articulan las secuencias didácticas a través de las que los alumnos tendrán que progresar a lo largo de su escolaridad.

Programar para que todos puedan aprender: la personalización de la enseñanza y del aprendizaje

Si optamos por una escuela inclusiva —tener a todos los alumnos de un entorno determinado (barrio, pueblo) en un mismo centro— y si optamos, además, por aulas inclusivas —tener juntos a todos los alumnos de una misma edad en la misma aula—, es muy evidente que no los podemos tratar como si todos fueran iguales, ni tampoco nos podemos dirigir —como acaban haciendo con resignación muchos profesores— al 50%, que constituyen el término medio, y desatender al 50% de los dos extremos restantes. Tenemos que adecuar —es decir, ajustar, «hacer proporcional»— lo que queremos enseñar —la Base Curricular Común— a las características y necesidades educativas de los alumnos; en una palabra, tenemos que *personalizar* la enseñanza. Sólo así podremos facilitar al alumno que *personalice* su aprendizaje, que determine —con la debida orientación por parte del profesor— lo que quiere y se ve capaz de alcanzar (objetivos) y aprender (contenidos), y lo que quiere y se ve capaz de hacer (actividades).

Así pues, la personalización —entendida como el ajuste de la acción educativa a las características *personales* de cada alumno— es otra condición que, si se da, hace posible una *escuela para todos*. O si se prefiere lo podemos decir al revés: para que una escuela sea realmente *para todos* no tiene más remedio que dirigirse *personalmente* a cada uno de los que forman parte de ella, y responder a las necesidades específicas y *personales* de cada uno.

La personalización de la enseñanza supone determinar las prioridades educativas de cada alumno a partir de la Base Curricular Común. La personalización —tal como yo la entiendo— es un poco diferente de la individualización —si la entendemos como la posibilidad de atender individualmente, uno por uno, a todos los alumnos—, que, en el fondo, es una especie de ilusión oculta en el pensamiento de muchos docentes. La lógica de la individualización nos llevaría a considerar que lo ideal sería atender a cada alumno de forma separada del resto, pero esto es imposible mientras no se aumenten de manera espectacular los recursos personales de los centros. Entonces, el agrupamiento homogéneo es una especie de mal menor: atendemos juntos a los alumnos que más se parecen en grupos cuanto más homogéneos mejor, simplemente porque no hay bastantes profesores para atenderlos individualmente...

De todos modos, aunque ello fuera posible, tampoco sería deseable. La respuesta adecuada a algunas de las necesidades educativas de los alumnos —por ejemplo, las relacionadas con la motivación y las expectativas personales y el autoconcepto— es imposible en una situación de atención individualizada, alumno por alumno, es decir, aislado de los otros. Si lo que pretendemos con la educación escolar es contribuir al máximo desarrollo personal y social de los alumnos, tenemos que saber que ni una cosa ni la otra se pueden alcanzar sin un grupo de iguales: unas determinadas capacidades y habilidades sociales sólo se pueden desarrollar dentro de un grupo, en comunidad y en sociedad. Por este motivo, como Joan Rué (1991*b*), considero más acertado el concepto de personalización, porque no opone individuo y grupo, y no condiciona el desarrollo personal al aislamiento respecto a los demás, sino todo lo contrario: sólo existe personalización en el seno del grupo, en el trato diferenciado y en las posibilidades diversas, dentro de un mismo planteamiento de trabajo, de los objetivos, de las actividades, etc.

Es indiscutible el hecho de que los alumnos, en la escuela, han de tener la oportunidad de interactuar con sus iguales «diferentes». Por esto necesitamos recursos para atender la diversidad, sin negarla (o reducirla, o «disimularla»). Dicho de otro modo: necesitamos recursos para *personalizar* la enseñanza. Uno de estos recursos es lo que los impulsores de la escuela inclusiva denominan «enseñanza multinivel» o a «diferentes niveles», y otro es lo que nosotros denominamos «Planes de Trabajo Personalizados», llamados también «contratos de aprendizaje» o «contratos didácticos».

El primero de estos recursos se desarrolló en algunas escuelas de Canadá para afrontar los problemas que se derivaban de los postulados de la escuela inclusiva, de manera que la educación del alumnado con necesidades educativas especiales vinculadas a ciertos déficit o discapacidades —para los que se había elaborado un *Individual Educational Plan* (IEP)— fuera compatible con la educación dirigida a todo el alumnado, no sólo en un mismo centro sino incluso en una misma aula. La aplicación de esta técnica supone, en primer lugar, identificar los contenidos más importantes, comunes para todos los alumnos; en segundo lugar, pensar diferentes estrategias de presentación, por parte del profesor, de la tareas que se han de llevar a cabo en el aula a fin de que sean comprensibles para *todos* los alumnos; en tercer lugar, proponer diferentes prácticas sobre los mismos contenidos para que, a un nivel o a otro, *todos* los alumnos puedan realizarlos, y, finalmente, en cuarto lugar, determinar diferentes estrategias de evaluación adecuadas a lo que han hecho y a lo que han aprendido —y a cómo lo han aprendido— *todos* los alumnos (Collicott, 2000).

Esta experiencia promovió una fuerte transformación en la práctica docente, que, más allá de la atención al alumnado con deficiencias, tuvo una gran repercusión en la forma de atender las necesidades individuales, personales, de *todos* los alumnos, considerando y replanteando la forma de preparar las clases y, en general, las distintas actividades de enseñanza y aprendizaje (Ruiz, 1997).

Organizar el trabajo en el aula a partir de los *Planes de Trabajo Personalizados* —el segundo de los recursos antes citados— supone posibilitar que los alumnos tengan la oportunidad —debidamente orientados por el profesor— de determinar, por un lado, los *objetivos* que quieren alcanzar y a qué nivel se ven capaces de alcanzarlos, en relación, claro está, con los contenidos que se están trabajando en ese momento; y, por otro, las *actividades de aprendizaje* —entre las que propone el profesor y hasta algunas de las propuestas por los propios alumnos— que se comprometen llevar a cabo para alcanzar dichos objetivos. Esto supone que, a pesar de trabajar sobre los mismos contenidos, no todos los alumnos han de hacer exactamente lo mismo (las mismas actividades, los mismos ejercicios, los mismos problemas, etc.), ni exactamente con el mismo nivel de dificultad. Las capacidades generales que se quieren desarrollar en los alumnos a lo largo de un ciclo y de una etapa educativa se pueden desarrollar, de hecho, desde vías diferentes o no plenamente coincidentes, sin necesidad, además, de separar al alumnado en función de estas vías, por las razones que hemos citado antes relativas a la importancia que tiene —para el desarrollo de todos— la posibilidad de que trabajen *juntos* alumnos *diferentes*.

Fomentar la autonomía del alumnado: los mecanismos de corregulación y autorregulación de los aprendizajes

Cuantos más alumnos haya en un aula con capacidad de autoformarse —de ser más autónomos en su aprendizaje—, más posibilidades tendrán los maestros y los profesores de estar por los que son menos autónomos. Por tanto, la introducción en el proceso de enseñanza y aprendizaje de mecanismos que permitan avanzar a los alumnos hacia el autoaprendizaje y en su autonomía es otra de las condiciones que nos permiten ir transformando los centros educativos en *escuelas para todos*.

Este es el reto: ¿qué podemos hacer para que puedan aprender juntos, en el aula, alumnos diferentes? Soy de la opinión de que se trata de montar en el aula un dispositivo didáctico —organizar el trabajo de tal manera— que incluya diferentes mecanismos de regulación de los aprendizajes que potencien, por un lado, la autorregulación del aprendizaje de aquellos que, de entrada, ya son más autónomos, y, por el otro y al mismo tiempo, la corregulación del aprendizaje entre los propios alumnos y entre éstos y los profesores, y la regulación, por parte de estos últimos, del aprendizaje de los alumnos que, en principio, son menos autónomos. Efectivamente, cuantos más alumnos consigamos que sean más autónomos, más tiempo y ocasiones tendremos para ayudar a que aprendan por sí mismos a los que no son tan autónomos o a los que les cuesta más serlo. Avanzar en el diseño y la aplicación de estrategias de regulación de los aprendizajes —tanto de autorregulación como de corregulación— es, pues, otra manera de ir avanzando hacia una escuela en la que puedan aprender juntos alumnos diferentes.

Mecanismos de regulación de los aprendizajes

Tal como señalaban Jaume Jorba y Ester Casellas, en la educación escolar se entiende por regulación de los aprendizajes de los alumnos «la adecuación de los procedimientos utilizados por el profesorado a las necesidades y dificultades que el alumnado encuentra en su proceso de aprendizaje, pero también la autorregulación por el propio estudiante de este proceso a fin de que pueda ir construyéndose un sistema personal de aprender y mejorarlo progresivamente» (Jorba y Casellas, 1996, pp. 19-20). Y, además, en una situación interactiva dentro del aula, también se puede hablar de corregulación de los aprendizajes de los alumnos entre sí, y entre los alumnos y el profesorado.

Por tanto, en el proceso de enseñanza y aprendizaje que tiene lugar en los centros educativos podemos diferenciar:

– La regulación de las actividades de enseñanza y aprendizaje por parte del profesor, teniendo en cuenta las características del alumnado, básicamente por medio de la evaluación formativa.[3]
– La autorregulación de los aprendizajes por parte de los propios alumnos para que vayan construyendo de forma progresiva su sistema personal de aprendizaje.
– La corregulación —o regulación mutua— que ejercen los alumnos entre sí en una situación interactiva de talante cooperativo y de ayuda mutua, o la que pueden ejercer, en una situación personalizada, un alumno o un grupo reducido de alumnos con el profesor o la profesora.

3. No es este el lugar para hablar de la evaluación en general, ni de la evaluación formativa en particular. Sólo diré —siguiendo a Jorba y Casellas (1996)— que la evaluación formativa integrada en la situación de aprendizaje se basa, generalmente, en procesos informales de evaluación por parte del enseñante, y tiene por finalidad regular el aprendizaje, es decir, ajustar la acción educativa a las características y necesidades del alumnado.

En la evaluación formativa, la función reguladora del proceso de aprendizaje es responsabilidad del profesor. En cambio, en la autorregulación se pretende que los alumnos sean cada vez más autónomos, más responsables a la hora de aprender, formándolos en la regulación de los propios procesos de pensamiento y de aprendizaje, es decir, enseñándolos a aprender a aprender (Jorba y Casellas, 1996).

Así, pues, hay que articular en el aula una serie de mecanismos o dispositivos pedagógicos que posibiliten que un grupo de alumnos —individual y colectivamente al mismo tiempo— vayan construyendo progresivamente el propio sistema de aprendizaje, y que les permitan ser cada vez más autónomos y capaces de aprender por sí mismos, pero también que les enseñe a poner sus conocimientos en común con los de los otros para alcanzar metas cada vez más elevadas.

Siguiendo en parte lo que dicen Jorba y Casellas (1996), podemos hablar de cuatro estrategias didácticas[4] de autorregulación y corregulación de los aprendizajes que se corresponden —o se complementan— con el mismo número de estrategias de regulación de los aprendizajes de los alumnos por parte del profesor, que preceden, respectivamente, a las cuatro primeras:

1) Para que un alumno aprenda, es necesario, evidentemente, que se vea capaz de aprender. Y para ello tiene que tener la oportunidad de fijarse, debidamente orientado, su propio plan de trabajo: los objetivos que se ve capaz de alcanzar y las actividades que se ve capaz de hacer para alcanzarlos. Es decir, ha de tener la oportunidad de «personalizar», si se puede decir así, su aprendizaje; pero para esto es preciso que antes el profesor «personalice» la enseñanza de acuerdo con las características del alumnado. (Como puede verse, esto enlaza con lo que se ha dicho anteriormente sobre la personalización de la enseñanza.)

2) Para que un alumno aprenda los contenidos escolares tiene que tener muy claro lo que el profesor se ha propuesto que aprenda. Por este motivo es preciso que el profesor —por su parte— comunique previamente, y con toda claridad, los objetivos de la secuencia didáctica al

---

4. Al hablar de estrategias me refiero a los «procedimientos de carácter elevado, que implican la presencia de objetivos que queremos alcanzar, la planificación de las acciones que se desencadenan para alcanzarlos, así como su evaluación y posible cambio» (I. Solé, 1992, pp. 70-71). Y hablamos de estrategias didácticas porque nos referimos a las que utiliza el profesor en su intervención docente y a las que utilizan los alumnos cuando aprenden.

alumno y que compruebe la representación que el alumno se ha hecho de dichos objetivos.

3) Para que un alumno acabe aprendiendo de forma significativa y funcional, por decirlo a la manera constructivista —es decir, para que sea capaz de aplicar lo que ha aprendido a situaciones nuevas y cambiantes—, es necesario que se sepa anticipar a la acción y que se planifique esta acción, de tal manera que alcance las metas perseguidas. No obstante, esta es una capacidad aprendida —que sólo algunos son capaces de desarrollar sin prácticamente ninguna ayuda, por su cuenta, y que, por tanto, ha de ser objeto de una enseñanza sistemática por parte del profesorado.

4) Para que un alumno acabe aprendiendo lo que el profesor quiere y de la manera como el profesor desea, primero tiene que conocer —y después tiene que hacer suyos— los criterios que el profesor utilizará para comprobar si el alumno lo ha aprendido y si lo ha hecho de la manera que él quería. No obstante, para ello es necesario que el profesor comunique claramente a los alumnos lo que será objeto de evaluación y los criterios que utilizará apara realizar dicha evaluación.

Veamos un poco más detalladamente en qué consisten cada uno de estos «pares» de estrategias.

La personalización de la enseñanza y la personalización del aprendizaje: los Planes de Trabajo Personalizados

Ya he hablado antes de ello y, por tanto, no quisiera insistir sobre este punto. Por un lado, el profesor tiene que ajustar —personalizar— la enseñanza a las características personales de los alumnos (lo que puede hacer utilizando la técnica de la *Enseñanza Multinivel* propia de las escuelas inclusivas), y, por otro, el alumno tiene que tener la oportunidad de concretar en un *Plan de Trabajo Personalizado* (o *contrato didáctico* o *contrato de aprendizaje*) los objetivos que tiene que alcanzar y las actividades de aprendizaje que ha de llevar a cabo.

La comunicación de los objetivos y la representación que de ello se hacen los alumnos

A despecho de su obviedad, este es un aspecto clave, muy importante, para conseguir que los alumnos aprendan: nadie aprenderá lo que queremos enseñarle si no conoce —y si no se representa con claridad y correctamente— lo que queremos que aprenda. Efectivamente, se ha podido comprobar que los alumnos que aprenden de una manera más significativa son los que reconocen qué les pretende enseñar el profesorado y de qué manera lo piensa hacer. Por tanto, puede ser que una de las posibles causas del fracaso escolar radique en la dificultad que tienen algunos chicos y chicas en lo referente a identificar qué les quiere enseñar el profesor o qué quiere que aprendan. De aquí viene que la apropiación por parte de los alumnos de los objetivos explicitados por el enseñante sea un elemento clave en el proceso de enseñanza-aprendizaje (Jorba y Casellas, 1996).

Así pues, por un lado tenemos que comunicar con claridad los objetivos que perseguimos: lo que queremos que aprendan los alumnos (bien sea un concepto, un hecho o un sistema, o bien un procedimiento, o bien una actitud, un valor o una norma). Por tanto, es preciso utilizar una formulación que los alumnos puedan entender, aunque dicha formulación no sea demasiado precisa y esté un poco alejada de la expresión más científica de los expertos. Y, por otro, tenemos que comprobar la representación que se hacen los alumnos de estos objetivos para asegurarnos de que es correcta.

Por este motivo es necesario programar alguna actividad inicial que ayude a los alumnos a hacerse una primera representación de lo que trabajaremos en clase y que permita —a continuación— verbalizar, explicar, mostrar o ejemplificar los objetivos didácticos que nos proponemos y pedirles que realicen una autoevaluación inicial del grado de conocimiento que tienen de lo que queremos enseñarles.

La explicitación de la «base orientadora de la acción» por parte del profesorado y la capacidad de anticipación y planificación de la acción del alumnado

Saber qué se tiene que hacer y cómo, y prever, antes de hacerlo, qué pasará si se hace de una u otra manera, es una capacidad muy importante que hay que desarrollar, y un indicador claro de que un determinado aprendizaje se ha hecho bien y una manera de saber si se ha aprendido significativamente alguna cosa. Según Jaume Jorba y Ester Casellas (1996, p. 102), «una de las características de los alumnos que obtienen éxitos escolares y de cualquier experto en una materia es, precisamente, el dominio de esta capacidad»: anticiparse a la acción para poder planificarla.

Anticiparse a la acción significa saber prever qué pasará si hago una determinada acción, ser capaz de predecir el resultado que se obtendrá si se realiza un acto concreto antes de llevarlo a cabo o valorar la oportunidad y la importancia de seguir un determinado camino para llegar al objetivo que nos hemos propuesto alcanzar. La planificación es la elección de un orden determinado de realización, es un plan de trabajo, que evolucionará y se modificará bajo el control de los resultados del recorrido. Tener la capacidad de planificar la acción supone poseer un conocimiento anticipado de los posibles procedimientos para llegar a los resultados, y un conocimiento anticipado de los efectos producidos por cada operación elegida. Planificar implica combinar tres elementos: el objetivo o finalidad fijada, las operaciones o acciones que le son propias y las condiciones internas de la realización.

Como dicen Jaume Jorba y Ester Casellas, «si un alumno sabe anticiparse y planificar las acciones quiere decir que es capaz de representarse mentalmente las acciones que tiene que hacer para llegar a tener éxito en la resolución de las tareas que se le proponen o en la aplicación de los conceptos y las teorías aprendidos» (Jorba y Casellas, 1996, p. 102).

No obstante, esta capacidad se adquiere, y no todos los alumnos, ni mucho menos, son capaces de adquirirla por su cuenta sin la ayuda del profesor. Ayudar al alumnado a adquirir esta capacidad supone, por parte del profesorado, esforzarse en mostrar y hacer explícito lo que algunos psicólogos de la que hasta hace poco se conocía como escuela de la psicología soviética de enfoque sociocultural —por ejemplo, Galperin y Nina Talizina— denominan la «base orientadora de la acción». Según Galperin (véase Talizina, 1988 y 1992), en toda acción humana hay una parte orientadora, otra ejecutora y otra de control.

- La parte *orientadora* está relacionada con lo que Galperin denomina la «base orientadora de la acción», que incluye los pasos que sigue una determinada persona para ejecutar una acción, y que pueden coincidir, o no, con los pasos que objetivamente se han de dar para ejecutar correctamente dicha acción. Hay que distinguir la *base orientadora de la acción* del sistema de condiciones *objetivamente* necesarias para el cumplimiento exitoso de la acción. La base orientadora de la acción es el sistema de condiciones en el que *realmente* se apoya la persona al cumplir una acción y puede coincidir con lo objetivamente necesario, aunque también puede ser que no coincida. Con frecuencia la persona sólo tiene en cuenta parte de las condiciones objetivamente necesarias, y a veces incluye en la base orientadora de sus acciones algo que sobra.
- El aspecto *ejecutor* de la acción asegura las transformaciones que se tienen que llevar a cabo sobre un determinado objeto en el transcurso de la acción.

– Por último, la función de *control* de la acción está dirigida a seguir la realización de la acción y a confrontar los resultados que se van obteniendo con los que se esperaban obtener. Gracias a esto, se pueden hacer las correcciones que sean necesarias tanto en la parte orientadora como en la ejecutora. Es decir, en función de los resultados que se van obteniendo —gracias a esta función de control de la acción—, se modificarán progresivamente las «bases orientadoras de la acción» y la ejecución real de las tareas que incluyen para asegurar cada vez más el cumplimiento exitoso de la acción.

Las «bases orientadoras de la acción» pueden estar facilitadas directamente por el profesor, o el alumno puede «descubrirlas» o «deducirlas», pero en cualquier caso al final el chico será siempre el que las «construirá», de tal manera que dos alumnos —a partir de una misma explicación del profesor y a partir de un mismo esquema de referencia— difícilmente se acabarán construyendo una «base orientadora» idéntica. No obstante, en cualquier caso, a lo largo de un aprendizaje del tipo que sea —no sólo de un procedimiento, sino también de un concepto o una teoría—, según la *Teoría de la formación por etapas de las acciones mentales* de Galperin (Talizina, 1988 y 1992), el alumno recorre una serie de etapas desde la elaboración del esquema de la base orientadora de la acción y de la realización «mental» de la acción —siguiendo paso a paso las indicaciones de esta base, muchas veces ayudado por objetos o representaciones gráficas— hasta llegar a la etapa de la realización «mental» de la acción, en la que los pasos a seguir se han interiorizado y automatizado. En este momento, el alumno es capaz de anticipar mentalmente qué pasará —qué resultado obtendrá— si lleva a cabo una determinada acción.[5]

Utilizando otras fuentes, Jaume Jorba y Ester Casellas hablan de la *bases de orientación* —que los alumnos tienen que construir a partir de un método general proporcionado por el profesor— como de unos instrumentos que se han mostrado muy útiles para conseguir que los alumnos sean capaces de anticipar y planificar las acciones que tienen que hacer. Se trata de sistemas de representación de la acción y de su producto, de las propiedades del material de partida y de sus transformaciones sucesivas, incluyendo todas las indicaciones que se utilizarán para realizar la acción (Jorba y Casellas, 1996).

---

5. Una exposición más completa de la *Teoría de la formación por etapas de las acciones mentales*, de Galperin, puede verse en Pujolàs (2001).

La comunicación del objeto y los criterios de evaluación por parte del profesorado, y la apropiación de dichos criterios por parte del alumnado

También es muy obvio que, para que un alumno tenga éxito en su aprendizaje, el profesorado tiene que explicitar tanto los objetos de la evaluación —los contenidos sobre los que será evaluado— como los criterios que utilizará para comprobar si el alumno ha aprendido o no dichos contenidos. No obstante, no siempre se hace así, sino que es muy habitual que el profesorado actúe de forma intuitiva, de manera que muchas veces se evalúan contenidos menos importantes o menos representativos. También es fácil que el profesor varíe sobre la marcha los criterios de evaluación a medida que vaya corrigiendo las pruebas de los alumnos; si no se han explicitado de forma clara estos criterios, es muy posible que, hasta de un modo inconsciente, se varíen en función del alumno que se está evaluando. Los alumnos dicen que a veces algunos profesores parece que intenten «sorprenderlos» más que evaluarlos; es decir, más que comprobar si han aprendido lo fundamental de todo lo que han explicado, parece que quieran «pescarlos» haciendo preguntas sobre contenidos secundarios.

Sobre esta cuestión, se ha constatado que los estudiantes que obtienen buenos resultados son los que saben intuir las intenciones del profesorado y sus exigencias. En cambio, los que no saben prever qué les preguntarán en las pruebas, ni saben decir si les ha ido bien —en cada grupo de alumnos hay bastantes de éstos—, obtienen unos resultados mucho más pobres (Jorba y Casellas, 1996).

Los objetivos didácticos —si se han redactado de una manera suficientemente operativa— indican, al mismo tiempo, lo que será objeto de evaluación. Lo que el alumno tiene que ser capaz de saber, o de hacer, o de explicar, etc. (conceptos, procedimientos...), o bien lo que tiene que mostrar en su comportamiento y en sus interacciones con los demás (actitudes, valores, normas, etc.) es al mismo tiempo el *objetivo* a enseñar y a aprender, y el *objeto* de evaluación. Además, el profesor tiene que explicitar al máximo los criterios que utilizará en la evaluación de los contenidos que se han enseñado y se tiene que asegurar, tanto como sea posible, de que los alumnos se apropien de estos criterios.

Las actividades de coevaluación y de evaluación mutua, y las de autoevaluación, se han mostrado instrumentos eficaces en vistas a conseguir que los alumnos se apropien de los criterios de evaluación explicitados por el profesor. La manera más efectiva para que los alumnos «hagan suyos» dichos criterios consiste en ponerlos en una situación en la que se vean obligados a tenerlos en cuenta, bien sea para evaluar las producciones de sus compañeros de acuerdo con ellos, bien sea para valorar las propias producciones.

Conforme vayamos introduciendo en el aula estas estrategias —convirtiéndolas en objeto de enseñanza—, iremos consiguiendo que los alumnos dependan menos del profesor y, por tanto, que sean más autónomos. Y a medida que vayamos consiguiendo que más alumnos sean más autónomos, más ocasión tendremos de atender de una manera más personalizada a los alumnos que son menos autónomos o les cuesta más serlo. Por este motivo, la introducción de estos mecanismos de regulación y autorregulación del aprendizaje es otra condición que, si se da, y en la medida en que se dé, nos permite ir avanzando hacia una escuela que incluya a todo el mundo.

Organizar el trabajo en el aula de manera que puedan aprender juntos alumnos diferentes: la estructuración cooperativa del aprendizaje

El dispositivo pedagógico con las estrategias de autorregulación y corregulación del aprendizaje anunciadas en el apartado anterior no se puede llevar a cabo en la práctica si no se cambia la estructura del aprendizaje; este dispositivo no es viable si no se pasa de lo que se denomina una *estructura de aprendizaje individual* o *competitiva* —en la que los alumnos prácticamente no se relacionan, en lo referente al aprendizaje, con sus compañeros, sino tan sólo con el profesor— a una *estructura de aprendizaje cooperativa* —en la que los alumnos no sólo aprenden del profesor, sino que también aprenden los unos de los otros—, que al mismo tiempo presupone una estructura docente —o de enseñanza— también cooperativa.

La estructura de aprendizaje

Entendemos por *estructura de aprendizaje* el conjunto de elementos interrelacionados que se dan en el seno de un aula en el proceso de enseñanza y aprendizaje: las explicaciones del profesor (más cortas o más largas, más claras o más confusas...), el material didáctico de los alumnos (más adecuado o menos adecuado...), los ejercicios y las actividades que hacen los alumnos (más o menos complejos, con un grado mayor o menor de dificultad...), la distribución de los alumnos en el aula (trabajo individual, por parejas, en pequeños grupos...), el «clima» del aula (más o menos favorable para el aprendizaje, más o menos agradable, más o menos distendido...), etc. Todos estos elementos condicionan, evidentemente, para bien o para mal, el aprendizaje de los alumnos. En su conjunto, estos elementos constituyen la estructura de aprendizaje y pueden hacer referencia a tres subestructuras distintas (Echeita y Martín, 1990):

– La *estructura de la actividad*, que determina, por ejemplo, si se trata de una clase magistral, si los alumnos trabajan individualmente o en grupos reducidos...
– La *estructura de la evaluación y la recompensa*, que especifica cómo se evaluará y se recompensará a los alumnos (notas, sanciones, alabanzas individuales o grupales, etc.) en función de si alcanzan o no los objetivos previstos.
– Y la *estructura de la autoridad*, que articula todo lo que hace referencia a quién decide —y a cómo se decide—, qué se ha de aprender y de qué manera hay que hacerlo...

Diferentes tipos de estructura de aprendizaje

La posible vinculación o interdependencia entre los objetivos o finalidades que persiguen los alumnos de un grupo clase determina que la estructura de aprendizaje —es decir, el conjunto de las tres subestructuras anteriores— sea *cooperativa, individual* o *competitiva* (Johnson y Johnson, 1978; véase Coll, 1984, y Rué, 1991*a*).

A grandes rasgos podemos describir estas tres diferentes maneras de estructurar el aprendizaje, teniendo en cuenta las relaciones que se establecen entre los participantes, de la siguiente manera:

1) Si cada alumno va por su cuenta, sin que le importe lo que hacen los compañeros, *no hay interdependencia de finalidades*: que un alumno consiga su objetivo (aprender lo que el profesor le enseña) es independiente (no depende) del hecho de que los otros lo consigan o no. En este caso, la *estructura de aprendizaje es individualista*; el profesor se dirige de manera uniforme a todos los alumnos y resuelve individualmente las dudas o los problemas que les van surgiendo. El trabajo en el aula es individual pero no competitivo (cada uno trabaja en su sitio y no se fija en lo que hacen los demás). La ayuda mutua entre los alumnos —por ejemplo, el hecho de que uno explique cómo se hace una

cosa a otro—, si se da, se considera un mal menor. Lo ideal sería que fuera el profesor el que ayudara —¡por algo es el profesor!—, pero si en un momento determinado no puede atender las dudas o los problemas de todos los alumnos permite que alguien pregunte alguna cosa a otro compañero... El profesor —y la mayoría de los alumnos, los cuales, en una estructura como ésta, prefieren trabajar solos— no valora el trabajo en equipo y se descarta esta manera de trabajar porque no todos los alumnos se muestran igual de responsables: unos se aprovechan del trabajo de otros sin haber aportado nada o casi nada al resultado final del trabajo en equipo.

2) Si se establece una especie de rivalidad entre los alumnos —buscada y fomentada, o no, por el profesor— para ver quién aprende más y más deprisa lo que el profesor les enseña, entonces hay una *interdependencia de finalidades negativa* entre ellos: un alumno consigue su objetivo (ser el mejor y el primero de la clase cuando se trata de aprender lo que el profesor les enseña) si, y sólo si, los otros no consiguen su objetivo (ser también los mejores). En este caso, la *estructura de aprendizaje es competitiva*: el profesor se dirige uniformemente a todos los alumnos, resuelve individualmente las dudas y los problemas que puedan ir surgiendo, y refuerza y resalta de manera ostensible los éxitos de los alumnos que consiguen hacerlo mejor (y hasta algunos resaltan los fracasos de los que no lo consiguen tanto...). El trabajo es individual y competitivo (cada uno trabaja en su sitio pero procura hacerlo mejor que los otros). En una estructura como ésta, la ayuda mutua entre compañeros no tiene ningún sentido: si alguien enseñara alguna cosa a un compañero, éste podría superarlo y ya no sería el mejor... El profesor, de una manera más o menos consciente, fomenta la rivalidad entre los alumnos como forma de estimular su aprendizaje. En general, no tolera la ayuda mutua ni el trabajo en equipo, con la finalidad de resaltar la responsabilidad individual: cada alumno tiene que ser el único responsable de su aprendizaje.

3) Si los alumnos de un mismo grupo-clase se consideran una «piña», y se animan unos a otros y se ayudan para aprender cada vez más, entonces se da una *interdependencia de finalidades positiva*: un alumno consigue su objetivo si, y sólo si, los otros también consiguen el suyo, que es común a todos (aprender cada uno tanto como pueda lo que el profesor le enseña y ayudarse unos a otros a aprenderlo, formando parte de un mismo equipo). En este caso hay una *estructura de aprendizaje cooperativa*: el profesor se dirige a todos los alumnos teniendo en cuenta sus características y resuelve las dudas iniciales que

puedan ir surgiendo. El trabajo es individual (en el sentido que cada uno es responsable de aprender, ya que nadie puede hacerlo por él) y cooperativo (en el sentido que, trabajando en equipo, haciendo cada uno los propios ejercicios o actividades, se pueden ayudar mútuamente resolviendo juntos los problemas, echándose una mano, animándose los unos a los otros a superarse, a aprender lo que el profesor les enseña, etc.). En consecuencia, la ayuda mutua no sólo se tolera, sino que se fomenta; se considera algo esencial, como también lo es el trabajo en equipo. Se parte de la base de que difícilmente podemos aprender solos todo lo que se tiene que aprender (entre otras cosas, a trabajar en equipo, a poner las propias habilidades junto a las habilidades de los otros para resolver mejor los problemas comunes). El trabajo en equipo, en este caso, para que sea realmente en equipo, tiene que ir acompañado, ineludiblemente, de la responsabilidad individual: nadie se puede aprovechar del trabajo de los demás, sino que tiene que contribuir con su aportación al éxito final del equipo.

La estructura de aprendizaje cooperativo

La estructura más adecuada para el aprendizaje de los alumnos —la que posibilita que todos los alumnos aprendan más y mejoren las relaciones interpersonales— es la estructura de aprendizaje cooperativo.

Esto se fundamenta en el siguiente principio: los alumnos no sólo aprenden porque el profesor les enseña, sino porque cooperan entre sí, enseñándose los unos a los otros. Según Piaget,

> [...] la cooperación entre los niños es tan importante como la intervención de los adultos. Desde el punto de vista intelectual, es la más apta para favorecer el verdadero intercambio de ideas y la discusión, es decir, todas las conductas capaces de educar la mente crítica, la objetividad y la reflexión discursiva (Piaget, 1969, citado por Martí, 1997).

Las interacciones entre iguales —entre los alumnos, en este caso—, que se fomentan de una manera explícita y decidida en una estructura de aprendizaje cooperativo, tienen una gran importancia en la construcción de conocimiento. No obstante, a lo largo de toda la escolaridad (desde la educación infantil y primaria hasta la universidad), en general estas interacciones no se han fomentado, y todavía no se fomentan lo suficiente. Bien al contrario, más bien se han evitado y hasta prohibido.

El énfasis casi exclusivo en la interacción profesor-alumno responde, al menos en parte, a la idea de que las relaciones que se establecen entre los alumnos en el transcurso de las actividades de aprendizaje tienen una influencia secundaria, cuando no indeseable o molesta, sobre el rendimiento escolar. Es obvia, por lo demás, la dependencia de esta idea de una concepción de la enseñanza que contempla al profesor como *el* agente educativo por excelencia encargado de transmitir el conocimiento y al alumno como un receptáculo más o menos activo de la acción transmisora del profesor. No es, pues, extraño que en este marco pedagógico se intente reducir a la mínima expresión las relaciones alumno-alumno, sistemáticamente neutralizadas como fuente potencial de conductas perturbadoras en el aula, y que la programación del aprendizaje repose sobre la primacía de trabajo individual de los alumnos y la interacción profesor-alumno (Coll, 1984, p. 119).

Por este motivo, de estas tres diferentes formas de organizar la estructura de aprendizaje que acabamos de describir, las que todavía son más frecuentes —según Gerardo Echeita y Elena Martín— son la competitiva y la individualista.

El «saber más que el otro», y el «ser el primero» no sólo se convierte en un objetivo en sí mismo, sino que al tiempo se traduce con frecuencia en un sinónimo de más inteligente, mejor, superior a los demás, convirtiendo el conocimiento en una posesión que distingue al superior del inferior. Desde la escuela infantil hasta la universidad, las actividades escolares se mueven mayoritariamente dentro de estas dos estructuras [la individualista y la competitiva], lo que reduce al mínimo las posibilidades de establecer interacciones constructivas. No cabe duda tampoco de que ambos procedimientos son poco útiles cuando lo que se pretende es favorecer el respeto hacia los que son «diferentes» y asegurar en todos las condiciones de autoestima y motivación por aprender (Echeita y Martín, 1990, p. 56).

Características de la estructura de aprendizaje cooperativo

En una estructura de aprendizaje cooperativo no sólo varía la relación entre los objetivos o finalidades de los participantes (es decir, la subestructura de la recompensa) —pasando del individualismo o la competitividad a la cooperación—, sino que los cambios que se operan en esta subestructura también generan otros cambios prácticamente inevitables tanto en la estructura de la actividad —la cual, de ser primariamente individual, con frecuentes clases magistrales, pasa a favorecer explícitamente la interacción entre los alumnos dentro de grupos redu-

cidos— como en la estructura de la autoridad, favoreciendo la autonomía de los alumnos ante el poder prácticamente absoluto del profesor
que se da en una estructura de aprendizaje individualista o competitiva (Slavin, 1988; citado por Echeita y Martín, 1990, p. 57).

Así pues, las características de la estructura de la evaluación y la recompensa, cuando el aprendizaje se hace en régimen cooperativo, determinan al mismo tiempo cambios en la estructura de la actividad y en
la de la autoridad. Veámoslo.

En lo que se refiere a la *estructura de la evaluación y la recompensa*, los objetivos perseguidos por los alumnos han de estar vinculados
entre sí, tiene que haber lo que hemos dicho que se denominaba interdependencia positiva de finalidades. Los miembros de un mismo equipo se tienen que ayudar para superarse a sí mismos, individualmente y
en grupo —y haciéndolo aprenden a trabajar en equipo—, para conseguir lo que se han propuesto: que todos progresen en el aprendizaje,
cada uno al nivel que pueda. Esto queda perfectamente reflejado en la
expresión «cooperar para aprender y aprender a cooperar», título de un
libro sobre el aprendizaje cooperativo (Slavin *et al.*, 1985). Igualmente,
en el grupo-clase, todos los equipos se han de ayudar para conseguir un
objetivo común: que todos los alumnos del grupo-clase, de todos los
equipos, hayan progresado en su aprendizaje. Si es así, se puede celebrar y se puede otorgar alguna recompensa a todo el grupo-clase.

De esta manera —y esto es muy importante— todos los miembros de
un equipo contribuyen con el mismo peso específico al éxito global
del equipo y del grupo-clase, siempre que mejoren las actuaciones anteriores. Si se lo proponen, todos pueden mejorar el rendimiento porque, como hemos visto, no se les pide que alcancen un mismo nivel
normativo, sino los objetivos que cada uno se ha fijado, que se ve capaz
de alcanzar y que ha «pactado» con el profesor. Así pues, todos los
alumnos —hasta los que tienen necesidades educativas especiales—
pueden hacer una aportación valiosa al conjunto del equipo y del grupo, y, por tanto, todos pueden sentirse igualmente valiosos.

La adecuación del currículum común —contenidos, objetivos didácticos, actividades de aprendizaje y evaluación— a las características personales de cada alumno, es decir, la *personalización* del proceso de
enseñanza y aprendizaje, como hemos visto, es un punto esencial para
que se pueda dar una estructura de recompensa como la que estamos
describiendo. En consecuencia, la cooperación y la personalización del
proceso de enseñanza y aprendizaje son dos aspectos complementarios:
no puede haber cooperación sin personalización, y la cooperación entre

los alumnos de un mismo equipo facilita y en cierta manera posibilita la personalización; sin el concurso de los compañeros difícilmente el profesor podría atender de manera personalizada a todos los alumnos.

En lo referente a la *estructura de la actividad*, el trabajo en grupos reducidos, heterogéneos, para hacer alguna cosa o para aprender juntos tiene un papel muy relevante. Efectivamente, una de las características de la estructura del aprendizaje cooperativo es la utilización frecuente —aunque no exclusiva— del trabajo en grupos reducidos o en equipos estables y heterogéneos (en género, etnia, intereses, capacidades, motivación, etc.).

No obstante, el trabajo en equipo no se puede separar de la responsabilidad individual y del compromiso personal dentro del equipo. De todas maneras, no se anulan las actividades en gran grupo ni las más individuales; no se sustituye el trabajo individual por el trabajo en grupo, sino que más bien se sustituye el trabajo individual, *en solitario* —propio de una estructura individual y competitiva— por el trabajo individual, *personal, dentro de los equipos cooperativos*, en los que se dan relaciones constructivas entre alumnos diferentes y la ayuda entre los compañeros no sólo se tolera, sino que se fomenta.

Esto no es fácil y no se puede improvisar. Tenemos que enseñar a los alumnos a trabajar en equipo y ellos tienen que contar con la oportunidad de conocerse y de trabajar juntos durante un tiempo lo bastante largo (por ejemplo, un trimestre). No obstante, esto no significa que los alumnos siempre tengan que trabajar en equipo durante todo el rato de clase y en todas las clases. Ni, por tanto, tampoco significa que el mobiliario escolar siempre tenga que estar distribuido de la misma manera.

Por último, en lo referente a la *estructura de la autoridad*, el profesor transfiere una parte de la responsabilidad a los alumnos, los cuales tienen un papel más participativo y relevante: el profesor fomenta la autonomía de los alumnos en el proceso de aprendizaje (cuantos más alumnos haya que puedan trabajar de forma autónoma, autorregulando su propio aprendizaje, más se podrá dedicar el profesor a los que más lo necesitan), los alumnos tienen la responsabilidad de enseñar a los compañeros, y el grupo-clase participa mucho más en la gestión y la dirección de la clase y en la resolución de los conflictos.

La estructura de la autoridad se tiene que caracterizar por el papel protagonista que ha de desempeñar el alumnado, individualmente, en tanto equipo y en tanto grupo-clase. En la medida de lo posible, el grupo-clase debe tener voz y voto a la hora de gestionar el currículum, naturalmente a partir del currículum establecido para un nivel y una etapa determinados. Asimismo, cada equipo debe tener la posibilidad de concretar algunos contenidos, objetivos, actividades…, que no han de coincidir necesariamente con los contenidos, objetivos, actividades… de los otros equipos. Por último, a nivel individual, cada alumno debe tener la oportunidad de concretar, de acuerdo con el profesor y contando con su ayuda y la de los compañeros de equipo, qué se ve capaz de conseguir y hacer. El papel más participativo y relevante del alumnado también se tiene que notar en la gestión de la clase cuando se trata de determinar las normas y de resolver los conflictos. El grupo-clase, en una estructura de autoridad cooperativa, se constituye en asamblea siempre que sea necesario y comparte la autoridad con el profesor: ante un determinado conflicto, se acuerdan de manera consensuada las normas de comportamiento y las sanciones para aquellos que no las cumplan.

Una estructura de aprendizaje organizada de manera cooperativa, como la que acabamos de dibujar un poco por encima en el último apartado, posibilita sin duda que los centros educativos se transformen cada vez más en escuelas para todos, en las que puedan aprender juntos alumnos diferentes.

A manera de síntesis

En este primer capítulo he manifestado mi postura ante el dilema que supone optar por una *escuela selectiva* o por una *escuela inclusiva*. Personalmente creo que el mejor camino, si aspiramos a dar una educación de calidad para todos, es el de la escuela inclusiva; es decir, una escuela que acoja y atienda debidamente a *todos* los niños y niñas, a *todos* los chicos y chicas de un determinado pueblo o barrio —y *todos* significa *todos*, sean cuáles sean sus necesidades educativas—, no sólo en un mismo centro, sino también en una misma aula, agrupados por edades o por ciclos de forma heterogénea, como heterogénea y diversa es la sociedad —la comunidad— de la que forman parte.

También he advertido de entrada, en la introducción, que esto es algo más que un método o una manera de organizar la educación de un país; he dicho claramente que era una forma de vivir relacionada con los valores de la convivencia, del respeto y de la aceptación de las diferencias, de la tolerancia y de la cooperación, pero también de la lucha contra las desigualdades y las injusticias, y contra la falta de felicidad para todo el mundo. Es, por tanto, una postura teñida, impregnada, de ideología. Naturalmente, detrás de esta opción hay una determinada manera de entender la vida, la persona humana y la sociedad.

Pero que sea un opción ideológica —tomada en el marco de un *teoría* determinada— no significa que sea una opción meramente teórica, desprovista de realismo, a la que pueda fácilmente tildarse de estar en las nubes o de ser una simple utopía. Por este motivo he dicho que era necesario acompañar esta opción de un esfuerzo constante para mostrar que es posible y factible. En esta línea, me he esforzado en describir una serie de condiciones —concretamente, cinco— que, en la medida que se vayan dando, nos dejarán entrever la parte realista de esta opción. Ahora las quiero recordar de manera muy sintética para tener una visión de conjunto:

1) En primer lugar, hay que *resituar a la escuela en su lugar*; es decir, la escuela sólo tiene sentido si se la concibe como un medio más (entre otras instituciones que constituyen otros medios) de una comunidad —de un barrio, de un pueblo, etc.— para la educación de los miembros de dicha comunidad. La escuela ha de recuperar su referencia a la familia, a las organizaciones sociales, de la salud y de los servicios restantes de una comunidad. Una escuela que quiera ser *para todos* no puede continuar siendo como era cuando sólo era *para unos cuantos*: no puede vivir de espaldas a la comunidad y debe redefinir sus límites, sus metas y sus funciones. Esto nos lleva a concebir la escuela como *una comunidad de aprendizaje al servicio de otra comunidad más amplia*. Esto quiere decir dos cosas. Por un lado, que todos los miembros de la escuela (de la *comunidad* educativa, tal como decimos con harta frecuencia, sin que posiblemente seamos conscientes del alcance de esta expresión) se tienen que sentir corresponsables de la función que se le ha encargado a la escuela —la educación de *todos* los miembros de la sociedad— y ésta se tiene que sentir, por tanto, satisfecha si lo consigue e insatisfecha si fracasa en esta misión. Por otro lado, también quiere decir que la escuela es un elemento más —un sistema más— de una red social más amplia: la comunidad (el pueblo, el barrio, etc.), que está al servicio de la educación de los miembros de dicha comunidad, junto con otras instituciones. Por este motivo, los maestros y profesores no son los únicos sobre los que recae esta responsabilidad. Si la escuela es de la comunidad y para la comunidad, todos los servicios y todos los miembros de la comunidad se deben sentir corresponsables de que la escuela consiga sus metas: *todos* se tienen que sentir responsables de una escuela

para todos. Si es así, podrá ser más fácilmente una escuela inclusiva, que acoja y atienda a todo el mundo y que no excluya a nadie.

2) También es necesario plantear una *Base Curricular Común, realmente común*. Es decir, determinar lo que es realmente importante y básico para *todos* los alumnos, y utilizarlo como referente para todo el trabajo educativo. Hacer esto supone determinar no sólo qué queremos que *sepan* los alumnos y qué queremos que *sepan hacer*, sino también cómo queremos que *sean*. Este referente ha de ser lo bastante amplio —el currículum tiene que ser lo suficientemente abierto— para que pueda llegar a todos los alumnos y para que pueda ser un currículum común, para todos. Cuanto más se concreta y se detalla, más riesgo se corre de dejar a alguien al margen, fuera del currículum, y entonces para quienes se han quedado al margen hay que preparar un currículum especial. En este caso, la escuela nunca será *para todo el mundo*.

3) Que la escuela parta de una Base Curricular Común no supone que todos los alumnos tengan que aprender exactamente lo mismo. Todos los alumnos tienen —o pueden tener— necesidades educativas muy diferentes. Por tanto, la escuela tiene que responder de manera personalizada a estas necesidades educativas. Por este motivo una escuela que realmente quiera ser para todos tiene que adecuar —hacer proporcionada— su actuación a las características *personales* de los alumnos. De aquí viene que, en tercer lugar, digamos que, para avanzar hacia una escuela para todos, *es necesario programar para que todo el mundo pueda aprender*, es decir, avanzar hacia la *personalización de la enseñanza y del aprendizaje*. Para personalizar la *enseñanza* disponemos de un enfoque metodológico conocido como *Enseñanza Multinivel*; para personalizar el aprendizaje disponemos de un recurso técnico: los *Planes de Trabajo Personalizados*, llamados también *Contratos didácticos* o *Contratos de aprendizaje*.

4) Esto sólo será posible si se introducen al mismo tiempo cambios metodológicos y de organización del trabajo en el aula que avancen en dos direcciones paralelas. Son las dos últimas condiciones que he señalado y que pueden contribuir a ir transformando los centros escolares en centro educativos para todos. En cuarto lugar, pues, hay que *fomentar la autonomía del alumnado*, es decir, introducir *mecanismos de corregulación y autorregulación del aprendizaje*. Es evidente que cuantos más alumnos autónomos haya, más podrán atender, los profesores y los otros alumnos más autónomos, a aquellos que, de entrada, son menos autónomos o tienen más problemas para serlo. De esta manera la escuela podrá ser más para todo el mundo.

5) Por último, si en una escuela no son sólo los maestros o los profesores los que «enseñan», sino que también los alumnos se enseñan los unos a los otros, también es muy evidente que se tienen más posibilidades de atender a todos los alumnos y de que sea una escuela para todos. Este es el caso, por ejemplo, de numerosas escuelas unitarias —de antes y de ahora— organizadas de forma cooperativa, en las que los alumnos tienen un papel destacado en el proceso de enseñanza y aprendizaje. Por este motivo, como quinta condición, he señalado que conviene *organizar el trabajo en el aula de manera que puedan aprender juntos alumnos diferentes, estructurando de forma cooperativa el aprendizaje.*

Hay muchos centros tanto de primaria como de secundaria que —al menos de manera parcial— intentan avanzar en la dirección de estas condiciones o de otras parecidas, con la intención de dar una respuesta educativa adecuada a la diversidad del alumnado. Estos centros son la prueba más clara de que avanzar en esta dirección no es una ilusión o un sueño imposible de llevar a cabo.

Por otro lado, todas estas condiciones están interrelacionadas, de manera que las unas posibilitan a las otras. Es evidente que si, para la escuela inclusiva, disponemos de todos los recursos que en un sistema selectivo se dedican a las escuelas de educación especial y, además, podemos contar con la ayuda de los familiares, de voluntarios y de otros servicios de la comunidad —en la línea de lo que he apuntado en la primera condición—, será más fácil avanzar al mismo tiempo en la línea de lo que apuntábamos en la tercera condición: la personalización de la enseñanza y el aprendizaje, la Enseñanza Multinivel y los Planes de Trabajo Personalizados.

No obstante, que estén interrelacionadas no significa que se tengan que dar todas al mismo tiempo. Naturalmente, lo ideal es que avancemos en la dirección de todas las condiciones, pero la imposibilidad —por el motivo que sea— de avanzar en una u otra de estas condiciones no nos priva de avanzar en el resto. Quizá no podremos aplicar —al menos en el grado en que nos gustaría— el aprendizaje cooperativo (condición número cinco), pero en cambio podremos empezar a aplicar los mecanismos de corregulación y autorregulación que hemos señalado en la condición número cuatro...

Esto me da pie para hacer todavía una última reflexión. Todas estas condiciones no son una cuestión de todo o nada —de manera que o bien se dan todas y de forma absoluta, o, si no, no se pueden llevar a cabo—, sino de grado: cuantas más condiciones se den, y cuanto más elevado sea el grado en que se den, más posibilidades reales tendremos de ir avanzando hacia lo que —tal como hemos dejado bien claro— debería ser el camino a seguir: el camino de la inclusión, de una escuela para todos que no excluya a nadie.

En los capítulos siguientes presentaré —de acuerdo con el marco teórico, o principios básicos, o condiciones fundamentales que he descrito en este primer capítulo— herramientas, recursos y estrategias que giran en torno al aprendizaje cooperativo, que permiten llevar a la práctica estos planteamientos e ir avanzando de manera efectiva hacia una escuela en la que puedan aprender juntos, en una misma aula, alumnos diferentes.

2. El aprendizaje cooperativo

Una manera diferente (más estimulante y más eficaz) de aprender...

Una tesis doctoral reciente (Santiago Marín, 2001) ha servido para comprobar, en un contexto educativo muy cercano, que estructurar las actividades de enseñanza y aprendizaje, en una clase (en este caso, en la asignatura de matemáticas), de manera cooperativa, motiva más a los alumnos, mejora ostensiblemente la convivencia en el aula y, además, los estudiantes obtienen un rendimiento académico más alto. Más allá de los datos más objetivos de este estudio, aquí me interesa resaltar algunos de los testimonios que aporta.

En lo que se refiere a la motivación para las matemáticas, he aquí lo que opinan un alumno y un profesor:

—*Yo, el año pasado, no aprobé ningún control. Con este método las matemáticas se entienden más fácilmente y las clases pasan más deprisa porque son más amenas. A mí me gustaría continuar así y en otras asignaturas también* (alumno).

—*Esta metodología hace que ningún alumno se quede descolgado y abandone la asignatura* [y esto es muy importante] *porque un chico que abandona una asignatura es una fuente de conflictos y de indisciplina en clase. Lo que más me gusta de esta metodología es que no hay alumnos que se desmotiven del todo* (profesor).

En cuanto a la convivencia en el aula, una alumna y un profesor opinan lo siguiente:

> —*La convivencia y las relaciones entre los compañeros mejoran muchísimo, si lo comparamos a cuando lo hacíamos individualmente. Antes cada uno iba por su cuenta. Yo hago mi examen, apruebo y ya está. Pero como ahora te has de interesar por tu compañero... entonces mejoran las relaciones* (alumna).
>
> —*Los alumnos de un nivel más bajo se sienten apoyados y ayudados por sus compañeros del equipo y suelen trabajar más... y es obvio que esto ayuda a hacer que los miembros del equipo se conozcan más y mejor y, por tanto, se aprecien más* (profesor).

Finalmente, sobre el rendimiento académico destacan estas opiniones:

> —*He aprendido más, porque si la explicación de tu compañero es buena, lo entiendes a la primera. Algunos alumnos con las explicaciones del profesor no lo entienden, pero si en un equipo te lo explica un compañero de tu edad que sabe más que tú, se pone a tu nivel y utiliza tu lenguaje, y tienes más confianza para preguntarle lo que quieres, entonces lo entiendes mejor* (alumno).
>
> —*Al margen de las estadísticas, se puede observar que los alumnos que tienen un rendimiento alto lo siguen teniendo y que los alumnos con un rendimiento medio y bajo mejoran. Siempre habrá casos cuyo rendimiento no mejore, pero entonces tampoco mejorarían de ninguna otra manera. En cambio, es difícil encontrar casos que vayan a peor* (profesora).

Según estos testimonios, parece muy claro —y así lo confirma la investigación sobre este punto, como pondré de manifiesto en este mismo capítulo—, que, para sacar el máximo provecho de la acción docente, tenemos que pasar de una estructura de aprendizaje individualista o competitivo a una estructura de aprendizaje cooperativo. Hay que entender este paso como una última opción fundamental para alcanzar una escuela de calidad para todos, derivada de haber optado previamente por la inclusividad del sistema educativo y por la personalización de la enseñanza. Efectivamente, hemos optado por atender a todos los alumnos en un mismo centro y en una misma aula, y si los queremos atender adecuadamente, no tenemos más remedio que personalizar la enseñanza —es decir, adecuarla a las características personales de cada alumno— y, al mismo tiempo, sólo podremos hacer esto —o como mínimo será más viable hacerlo— si conseguimos que los alumnos cooperen para aprender y se ayuden mutuamente a la hora de aprender.

No es extraño, pues, que últimamente se hable mucho del aprendizaje cooperativo en la escuela y fuera de la escuela como de un recurso o estrategia para atener la diversidad. De todas maneras, el aprendizaje cooperativo en la educación escolar no es algo nuevo. En muchas escuelas unitarias se practicaba desde hacía mucho tiempo y aún se practica: unos alumnos —generalmente los mayores y los más avanzados— echan una mano al maestro y enseñan a otros alumnos, generalmente más pequeños o menos avanzados. Ovejero (1990) recuerda que Comenius, pedagogo del siglo XVII (1592-1670), creía firmemente que los estudiantes se beneficiarían tanto de enseñar a otros estudiantes como de ser enseñados por otros estudiantes. Y en el siglo XVIII, Joseph Lancaster y Andrew Bell utilizaron en Inglaterra los grupos de aprendizaje cooperativo que más tarde exportarían a Estados Unidos. En este último país, esta tradición se vería continuada por Francis Parker —que popularizaría el aprendizaje cooperativo hasta el extremo que a este movimiento cooperativo se unirían más de treinta mil profesores (según Campbell, 1965, citado por Ovejero, 1990)— y por John Dewey, quien utilizó el aprendizaje cooperativo como un elemento esencial de su modelo de instrucción democrática.

No obstante, continúa explicando Ovejero, a finales de la década de 1930, en Estados Unidos, sería la competición individual —y con ella lo que hemos descrito como una estructura de aprendizaje competitiva— la que comenzaría a destacar y a predominar en las escuelas de ese país, «de tal manera que durante los últimos 50 años, en Estados Unidos, y en general en todo el mundo occidental, la escuela no ha dejado de reflejar sobre todo un exagerado énfasis en el aprendizaje competitivo e individualista, y ha olvidado casi totalmente el cooperativo, el cual sólo ocupa, según Johnson, un 7% del tiempo escolar total» (Ovejero, 1990, p. 156).

Finalmente, hacia la mitad de la década de 1970, también en Estados Unidos volvería a resurgir el interés por el aprendizaje cooperativo de la mano de investigadores, como los hermanos David y Roger Johnson y sus colaboradores en el *Cooperative Learning Center* de la Universidad de Minnesota, en Minneapolis; Elliott Aronson, creador de la famosa técnica de aprendizaje cooperativo conocida como «Rompecabezas» (*jigsaw*), en la Universidad de Santa Cruz (California), y Robert

Slavin, de la Johns Hopkins University, por citar sólo a los más conocidos en nuestro país.

La importancia de esta forma de estructurar el aprendizaje radica, según Johnson y Johnson (1987) (citados por Ovejero, 1990), en el hecho de que en las situaciones de aprendizaje cooperativo los estudiantes, por un lado, experimentan sentimientos de pertenencia, de aceptación y de apoyo, y se pueden enseñar, y practicar, las habilidades y los roles sociales que se necesitan para mantener unas relaciones interpersonales positivas; y, por otro, los estudiantes se hacen más sensibles a las conductas que los otros esperan de ellos y aprenden las habilidades necesarias para responder a estas expectativas. Además, al hacerse mutuamente responsables de la conducta social apropiada, los estudiantes hacen suyos una serie de valores muy importantes para un sano desarrollo social, con un balance general de confianza más que de desconfianza en las demás personas y con la capacidad de ver las situaciones y los problemas desde más de una perspectiva.

Si organizando el aprendizaje de forma cooperativa se consigue todo esto, entonces no es nada extraño que el aprendizaje cooperativo desvele tanto interés entre los docentes que pretenden alguna cosa más que instruir a los alumnos en los contenidos de su materia.

En este capítulo explicaré qué es un equipo cooperativo y presentaré los elementos o condiciones que se han de dar en la estructura de aprendizaje para que podamos hablar con propiedad de aprendizaje cooperativo y no de un simple trabajo en grupo, así como las habilidades sociales fundamentales para trabajar en equipo. También haré referencia a los resultados de las investigaciones llevadas a cabo sobre el aprendizaje cooperativo.

¿Qué es un equipo de aprendizaje cooperativo?

El aprendizaje cooperativo

El aprendizaje cooperativo se sostiene sobre dos presupuestos fundamentales. En primer lugar, en el hecho de que el aprendizaje requiere la participación directa y activa de los estudiantes. Nadie puede aprender por otro. En todo caso puede ayudarlo a aprender, pero no lo puede suplir en el aprendizaje. Sólo aprendemos de verdad aquello que queremos aprender, y siempre que participemos activamente en el proceso de aprendizaje. Dicho con una metáfora de Johnson, Johnson y Holubec

(1999), el aprendizaje no es un espectáculo deportivo al que se pueda asistir como simple espectador. El otro presupuesto fundamental es que la cooperación y la ayuda mutua, si se dan de manera correcta, posibilitan el logro de cotas más altas en el aprendizaje, nos permiten aprender más cosas y aprenderlas mejor. La discusión en grupo, el conflicto cognitivo que se genera cuando chocan dos puntos de vista diferentes u opuestos, no sólo nos permite aprender cosas nuevas de los demás, sino también rectificar, consolidar o reafirmar los aprendizajes ya alcanzados. Dicho con otra metáfora —también tomada de Johnson, Johnson y Holubec (1999)—, como los alpinistas, los alumnos escalan más fácilmente las cumbres del aprendizaje si lo hacen formando parte de un equipo cooperativo. De la misma manera que alcanzamos más fácilmente la cumbre de una montaña si la atacamos formando parte de una cordada de alpinistas bien avenidos (que saben trabajar en equipo, aportando cada uno lo que sabe al servicio de la meta común), que si la abordamos en solitario, también aprendemos más y mejor si somos capaces de hacerlo formando parte de un equipo que sabe cooperar, que si afrontamos el aprendizaje en solitario.

Para Johnson, Johnson y Holubec:

> La cooperación consiste en trabajar juntos para alcanzar objetivos comunes. En una situación cooperativa, los individuos procuran obtener resultados que sean beneficiosos para ellos mismos y para todos los demás miembros del grupo. El aprendizaje cooperativo es el empleo didáctico de grupos reducidos en los que los alumnos trabajan juntos para maximizar su propio aprendizaje y el de los otros (Johnson, Johnson y Holubec, 1999, p. 14).

Los equipos de aprendizaje cooperativo

Un equipo cooperativo —sea de aprendizaje, o no— es algo más que un conjunto de individuos que hacen alguna cosa juntos. La diferencia que hay entre un equipo cooperativo y otro que no se puede denominar de esta manera es, más o menos, la misma que hay entre un grupo de trabajadores, de socios, que forman una cooperativa y un grupo de trabajadores de una empresa más tradicional, con un dueño y unos operarios que trabajan para él. De una manera esquemática, en la tabla 1 se desgranan las principales características de uno y de otro, de manera paralela, a fin de destacar mejor sus diferencias.

Tabla 1

EN UNA EMPRESA TRADICIONAL	EN UNA COOPERATIVA
1. *Cuesta hallar algo que una a los trabajadores.* Hay un dueño y unos trabajadores con una relación laboral y cada uno, con toda legitimidad, vela por sus intereses, que a veces son opuestos. Es poco corriente, y cuesta mucho, que los trabajadores estén unidos. Con frecuencia hay choque de intereses y es relativamente fácil crear divisiones entre ellos.	1. *Hay una cosa que une fuertemente a los trabajadores: el hecho de formar parte del mismo «equipo» y de perseguir todos una misma finalidad.* No hay dueño ni trabajadores: sólo hay socios. Los diferentes socios de la cooperativa están muy unidos: tienen el mismo interés (que la cooperativa funcione, que vaya bien) y persiguen el mismo fin (justamente el que los ha llevado a formar una cooperativa).
2. *No hay (o cuesta más que haya) una relación de igualdad entre los trabajadores.* No todos son iguales ni se sienten iguales, del mismo modo que no todos son valorados igual ni se sienten igualmente valorados. Hay muchas diferencias entre los trabajadores. No todos hacen el mismo trabajo (encargados, oficiales, aprendices...) y no se valora por igual el trabajo de todos.	2. *Hay una relación de igualdad entre los trabajadores.* Nadie se siente superior a los demás. Todos se sienten importantes, todos son valorados y se sienten valorados. Aunque llevan a cabo trabajos diferentes (encargado, oficial, aprendiz...), todos tienen en común la condición de socios. No todos hacen el mismo trabajo, pero se considera igualmente importante el trabajo de todos.
3. *Generalmente no hay interdependencia entre los trabajadores: lo que afecta a cada uno no importa a todos los demás.* Cada uno va por su lado, sin que le importe demasiado hacia dónde van los demás, mientras el comportamiento o la falta de responsabilidad de los otros no repercuta negativamente en su trabajo. Un trabajador puede «ir bien» independientemente de que los otros «vayan bien», o no. Que un trabajador haga bien su labor, o no, repercute directamente en el dueño y sólo indirectamente en sus compañeros.	3. *Hay interdependencia entre los trabajadores: lo que afecta a cada uno importa a todos.* Todos dependen de todos, nadie puede ir a la suya. Todos se tienen que comprometer a hacer su trabajo, y a cumplir de un modo responsable sus compromisos. Que cada uno «vaya bien» repercute en el hecho de que todos «vayan bien». Un socio no puede «ir bien» si no «van bien» todos los socios. Que un socio haga bien, o no, su tarea repercute directamente en los demás socios.
4. *Es más fácil que haya una relación de competencia entre los trabajadores: ayudar a un compañero puede ir en contra de los propios intereses.* Con frecuencia hay competencia entre los trabajadores (para ser más competente que los demás, para ser el mejor, para ganar más que los otros, para ser más valorado que los demás...). No hay exigencia mutua para que cada uno haga mejor su trabajo. Es fácil que entre ellos surjan envidias, rivalidades, etc.	4. *No hay una relación de competencia, sino de cooperación y de ayuda mutua: ayudar a un compañero repercute favorablemente en uno mismo.* No hay ningún motivo para que exista competencia entre los diferentes socios. Al contrario, interesa que cada uno sea lo más competente posible en lo que hace. Por esta razón unos a otros se exigen hacer mejor su trabajo. Cada uno se alegra de la competencia superior de los demás porque también le beneficia a él mismo.
5. *Cuesta más que se establezca una relación de amistad entre los trabajadores y un vínculo afectivo.* No hay (o cuesta más que haya) una comunión de intereses entre los trabajadores y, por tanto, es más difícil que, además, sean amigos. Por este motivo, son menos corrientes las celebraciones festivas entre todos los trabajadores.	5. *Es más fácil que se establezca una relación de amistad entre los socios, un vínculo afectivo.* Hay una clara comunión de intereses entre los socios y, por tanto, es más fácil que sean amigos. Por esta misma razón, las celebraciones por el éxito conseguido son más corrientes.

Del contenido de la tabla 1 se puede desprender que un grupo de personas formarán un equipo cooperativo:

1. Si están unidas de verdad, si tienen alguna cosa que las une fuertemente (la pertenencia al mismo equipo, el objetivo que persiguen...).
2. Si hay una relación de igualdad entre ellas, si nadie se siente superior a los demás, si todos son valorados y se sienten valorados por sus compañeros.
3. Si hay interdependencia entre ellas, si lo que afecta a un miembro del equipo importa a todos los demás.
4. Si no hay una relación de competencia entre ellas, sino de cooperación, de ayuda y de exigencia mutua; si ayudar a un compañero repercute favorablemente en uno mismo y en todo el equipo.
5. Si hay una relación de amistad entre ellas, un vínculo afectivo, que las lleva a celebrar juntas los éxitos conseguidos entre todos los miembros del equipo.

Cuanto más se den estas condiciones, más cooperativo será el equipo formado por un conjunto de personas. Por tanto, posibilitar que se den estas condiciones e ir avanzando en la dirección que indican supone contribuir a hacer que un simple grupo de personas (de trabajadores, de jugadores, de estudiantes, etc.) sea algo más que la simple suma de diferentes individualidades y sea cada vez más un equipo cooperativo.

Johnson, Johnson y Holubec (1999) utilizan el símil de un equipo de fútbol para explicar el concepto de *equipo cooperativo* y las condiciones que se han de dar para que haya propiamente cooperación entre los miembros de un mismo equipo: por «definición», un equipo de fútbol está formado por diferentes jugadores que ejercen diversas funciones en el terreno de juego (portero, defensa, media punta, delantero centro, extremo...) y la base del éxito para conseguir su objetivo común —ganar el partido— hay que buscarla en el hecho de que cada uno cumpla con su misión tan bien como sepa. No se puede concebir un equipo formado por once porteros u once delanteros... La eficacia del equipo, su éxito final, depende de la *diversidad* y la *complementariedad* de las funciones de todos los miembros del equipo que, además, persiguen un objetivo común: meter más goles que el equipo contrario. La colaboración —que supone el cumplimiento responsable de la función de cada uno— es un punto imprescindible para alcanzar el éxito del equipo. Además, la aportación de todos y cada uno de los miembros del equipo es igualmente relevante: todos tienen la oportunidad de contribuir, con el mismo peso específico, al éxito del equipo. Difícilmente un único jugador, por muy bueno que sea, conseguirá ganar un partido solo, sin la ayuda de los compañeros de equipo. En buena parte, el éxito del equipo también depende del hecho de que los jugadores se animen y alienten mutuamente y se ayuden los unos a los otros, y del hecho de que todos defiendan y todos ataquen. Cuando algún equipo no sabe bastante o no le salen las cosas bien y no gana, se ha de parar a pensar qué falla, tiene que entrenarse más y cada jugador ha de aprender mejor las habilidades necesarias para ser un buen equipo.

Así pues, en un equipo cooperativo tiene que haber «diversidad», «interdependencia positiva», «interacción estimulante», «igualdad de oportunidades» y «responsabilidad individual», y sus miembros se han de ejercitar en las «habilidades de equipo» y se han de parar de vez en cuando a hacer una «revisión» y establecer «objetivos de mejora». Todos estos son los elementos esenciales que ha de tener un *equipo cooperativo* y los examinaremos más adelante, uno por uno, refiriéndolos a un grupo de aprendizaje cooperativo.

Centrémonos ahora en un equipo de *aprendizaje* cooperativo, en un equipo cooperativo creado con la finalidad de que sus miembros aprendan juntos y se ayuden a aprender los contenidos de los programas de cada asignatura.

– Esto es lo que los une: aprender juntos, ayudarse los unos a los otros a aprender. No se trata de saber más que los demás, sino de que cada uno llegue a saber tanto como pueda de todo lo que pueda; de que formen una pequeña «comunidad de aprendizaje» en la que cada uno tiene una doble responsabilidad: aprender y ayudar a sus compañeros a aprender.
– Hay una relación de igualdad entre todos los miembros de un mismo equipo, a pesar de las diferencias evidentes entre unos y otros. La diversidad no es incompatible con la relación de igualdad. Todo lo contrario, la diversidad (de capacidad, de intereses, de habilidades, etc.) es beneficiosa para el equipo y un elemento positivo que lo enriquece. Que haya relación de igualdad no quiere decir que todos sean iguales, no diversos, sino que nadie es superior a los otros, que todos son igualmente valiosos y que todos se sienten igualmente valorados por sus compañeros. Alguien puede saber más que otro, pero no por este motivo es superior ni tiene que sentirse superior. Todo el mundo puede saber más que otra persona de alguna cosa, o todo el mundo puede aportar a los

demás alguna cosa propia y valiosa. En un equipo de aprendizaje cooperativo no hay unos que «dan» (enseñan) y otros que «reciben» (aprenden). Todos «dan» y «reciben», todos enseñan y aprenden. Por eso, en un equipo de aprendizaje cooperativo no se trata tan sólo de aprender los saberes más académicos, sino también otra clase de saberes, como, por ejemplo, saber hacer, saber ser, saber convivir, etc. En este sentido amplio de *saber* todo el mundo puede dar y recibir lecciones...

– Entre los miembros de un equipo de aprendizaje cooperativo hay una clara interdependencia. En las relaciones humanas, precisamente porque son humanas, entre personas, no puede haber *dependencia* de los unos en relación con los otros, ni dominio de los unos sobre los otros. Pero el ideal a alcanzar tampoco es la *independencia* de los otros, la autosuficiencia de aquel que no necesita a nadie para ser lo que es y llevar adelante sus proyectos. Los humanos, precisamente porque somos humanos, somos *interdependientes*, nos necesitamos mutuamente los unos a los otros para ser lo que somos, personas, y alcanzar lo que pretendemos. Somos «animales sociales» además de «racionales». Necesitamos el grupo, la comunidad. Por este motivo, en un equipo de aprendizaje cooperativo lo que afecta a un miembro del equipo importa a todos los demás. Si alguien no progresa en el aprendizaje, los compañeros no pueden desentenderse de ello. A cada uno le importa lo que hacen los otros y lo que les pasa. Este vínculo mutuo, esta interdependencia, diferencia claramente a un grupo de aprendizaje cooperativo de un grupo de estudiantes que van cada uno por su lado o que compiten entre sí para ver quién es el mejor.

– Por este motivo, la relación que se establece entre los miembros de un mismo equipo de aprendizaje cooperativo es una relación que se caracteriza por la ayuda mutua, y no por la competencia ni por la indiferencia. Ayudar a los otros a aprender no perjudica a quien da la ayuda, a quien enseña, porque esto le ayuda a aprender mejor lo que sabe y enseña. Las cosas se saben del todo cuando se es capaz de explicarlas a otro. Cuando las explicas, te das cuenta de si las sabes bien o no, y de los huecos o lagunas del propio aprendizaje. Tener la oportunidad continuada de explicar aquello que se sabe contribuye a aprenderlo cada vez mejor. Contribuir a que los otros sean más competentes en su aprendizaje, enseñándoles lo que uno sabe, también hace más competente para aprender a quien enseña y mejora la propia competencia en el aprendizaje.

– Entre los miembros de un equipo de aprendizaje cooperativo, por todo lo que se ha dicho en los puntos anteriores, hay una clara comunión de intereses y, por tanto, es muy fácil que se cree entre ellos un vínculo afectivo, una relación de amistad que les lleve a celebrar los éxitos individuales de cada miembro del equipo como éxitos comunes. El equipo alcanza su objetivo si, y sólo si, todos sus miembros progresan en el aprendizaje. Si no, ya no sería un equipo *de aprendizaje* y aún menos un equipo de aprendizaje *cooperativo*.

Naturalmente, estas condiciones se pueden dar en diferentes grados. Cuanto más elevado sea el grado en que se dan, con más propiedad podemos hablar de equipos de aprendizaje cooperativo. Indican una tendencia por ir avanzando, unas metas a alcanzar. En la medida en que un grupo de estudiantes que aprenden juntos tiendan a ello y en la medida en que avancen en esta dirección, se intensificará el carácter cooperativo del equipo que forman.

Hay alumnos que rechazan la propuesta de trabajar en equipo, alegando que hay compañeros que trabajan poco o mal y que, al fin y al cabo, les sale más a cuenta hacer el trabajo solos. También hay profesores que no acaban de confiar en esta manera de hacer trabajar a los alumnos porque cuando la han probado no ha funcionado lo suficientemente bien. En este caso, con frecuencia pasa que se confunde la manera más tradicional de hacer trabajos en equipo en el marco escolar con la propuesta de equipos de trabajo cooperativos, cuando, de hecho, entre una y otra manera de trabajar hay diferencias notables, tal como se muestra en la tabla 2, en la que se establece un paralelismo entre las principales características de un equipo de aprendizaje cooperativo contraponiéndolas a las de un equipo de trabajo tradicional.

Célestin Freinet explica de una manera muy clara qué es el trabajo cooperativo, que contrapone a lo que denomina las «prácticas escolásticas». En una de sus famosas *Invariantes pedagógicas,* concretamente la número 21, dice textualmente:

> Al niño no le gusta el trabajo gregario ante el que tiene que doblegarse como individuo. Le gusta el trabajo individual o el trabajo en equipo dentro de una comunidad que coopera.
>
> Esta invariante es la condena definitiva de las prácticas escolásticas cuando todos los niños hacen, a la misma hora y cada uno para sí, exactamente lo mismo. No se saca nada de clasificar a los alumnos por divisiones o por cursos: nunca tienen las mismas necesidades ni las mismas aptitudes, y es profundamente irracional pretender hacerlos avanzar al mismo paso. Unos pierden los nervios porque se atrasan cuando querrían, y podrían, ir más deprisa. Otros se desaniman porque no pueden seguir solos. Sólo una pequeña minoría saca fruto del trabajo organizado de esta manera.

Tabla 2. Diferencias entre los equipos cooperativos
y los equipos de trabajo tradicionales

EQUIPO DE APRENDIZAJE COOPERATIVO	EQUIPO DE TRABAJO TRADICIONAL
Interdependencia positiva.	No hay interdependencia positiva.
Responsabilidad individual.	No se asegura la responsabilidad individual.
Habilidades cooperativas directamente enseñadas.	Habilidades cooperativas espontáneamente ejercidas.
Liderazgo compartido y reparto de las responsabilidades.	Liderazgo generalmente nombrado y no se reparten necesariamente las responsabilidades.
Contribución de todos los miembros al éxito del equipo.	El éxito del equipo a veces sólo depende de la contribución de uno, o de algunos, de sus miembros.
Observación y *feedback* por parte del profesor en el equipo, que trabaja de forma cooperativa dentro de la clase.	El profesor no sigue —o sigue de forma ocasional— el desarrollo del trabajo en equipo (que normalmente se lleva a cabo fuera de la clase).
El equipo revisa su funcionamiento y se propone objetivos para mejorarlo.	El equipo no revisa de forma sistemática su funcionamiento.

Fuente: Adaptada de Putnam, 1993.

Hemos buscado y encontrado la posibilidad de permitir que los niños trabajen cada uno a su ritmo, en el seno de una comunidad viviente.

Hay que reconsiderar la noción misma de trabajo en equipo y de trabajo cooperativo. Trabajar en equipo o cooperativamente no significa necesariamente que cada miembro haga el mismo trabajo. Al contrario, el individuo ha de conservar hasta el máximo su personalidad, pero al servicio de una comunidad.

Esta nueva forma de trabajo es, pedagógica y humanamente hablando, de la más alta importancia (Freinet, 1990, pp. 181-182. Original de 1964).

El trabajo cooperativo añade un matiz importante al trabajo en equipo: no se trata sólo de hacer una misma cosa entre todos, sino también —sin descartar esto último— de hacer cada uno una cosa —la que quiere, o la que puede y se ve capaz de hacer, que no tiene que coincidir necesariamente con lo que hacen los otros— al servicio de una «comunidad» —de un equipo, de un grupo-clase...— que persigue unas metas comunes: en este caso, aprender cada uno hasta el máximo de sus posibilidades —para lo que se ayudan los unos a los otros— y aprender, además, a trabajar en equipo —para lo que se necesitan los unos a los otros—. Hay también un trasfondo de solidaridad, de compromiso, de respeto, etc., que implica que uno no pueda estar del todo satisfecho si los compañeros de equipo no progresan. Todo esto hace que se dé una comunión de intereses entre los miembros de un equipo, que diferencia claramente el aprendizaje cooperativo del individual o competitivo.

Elementos fundamentales de los equipos cooperativos

El esquema 1 muestra las relaciones que pueden establecerse entre los diferentes elementos que se han de dar en un equipo de aprendizaje cooperativo, que a continuación comentaré, a partir de lo que dicen al respecto autores como Putnam (1993), Johnson y Johnson (1997), y Johnson, Johnson y Holubec (1999).

La agrupación de los alumnos en diferentes formas de equipos, fundamentalmente heterogéneos: diversidad y complementariedad de los miembros de un equipo

Ya he dicho que el trabajo en equipo es un elemento esencial de una estructura de aprendizaje cooperativo, siempre que vaya acompañado de la responsabilidad individual de los miembros que forman parte de ésta. De todas maneras —tal como insistiré más adelante— un equipo no se puede improvisar, los alumnos no adquieren por arte de magia y de forma espontánea las habilidades sociales que se necesitan para trabajar en equipo. Por tanto, cuando se consigue que un equipo funcione, no conviene modificar su composición. Para lograrlo, el grupo-clase se ha de dividir en equipos reducidos[1] de 4 o 5 miembros, siempre heterogéneos (en género, capacidad, interés, etnia, etc.) y cuanto más estables mejor, que denominamos *equipos de base*.

Por otra parte, es bueno que todos los alumnos se relacionen en un momento u otro con todos los compañeros de curso. Ambas cosas son compatibles si combinamos los *equipos de base* —estables y heterogéneos— con otras formas de agrupamiento. Los *equipos esporádicos*, no estables (pueden durar desde una sesión de clase, o menos, hasta unas cuantas sesiones), que pueden ser homogéneos o heterogéneos, y los *equipos de expertos*, formados por un miembro de cada uno de los equipos de base que trabajan juntos, durante algunas sesiones, para especializarse y «convertirse en expertos» en algún conocimiento, técnica

---

1. Como norma general, hablo de *equipo* cuando me refiero a grupos reducidos (entre tres y seis miembros) y de *grupo* cuando me refiero al grupo-clase.

Esquema 1

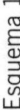

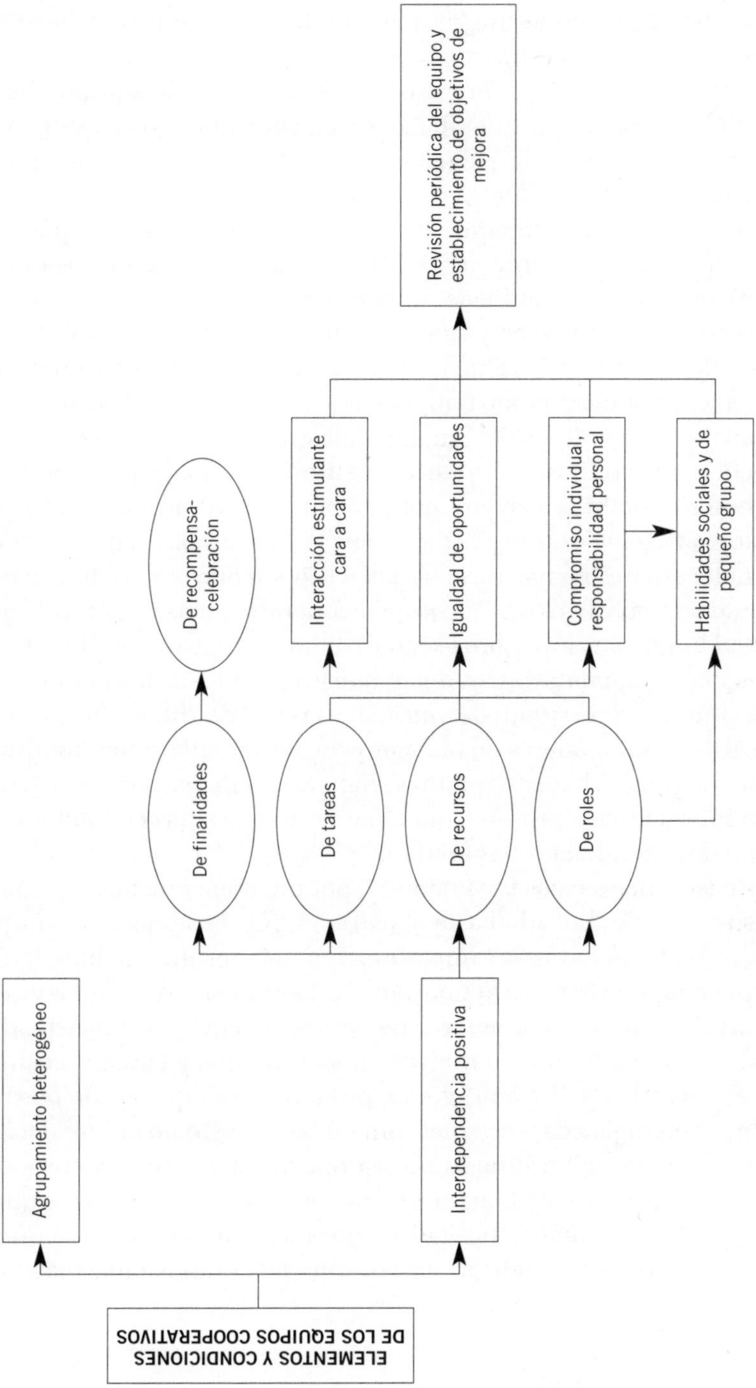

ELEMENTOS Y CONDICIONES DE LOS EQUIPOS COOPERATIVOS

Agrupamiento heterogéneo

Interdependencia positiva

De finalidades

De tareas

De recursos

De roles

De recompensa-celebración

Interacción estimulante cara a cara

Igualdad de oportunidades

Compromiso individual, responsabilidad personal

Habilidades sociales y de pequeño grupo

Revisión periódica del equipo y establecimiento de objetivos de mejora o procedimiento que después cada uno de ellos explicará y enseñará a los compañeros del equipo de base.

De las características de estos diferentes tipos de equipos hablaré más adelante (en el capítulo 3). Ahora tan sólo quiero recalcar, como un primer elemento esencial, la necesidad de la composición heterogénea de los equipos cooperativos.

Una cosa es muy evidente —si lo pensamos bien, pero no por eso tenemos que dejar de subrayar este primer aspecto—, e imprescindible para un equipo de aprendizaje cooperativo: es preciso que los miembros del equipo sean diversos y se complementen los unos a los otros. Un equipo de aprendizaje no ha de ser necesariamente un equipo formado por personas amigas, como tampoco no lo será, en principio, un equipo de trabajo en la vida profesional. ¡Ojalá que en un equipo de aprendizaje cooperativo, igual que en un equipo de trabajo profesional, los diferentes miembros sean amigos (o acaben siéndolo)! Es decir, que se tengan confianza, que se puedan decir las cosas claras, que se puedan interpelar sin problemas y puedan discutir sin que por eso hayan de dejar de ser amigos. Pero en un equipo cooperativo más importante que la amistad es que sus miembros sean diversos, y tengan habilidades diferentes y complementarias; es decir, que lo que no sabe hacer uno lo sepa hacer otro. La diversidad, de entrada, es positiva: diferentes puntos de vista, diferentes maneras de razonar y de pensar, diferentes habilidades (redactar, dibujar, hacer esquemas, elaborar un mapa conceptual, dominar la informática o Internet, etc.), todo esto hace más competente a un equipo de aprendizaje cooperativo.

Esto se entiende más fácilmente si, por un momento, nos imaginamos el caso contrario, llevado hasta el extremo. ¿Os imagináis un equipo de trabajo en el que todos sus miembros fueran «absolutamente» iguales? ¿En qué cooperarían o se ayudarían? La heterogeneidad de los equipos —la diversidad de los miembros de un mismo equipo— es vista, de entrada, como una fuente de nuevos conocimientos y como un estímulo para el aprendizaje. De aquí viene, pues, que los *equipos de base* sean siempre heterogéneos y estables. Sin embargo, esto no quiere decir que en un momento determinado no sea oportuno y conveniente —como en los *equipos esporádicos* o en los *equipos de expertos*— que los alumnos, por un tiempo limitado y para una finalidad muy concreta, se puedan agrupar y trabajar en equipos de composición más homogénea.

La interdependencia positiva entre los miembros de un equipo

La existencia de una *interdependencia positiva* entre los miembros de un mismo equipo —y entre todo el alumnado de un grupo clase organizado de forma cooperativa— es uno de los elementos más determinantes para que un equipo de trabajo llegue a ser un equipo cooperativo. Los expertos señalan que hay diversos tipos de interdependencia positiva (véase el esquema 1).

a) Hay *interdependencia positiva de finalidades* cuando todos los miembros de un equipo persiguen el mismo objetivo: triunfar, ganar el partido (en el caso de un equipo de fútbol); triunfar, aprender lo que el profesor les enseña, cada uno lo que pueda y hasta donde pueda y aprenderlo en equipo (en el caso de un equipo de aprendizaje cooperativo). Cada miembro del equipo tiene una doble responsabilidad: aprender lo que el profesor le enseña, y que lo aprendan, hasta el máximo de sus posibilidades, todos los compañeros del equipo. Si, además de aprender él, cada uno tiene que ayudar a que los compañeros aprendan, es «imprescindible» trabajar en equipo (no lo sería si cada alumno tan sólo tuviera la primera responsabilidad, como pasa en una estructura de aprendizaje individualista). De esta manera, el trabajo en equipo no es sólo un recurso metodológico para aprender, sino un contenido más que se ha de aprender y que, por tanto, se ha de enseñar. Una de las técnicas de aprendizaje cooperativo que fomenta la interdependencia de finalidades es la que se conoce con las siglas TAI (*Team Assisted Individualization*), en la que, como veremos en el capítulo 4, se combina la personalización de la enseñanza —especificando un *Plan de Trabajo Personalizado* para cada alumno— y la cooperación entre los alumnos —especificando un *Plan del Equipo*.

b) Cuando el equipo y el grupo han conseguido su objetivo común —que cada uno progrese en el aprendizaje de los contenidos del área correspondiente y al mismo tiempo aprender cada vez más a trabajar en equipo— se les tiene que valorar tanto individualmente como en equipo y en grupo. Esta valoración supone, por una parte, una calificación mejor (el profesor puede añadir algún «punto» a la calificación individual obtenida por cada miembro del equipo) y alguna forma de celebración grupal, sobre todo si todos los equipos de un grupo clase han «triunfado» (por ejemplo, alguna actividad más lúdica o divertida). En este caso se dice que en el equipo y en el grupo hay una *interdependencia positiva en la celebración-recompensa*.

c) También se aumenta la interdependencia positiva entre los miembros de un equipo cuando los que lo componen se han de coordinar —se han de repartir de forma coordinada las diferentes tareas y llevar a cabo cada uno la propia tarea, lo mejor posible— para completar la tarea de equipo que les ha sido encargada o que han decidido llevar a cabo. Entonces se dice que hay *interdependencia positiva de tareas.* Este es el caso, por ejemplo, de la interdependencia que se crea entre los miembros de un equipo y de un grupo cuando se trabaja por proyectos. Algunos autores se refieren a esta técnica con el nombre de *Grupos de Investigación,* y de ella hablaré más adelante, en el capítulo 4. (Sobre el trabajo por proyectos, véase Hernández y Ventura, 1992.)

d) En cambio, se habla de *interdependencia positiva de recursos* cuando cada miembro de un equipo sólo tiene una parte de los recursos, de la información o de los materiales que se necesitan para completar el aprendizaje. A fin de que todos los miembros del equipo completen su aprendizaje, cada uno ha de enseñar a los otros lo que previamente ha aprendido. Este tipo de interdependencia, como veremos en el capítulo 4, se pone muy claramente de manifiesto cuando se utiliza la técnica conocida como «Rompecabezas».

e) Finalmente, también puede haber lo que se denomina *interdependencia positiva de roles* cuando cada miembro de un equipo tiene asignado un papel, complementario al que ejercen sus compañeros, de manera que, para que el equipo alcance su doble objetivo —aprender los contenidos del área correspondiente y aprender a trabajar en equipo—, es necesario que cada uno lleve a cabo, con responsabilidad y eficacia, la función que se le ha encomendado. Se trata de funciones directamente relacionadas con la marcha del equipo, que se ejercen de manera rotativa: responsable, secretario, encargado del material, etc. No obstante, estos roles se han de definir operativamente, de la forma más concreta posible, de manera que, por ejemplo, el responsable del equipo sepa que su trabajo consiste en animar a los compañeros, en procurar que no se pierda el tiempo, en saber muy claramente qué ha de hacer cada uno, en dirigir las revisiones periódicas del equipo, etc. El secretario debe saber que tiene el trabajo de anotar los acuerdos, de hacer de portavoz del equipo, de avisar a alguien cuando habla demasiado alto, etc. El encargado del material debe cuidar el material del equipo, asegurarse de que se limpia la mesa del laboratorio, recordar a los compañeros que lleven a clase todo lo que se necesita, etc.

Para que puedan darse los tres últimos tipos de interdependencia —la de tareas, la de recursos y la de roles— tienen que concurrir tres nuevos elementos fundamentales de los equipos cooperativos, de los que hablaré a continuación (véase el esquema 1): la aportación de cada miembro del equipo —sea la *tarea* que tiene que hacer, los *recursos* que ha de aportar o el *rol* que ha de ejercer— tiene que ser tan relevante como sea posible (la interdependencia positiva disminuye considerablemente si uno o sólo algunos de los miembros del equipo se responsabilizan de lo que es más principal e imprescindible, y los otros de lo que es mucho más secundario y prescindible). Es decir, se ha de dar un nuevo elemento: *el de la igualdad de oportunidades para el éxito del equipo*. Igualmente, cada uno se tiene que responsabilizar al máximo de aquello que se compromete a hacer para el equipo (no puede haber interdependencia positiva si alguno de los miembros del equipo «se aprovecha» de los otros sin aportar nada a su vez). Es decir, debe haber *compromiso individual y responsabilidad personal*. Por otro lado, la interdependencia positiva que ha de existir entre los miembros de un equipo —sea del tipo que sea— también exige otro aspecto básico: la *interacción estimulante cara a cara* (véanse en el esquema 1 las relaciones entre estos diferentes elementos).

Interacción estimulante cara a cara

La interacción estimulante cara a cara es la condición que se ha de dar para pasar de un trabajo *de* equipo a un trabajo *en* equipo (nótese que he remarcado en cursiva el «de» y el «en»). Efectivamente, un trabajo para cuya realización los alumnos que forman un equipo se han repartido la tarea, que después cada uno ha realizado por su cuenta, y al final las han «juntado», se puede considerar un trabajo *de* equipo (porque lo han hecho entre todos), pero no un trabajo *en* equipo (porque no lo han discutido y «trabajado» entre todos, de forma cooperativa, aunque después cada uno se haya responsabilizado de hacer una parte).

La interacción estimulante cara a cara —indispensable si queremos hablar de un equipo cooperativo— se traduce, en la práctica, en los ánimos, la motivación y la ayuda que se dan los unos a los otros en la realización de las tareas del equipo con la finalidad de alcanzar los objetivos que se han fijado; en el intercambio de opiniones, recursos y estrategias; en las observaciones que se hacen los unos a los otros para mejorar el rendimiento; en el esfuerzo que se exigen mutuamente para llegar adonde se han propuesto, y en la confianza mutua que se tienen y en la autoestima que de esta manera se genera en cada uno de los miembros del equipo.

La responsabilidad personal y el compromiso individual

Este es, sin duda, un aspecto muy importante. Precisamente porque muchas veces no se da este elemento, son muchos los profesores que no acaban de confiar en el trabajo en equipo de los alumnos. Efectivamente, no es fácil que los alumnos —tanto de primaria como de secundaria— sean responsables individualmente y se comprometan personalmente para el bien del equipo. De todas maneras, hay que asegurar esta condición: hay que hallar la manera de que cada uno aporte su parte al éxito del equipo y evitar que alguien se aproveche abusivamente del trabajo de los compañeros. Si no, no es extraño que haya alumnos que prefieran trabajar individualmente. La finalidad del trabajo en equipo no es sólo hacer una cosa entre todos (aunque, evidentemente, esto no debe descartarse), sino, sobre todo, aprender entre todos a hacer una cosa para después hacerla solo. No se trata, pues, de que los otros dejen «copiar» a un compañero de equipo lo que han hecho, sino de que le expliquen cómo se hace.

La responsabilidad personal también pasa por ir descubriendo las habilidades sociales que son imprescindibles para que el equipo funcione y para que cada uno se comprometa a ejercerlas lo mejor posible dentro de su equipo.

Igualdad de oportunidades para el éxito del equipo

Para que pueda haber interdependencia positiva entre los miembros de un equipo, también hace falta que todos los miembros tengan la oportunidad de contribuir con el mismo peso específico al éxito del equipo, progresando en su aprendizaje. Precisamente, si gracias al trabajo en equipo consiguen aprender más de lo que sabían, contribuyen al éxito del equipo, ya que el grupo «triunfa», como hemos dicho anteriormente, si todos sus miembros aprenden los contenidos del área correspondiente y aprenden a trabajar en equipo. Pero si tenemos en cuenta que los equipos de base cooperativos son heterogéneos, es necesario que el profesor ajuste (personalice) los criterios de éxito y sus expectativas, y la exigencia de las tareas, y las adecue (haciéndolas proporcionales) a las necesidades, habilidades y capacidades de cada miembro del equipo.

No todos los alumnos y las alumnas son iguales, ni aunque se trate de alumnos de estudios postobligatorios y hasta universitarios. Hay una especie de creencia, seguramente no escrita en ninguna parte, según la cual la diversidad entre el alumnado disminuye a medida que se avanza en las sucesivas etapas educativas, y que, por justicia, se debe tratar a todos de la misma manera, al margen de las circunstancias y características de cada uno. Aquí se podría aplicar aquella sentencia de los alumnos de la escuela de Barbiana (1998), incluida en la *Carta a una maestra* (p. 46): «No hay nada tan injusto como hacer partes iguales entre desiguales».[2] Sólo si se exige a cada uno según sus posibilidades y no según una norma común establecida de antemano, todos los miembros de un equipo podrán avanzar realmente en su aprendizaje y contribuir con el mismo peso específico que cualquier otro compañero al éxito final del equipo. Este es el motivo de que insista tanto en que la cooperación en el aprendizaje debe ir precedida y acompañada, ineludiblemente, de la personalización de la enseñanza.

Habilidades sociales y de pequeño grupo

Johnson y Johnson (1997) advierten con toda claridad sobre el hecho de que proponer a un grupo reducido de alumnos, con un repertorio pobre de habilidades sociales, que trabajen juntos, en equipo, y pedirles sin más que cooperen entre sí, no garantiza en absoluto que sean capaces de hacerlo con la efectividad necesaria. Nadie ha nacido sabiendo instintivamente cómo debe interactuar de manera adecuada con los demás. Las habilidades sociales y de pequeño grupo no aparecen por arte de magia cuando las necesitamos. Basta con que los adultos que trabajamos en el ámbito de la educación nos miremos a nosotros mismos: si nos quejamos cada dos por tres de que nos cuesta tanto colaborar entre nosotros (en un equipo docente, o de un Equipo de Asesoramiento Psicopedagógico, pongamos por caso), ¿por qué nos extraña tanto que los alumnos no sepan hacerlo?

Así pues, para que los equipos cooperativos sean productivos, tenemos que enseñar a los alumnos las habilidades sociales necesarias y motivarlos para que las utilicen. Cuanto mejores sean las habilidades sociales de los miembros de un equipo y cuanta más atención pongamos en enseñárselas y en recompensarlos según el uso que hagan de ellas, más rendimiento conseguiremos de los equipos cooperativos. Se trata de un aprendizaje costoso y que, por tanto, debe ser objeto de una planificación sistemática y de una enseñanza persistente. En el aprendizaje de las otras habilidades técnicas que se enseñan en la escuela (como la lectura y la escritura, por ejemplo) no esperamos a que los alumnos las aprendan espontáneamente, sino que las enseñamos de

2. De hecho, cuando la escribieron, los autores de *Carta a una maestra* pensaban en el profesorado de la Escuela de Magisterio, en la que aspiraban a entrar algunos de ellos que querían ser maestros.

manera persistente y sistemática. ¿Por qué, pues, no planificamos del mismo modo la enseñanza de las habilidades sociales imprescindibles para trabajar en equipos cooperativos?

Los alumnos tienen que contar con la oportunidad, por un lado, de *descubrir* qué habilidades han de practicar para mejorar el funcionamiento del equipo (por ejemplo, respetar el turno de palabra, hablar en voz baja, no distraerse hablando de otras cosas, tener muy claro qué deben hacer, ayudarse y animarse a hacerlo, llevar a clase el material necesario, etc.) y, por otro, han de tener la oportunidad de *comprobar* en la práctica que si practican estas habilidades su equipo funciona mejor y todos alcanzan con más facilidad las metas que se han propuesto.

La interdependencia positiva de roles está estrechamente relacionada con este elemento, porque una habilidad social fundamental para el funcionamiento del equipo consiste en que cada uno de sus miembros lleve a cabo, de la mejor manera posible, las tareas operativas del rol que ejerce en un momento determinado.

La revisión periódica del equipo y el establecimiento de objetivos de mejora

Finalmente, para que los equipos aprendan a funcionar, y funcionen de manera efectiva, deben ser capaces de reflexionar sobre el propio funcionamiento como equipo, en vistas a descubrir qué actuaciones realmente pueden ayudarles y cuáles no, y tomar decisiones sobre qué comportamientos se han de mantener —porque benefician el funcionamiento del equipo y posibilitan la consecución de sus metas—, cuáles se tienen que incrementar —porque no se dan con la suficiente intensidad o con la frecuencia necesaria— y cuáles se deben evitar o cambiar —porque perjudican el funcionamiento del equipo.

Por tanto, para hacer esto, los equipos deben tener la oportunidad, de manera periódica y sistemática, de detenerse y revisar su funcionamiento y, a partir de ahí, establecer objetivos de mejora, en forma de compromisos personales y de equipo.

Si no se dan todos estos elementos que acabo de describir, es muy posible que el trabajo en equipo sea improductivo y, por tanto, no satisfaga al profesorado que en un momento determinado lo haya utilizado en tanto método para enseñar los contenidos de su área. Evidentemente, no aplicar un método que no nos acaba de satisfacer es algo legítimo. Pero si el trabajo en equipo, además de un método, es un contenido que también han de aprender los alumnos y que los profesores y las profesoras tienen que enseñar, si no funciona, la solución no puede consistir en dejar de trabajar en equipo —así no aprenderán nunca—, sino que hay que identificar el porqué no funciona y cambiar lo que sea preciso, e insistir tanto como haga falta hasta que aprendan. Si insistimos todo cuanto haga falta para que los alumnos aprendan a leer y escribir, ¿por qué nos cansamos tan pronto cuando se trata de conseguir que los alumnos aprendan a trabajar en equipo? Los elementos que acabo de describir, en la medida en que son condiciones esenciales para que haya propiamente una relación cooperativa entre los miembros de un equipo, nos pueden ayudar a programar y planificar mejor este aprendizaje, y a identificar los puntos débiles, es decir, aquello que debe mejorarse a fin de que los alumnos progresen cada vez más en esta habilidad.

No obstante, en cualquier caso tenemos que saber que todos estos elementos difícilmente se dan de repente y con una intensidad alta; se tienen que ir introduciendo poco a poco, teniendo en cuenta que no es una cuestión de todo o nada, sino de grado: cuantos más elementos se den, y con más intensidad, más fácilmente conseguiremos, o con más probabilidad, los beneficios del aprendizaje cooperativo.

Las habilidades sociales fundamentales para trabajar en equipo

Para que un grupo de niños y niñas, o de chicos y chicas, así como un grupo de adultos, sean capaces de trabajar en equipo, de forma cooperativa, han de dominar —y cuanto más las dominen más sabrán trabajar en equipo— una serie de habilidades sociales, que se convierten en una serie de condiciones indispensables para el trabajo en equipo. Este es un elemento esencial del aprendizaje cooperativo, que ya he citado en el apartado anterior, y que ahora me gustaría destacar un poco más. Johnson, Johnson y Holubec (1999) señalan estas cuatro habilidades sociales como condiciones fundamentales para poder trabajar en equipo o, más exactamente, para ir progresando en la habilidad social más amplia, que es el trabajo en equipo:

– Que los miembros del equipo se conozcan y confíen unos en otros.
– Que los miembros del equipo se comuniquen con precisión y claridad, sin ambages.

– Que los miembros del equipo se acepten, se apoyen y se animen mutuamente.
– Que los miembros del equipo resuelvan los conflictos de forma constructiva.

Todas estas condiciones van encaminadas a favorecer la interdependencia positiva entre los miembros de un mismo equipo de base. Cuanto más se den, más consciencia tendrán los miembros del equipo de «navegar en un mismo barco» y de que, o se salvan juntos, o se hunden juntos; es decir, no va cada uno en un salvavidas individual, sino que van en un bote colectivo... Reflexionaremos un poco más sobre cada una de estas condiciones.

Es muy evidente que cuanto más se conozcan los miembros de un mismo equipo más confianza mutua se tendrán y más confiarán los unos en los otros. El conocimiento es el primer paso del afecto, y el afecto genera confianza. Los miembros de un equipo, por tanto, deben tener la oportunidad de trabajar juntos durante un tiempo considerable, para dar pie a este conocimiento. Por este motivo hemos dicho que los equipos de base deben ser estables y no pueden cambiar cada dos por tres.

La comunicación entre los miembros del equipo es otro aspecto clave, muy importante. Muchos equipos no acaban de funcionar sencillamente porque no se han podido decir —o no se han querido decir, o no se han atrevido a decir— las cosas tal como son. Por este motivo los equipos han de contar con la oportunidad, de forma periódica y sistemática, de revisar su funcionamiento como equipo, los compromisos concretos de cada miembro, la responsabilidad en el ejercicio de las labores encomendadas y asumidas por cada uno, etc. Los chicos y las chicas se han de acostumbrar a hablar con claridad y sin tapujos, pero con respeto, sobre todo lo que sea necesario y que pueda mejorar el funcionamiento del equipo. Hay que proporcionar al equipo, pues, la oportunidad de pararse a reflexionar sobre sí mismos y sobre el equipo.

Uno de los efectos más positivos del trabajo en equipo sobre el rendimiento de cada uno de sus miembros —porque incide directamente sobre la autoestima y la imagen que uno tiene de sí mismo— es el hecho de ayudarse y animarse mutuamente. Es muy diferente ver a los otros —los compañeros de clase, en este caso— como competidores o como personas que te miran con indiferencia, o bien como personas que te valoran —para las que eres valioso e importante— y en quienes puedes confiar porque te ayudarán si es preciso. Por este motivo los miembros de un equipo, si lo son de verdad, se han de apoyar y animar mutuamente.

Finalmente, una última condición, igualmente indispensable, es que los miembros del equipo sean capaces de superar los problemas de manera creativa. Un equipo nunca funcionará del todo si cuando surge algún problema se opta por la solución más fácil: deshacer el equipo y rehacerlo con personas nuevas. Naturalmente, esto no quiere decir que los equipos de base, una vez formados, sean inamovibles. Si es preciso, es evidente que puede cambiarse su composición. Pero una cosa es esto y otra muy diferente es no afrontar de manera adecuada los problemas y buscar soluciones creativas.

Sobre este último aspecto, siempre me ha parecido muy sugerente lo que explica Maria Lluïsa Fabra (1992*b*), citando a Alan C. Filley (1985), sobre las diferentes actitudes que se pueden adoptar respecto a la resolución de conflictos en un grupo. Se pueden diferenciar tres: *ganar-perder*, *perder-perder* y *ganar-ganar*:

– La primera —*ganar-perder*— se basa en el hecho de que los miembros de los grupos saben bien que unos no pueden ganar salvo que los otros pierdan.
– La segunda —*perder-perder*— consiste en considerar que, cuando hay un conflicto, todos pierden, y, por tanto, en situación de conflicto lo único que se puede hacer es intentar perder tan poco como sea posible, o en todo caso perder un poco menos que los demás.
– Finalmente, la tercera —*ganar-ganar*— consiste en abordar un conflicto considerando que, si unimos nuestras fuerzas a las de las otras facciones, y si las dirigimos no contra los otros, sino a favor de una resolución creativa y satisfactoria del problema, es posible que encontremos dicha resolución y que todos podamos ganar con ella.

Adoptar ante un conflicto la actitud de *ganar-ganar* equivale a intentar resolverlo por consenso. Sé que aunque decir esto cuesta poco, hacerlo cuesta mucho: adoptar una actitud de *ganar-ganar* y llegar a un consenso en la resolución de un conflicto no es algo fácil. No lo es entre personas adultas —en el ámbito escolar esta no es la actitud más generalizada en los conflictos que surgen en un claustro, por ejemplo—, y, por tanto, aún lo es menos entre niños y adolescentes. Pero es un aprendizaje que los adultos debemos ir realizando, y algo que tenemos que ir enseñando a nuestros alumnos. Cuando en los equipos de base —y en el grupo-clase— se producen situaciones conflictivas, tenemos que hacer posible que «la situación grupal sea lo bastante distendida como para que las personas [los alumnos, en este caso] se escuchen de verdad, intenten comprender las razones de los demás y se esfuercen en ser creativas en vistas a encontrar una línea de actuación satisfactoria para todos» (Fabra, 1992*b*, p. 36).

En la medida en que esto sea así —en la medida en que se dé esta condición y las otras que he señalado—, más conseguirá un grupo de alumnos ser un verdadero equipo cooperativo. Por tanto, cuando se trate de enseñar a los alumnos a trabajar en equipo, todo lo que hagamos para avanzar en la dirección de estas cuatro condiciones supondrá ir dando pasos en este aprendizaje.

Resultados de las investigaciones sobre el aprendizaje cooperativo

Un tópico que hay que deshacer a la hora de introducir en el aula una estructura de aprendizaje cooperativo es el que afirma que se trata de una metodología muy útil para enseñar a aprender, practicándolos, contenidos relacionados con actitudes y valores como la cooperación, la solidaridad, el compañerismo, etc., pero no tan útil para enseñar a aprender los contenidos más académicos (lengua, historia, matemáticas, etc.). De hecho, con frecuencia se habla de las estrategias de aprendizaje cooperativo en trabajos sobre los valores y sobre cómo se pueden trabajar en la escuela (véase, por ejemplo, Ventura, 1992). Otra idea no del todo correcta y muy extendida entre el profesorado es la de que el aprendizaje cooperativo beneficia al alumnado que tiene más dificultades, pero perjudica —o al menos no beneficia— al alumnado con más capacidad para aprender.

Ni una cosa ni la otra son correctas si tenemos en cuenta los estudios que se han realizado sobre las diferentes formas de organizar el aprendizaje en el aula, basadas en la competitividad, el individualismo o la cooperación. Diferentes autores han llevado a cabo en fechas recientes la revisión de estas investigaciones sobre el aprendizaje cooperativo (véase, por ejemplo, Coll, 1984; Ovejero, 1990; Parrilla, 1992; Putnam, 1993; Serrano Calvo, 1994). En este apartado partiré fundamentalmente de uno de los últimos trabajos que he podido consultar, el de Johnson y Johnson (original de 1994).

El aprendizaje cooperativo y el rendimiento o productividad de los alumnos

Según Johnson y Johnson (1997), durante los últimos noventa años se han llevado a cabo más de 375 estudios sobre el grado de éxito del aprendizaje, según se haya hecho de forma competitiva, individualista o cooperativa. Los resultados de estos estudios muestran que:

– El rendimiento de los alumnos es claramente superior en las situaciones de aprendizaje cooperativo, en comparación con el aprendizaje individualista o competitivo.
– Además, el trabajo cooperativo —comparado con el individualista y el competitivo— produce un nivel más alto de razonamiento, una elaboración más frecuente de nuevas ideas y soluciones, y una mejor transferencia, desde el grupo hacia el individuo, de lo que se ha aprendido.

Relaciones interpersonales y aceptación de las diferencias

Las experiencias de aprendizaje cooperativo:

– Promueven muchas más simpatías entre los alumnos que la enseñanza individualista y competitiva, aunque haya diferencias claras entre ellos en lo referente al nivel de habilidad, la edad, la discapacidad, la etnia o la clase social.
– Desarrollan en los alumnos un compromiso y una preocupación considerables hacia los otros, fueran cuales fueran las impresiones iniciales y las actitudes que se mostraban en el momento de comenzar a trabajar juntos.
– Provocan en los alumnos una imagen más positiva del maestro, ya que lo perciben como alguien que proporciona acogimiento personal y apoyo académico.

Precisión en la toma de perspectiva social

Las experiencias de aprendizaje cooperativo, comparadas con las individualistas y competitivas, tienden a desarrollar en los alumnos la capacidad de ver las cosas desde la perspectiva de los otros, de entender cómo percibe otra persona una determinada situación y cómo reacciona cognitiva y emocionalmente ante dicha situación. Esta habilidad se conoce con el nombre de *toma de perspectiva social*, que es lo contrario del egocentrismo y la fijación en las propias opiniones hasta el punto de que uno no se da cuenta de que existen otros puntos de vista y de las limitaciones de la propia perspectiva.

Desarrollo de la creatividad

El aprendizaje cooperativo favorece la resolución creativa de problemas, porque:

– Estimula el pensamiento crítico.
– Aumenta el número y la calidad de las ideas, ya que ofrece un mayor número de perspectivas o puntos de vista.
– Desarrolla los sentimientos de estímulo y placer, y la originalidad de la expresión.
– Proporciona un contexto que ayuda a tener presentes y apreciar las ideas de los demás miembros del equipo en vez de ignorarlas —como sucede en una situación de aprendizaje individualista— o de intentar superar a los otros con una idea mejor —como sucede si se da una situación competitiva.

Autoestima

El aprendizaje cooperativo produce unos niveles más altos de autoestima que el aprendizaje individualista o competitivo:

– En el aprendizaje competitivo la autoestima va ligada al hecho de «ganar» o «perder». Los «ganadores» atribuyen su éxito a su capacidad superior y el fracaso de los otros a su falta de capacidad. Los «perdedores» tienden a automenospreciarse, tienen miedo de la evaluación y se «retiran» psicológica y físicamente.
– En el aprendizaje individualista los alumnos están separados unos de otros, no se pueden «comparar» con los compañeros y tienden a percibir la evaluación como incorrecta y poco ajustada a la realidad. Esto provoca recelo respecto a la evaluación y desconfianza hacia los compañeros.
– En el aprendizaje cooperativo los alumnos tienden a interaccionar, a promover el éxito de los compañeros y tienen una visión más amplia y realista de las propias competencias y de las de los otros. La interacción cooperativa tiende a fomentar la aceptación básica de uno mismo en tanto persona competente.

Entender la interdependencia

El aprendizaje cooperativo ayuda a los alumnos que lo practican a entender la interdependencia positiva que se va creando entre ellos y les proporciona las experiencias necesarias para comprender la naturaleza de la cooperación (en qué consiste realmente el trabajo cooperativo).

*Influencia mutua entre el rendimiento, la calidad de las relaciones inter-
personales y la salud psicológica*

Se ha podido constatar que en una experiencia continuada de trabajo cooperativo se establece una relación bidireccional entre el rendimiento o productividad de los participantes, la calidad de las relaciones interpersonales y su salud psicológica.

– Cuanto más se preocupan los alumnos unos de otros más trabajan
  para conseguir los objetivos mutuos de aprendizaje. Si cada miembro
  del grupo se siente apreciado y valorado por los demás, todos verán
  crecer su responsabilidad personal para hacer su parte del trabajo, las
  ganas de superar las dificultades y la persistencia en trabajar hasta
  alcanzar los objetivos del grupo. Si todo esto sucede, la productividad del grupo mejora.
– El éxito que se experimenta cuando se trabaja de forma cooperativa
  incrementa las competencias sociales, la autoestima y la salud psicológica general. Cuanto más sanos psicológicamente sean los miembros de un equipo, más capaces serán de trabajar con los otros para
  alcanzar objetivos comunes.
– Finalmente, cuantas más relaciones interpersonales positivas haya,
  mayor será la salud psicológica de las personas implicadas, y vice-
  versa. La interiorización de las relaciones positivas, la experiencia
  directa de sentirse apoyado y valorado por los compañeros, el interés
  mutuo manifestado dentro del equipo y la intimidad compartida que
  genera complicidad entre sus miembros, aumentan la salud psicológica, la cual, al mismo tiempo, permite construir y mantener mejor
  las relaciones positivas entre los miembros de un equipo.

Ante estos resultados tan positivos, es extraño que en la práctica
no se utilice más el aprendizaje cooperativo, y que los maestros y los
profesores continúen utilizando en las clases una estructura de aprendizaje competitivo e individualista, tal como manifiestan Johnson y
Johnson:

> Con la cantidad de trabajos disponibles, es sorprendente que las prácticas de
> las aulas estén tan orientadas hacia el aprendizaje competitivo e individua-
> lista y que las escuelas estén tan dominadas por la estructura competitiva/
> individualista. Es hora de reducir la discrepancia entre lo que la investiga-
> ción indica que es efectivo cuando se trata de enseñar y lo que los maestros
> realmente hacen (Johnson y Johnson, 1997, p. 62).

¿A qué se debe esta discrepancia? Soy de la opinión de que, por un lado, se debe a la inercia que nos hace reproducir un modelo de enseñanza tradicional, muy alejado del aprendizaje cooperativo, y a la secular resistencia al cambio que existe entre los docentes en general («Déjate de cuentos, siempre se ha hecho así y no seré yo quien lo cambie ahora...») y, por otro, a la falta de formación pedagógica y, sobre todo, de alternativas efectivas y prácticas que nos permitan avanzar hacia una manera diferente de dar las clases. También se debe, en buena parte, a la ausencia de referentes próximos que recojan experiencias de nuestro contexto educativo en las que se haya aplicado con éxito una enseñanza estructurada de forma cooperativa, y, sobre todo, de experiencias fáciles de aplicar, ya que algunas de las que se han puesto en práctica implican una larga preparación de materiales y un considerable trabajo adicional, que confieren a estas experiencias un carácter muy excepcional y las hacen poco generalizables a situaciones corrientes de enseñanza y aprendizaje. Todo lo que siga esta dirección contribuirá, sin duda, a reducir las discrepancias. Hay muchos maestros y profesores que quieren mejorar las clases para obtener mejores resultados con los alumnos, pero hace falta que entre todos encontremos una manera práctica de hacerlo.

La estructura y las técnicas de aprendizaje cooperativo

Para obtener los efectos, tan positivos para el aprendizaje escolar, de la interacción entre los alumnos en los equipos cooperativos que acabo de resumir en el apartado anterior, es importante, sobre todo, cambiar la estructura de aprendizaje de la clase (es mejor pasar de una estructura individualista o competitiva a otra cooperativa, que utilizar esporádicamente el trabajo en equipo o aplicar de vez en cuando alguna técnica de aprendizaje cooperativo). Esto último se puede hacer sin cambiar propiamente la estructura de la clase, y es relativamente fácil. Cuesta más hacer cambios más profundos, estructurales, que afecten la manera de organizar la clase y el trabajo de los alumnos. Lo que cuesta es estructurar de forma cooperativa la clase, y mantenerla estructurada así.

La estructuración cooperativa del aprendizaje supone la organización de la clase de tal manera que los alumnos tengan la oportunidad de cooperar (ayudarse los unos a los otros) para aprender mejor los contenidos escolares, y aprender al mismo tiempo a trabajar en equipo. También puede suponer, aunque no necesariamente, la aplicación puntual de una determinada técnica de aprendizaje cooperativo. Con todo, lo que sí requiere, sin ningún género de dudas, es la enseñanza sistemática de las habilidades sociales y del trabajo en equipo como condición indispensable para que los alumnos vayan aprendiendo esta manera diferente de trabajar y de aprender y, además, aprendan mejor los otros contenidos que les queremos enseñar.

Por este motivo, creo que se debe avanzar —y este libro quiere contribuir a lograrlo— en dos direcciones paralelas:

En primer lugar, en el desarrollo de un modelo didáctico basado en la cooperación, que facilite el aprendizaje de todos los alumnos, independientemente de sus necesidades educativas, y que, por tanto, nos permita atenderlos en su diversidad. Se trata de un modelo didáctico que recoge una serie de actuaciones —basadas en la concepción constructivista de la enseñanza y del aprendizaje— que configuran una determinada secuencia que se va repitiendo a lo largo de cada unidad didáctica. En definitiva, se trata de programar las sucesivas unidades de programación (si hablamos de la educación primaria) o las sucesivas unidades didácticas de una asignatura (si nos referimos a la ESO), siguiendo un esquema básico que tiene en cuenta tres momentos diferentes: el inicio de la unidad didáctica, el transcurso de la unidad didáctica y el final de la unidad didáctica (Pujolàs, 1997, 1999, 2001). Como es lógico, este esquema básico se debe adecuar a las características de cada área de conocimiento en la que se aplica (lengua, matemáticas, ciencias naturales o sociales, tecnología, etc.), y a las características del alumnado de la etapa educativa en la que se aplica (Parvulario, Educación Primaria, Educación Secundaria Obligatoria, Bachillerato...). Un elemento muy importante de este modelo, pero no el único, es el trabajo en equipos cooperativos de los alumnos en un momento determinado de cada unidad didáctica, bien sea para aprender o para aprender a hacer algo, o bien para hacerlo, practicarlo o aplicarlo en diferentes situaciones de aprendizaje.

No obstante, la experiencia nos ha demostrado que esto no es suficiente. Se ha podido constatar que este modelo es eficaz —tal como prevé, por otro lado, la teoría en la que se basa— siempre que los alumnos sepan o hayan aprendido a trabajar en equipo. De aquí viene que, en segundo lugar, hayamos visto la importancia de desarrollar un programa que nos ayude a introducir el aprendizaje cooperativo en la clase, modificando a fondo su estructura. Un programa que incluya una serie de actuaciones cuya finalidad sea conseguir que los alumnos aprendan a trabajar en equipo. Estas actuaciones responden a dos momentos diferentes:

1. La preparación de la clase, y de los alumnos, predisponiéndolos a trabajar en equipos reducidos, y la organización interna de cada equipo.

2. La utilización de los equipos cooperativos para aprender los contenidos de las diferentes áreas, y para estudiar en equipo.

Los dos próximos capítulos los dedicaré a desarrollar cada uno de estos momentos, que, en conjunto, pueden ser la base para configurar un programa destinado a estructurar de forma cooperativa el aprendizaje en el aula, mientras que en el último capítulo presentaré el modelo didáctico basado en el aprendizaje cooperativo —al que me he referido hace un momento— que nos puede facilitar la programación y el trabajo en el aula de las diferentes unidades didácticas.

3. La organización del trabajo cooperativo en el aula

La fábrica de muebles

Hace algunos años tuve la ocasión de conocer una fábrica de muebles organizada de una manera muy particular. La plantilla de la fábrica estaba formada por un número determinado de «brigadas» (equipos de trabajadores) independientes. Cada brigada estaba formada por cuatro o cinco trabajadores, de los que uno, el de más experiencia y categoría profesional, era el responsable o encargado de dirigir el trabajo del conjunto. Cada grupo tenía su propio equipamiento (bancos de carpintero, herramientas y hasta las máquinas más usuales: sierra de cinta, máquina de cepillar, de alisar, etc.) y ocupaba un espacio propio relativamente separado del de las otras brigadas. Exceptuando este hecho, las brigadas compartían el mismo almacén con el material necesario y un espacio con las otras máquinas y el equipamiento complementario, de uso común (máquina de escuadrar, prensa, etc.), y compartían también un equipo completo para el acabado de los muebles. Conforme iban llegando los pedidos —generalmente se trataba de muebles por encargo— se iban adjudicando a alguna de las brigadas, en función del trabajo que tenían, pero también en función de su «especialidad» (algunas brigadas se habían especializado en algún tipo de mueble en concreto). Dentro de cada brigada, se distribuían el trabajo y cada uno aportaba su trabajo para cumplir con el encargo que la brigada había recibido. El trabajo en equipo no anulaba el trabajo individual, el cual, obviamente, debía ir acompañado de la responsabilidad personal. Si no, el trabajo no salía, o no salía bien, y esto repercutía en el resto de la brigada, es decir, tenía consecuencias negativas. Y al contrario, el trabajo bien hecho, el trabajo hecho con responsabilidad, también tenía repercusiones, en este caso positivas, para toda la brigada. Además de esta distribución de los trabajadores en brigadas, a veces (por ejemplo, cuando escaseaban los pedidos de muebles a medida) también se distribuían de manera diferente para hacer otros trabajos en serie.

Soy de la opinión de que una cosa parecida puede hacerse con la distribución del alumnado de una clase. No necesariamente tienen que hacer un trabajo individual, todos, o la gran mayoría, el mismo, y sólo algunos algún otro diferente. También el grupo-clase se puede dividir en diferentes equipos de trabajo (equipos de base de aprendizaje cooperativo) en los que cada uno ejerza un rol más o menos específico, para llevar a cabo la realización de los diferentes «pedidos» que reciben del profesor. Se pueden distribuir el trabajo —el que ha de hacer cada uno para sí y el que tiene que hacer para contribuir a conseguir lo que el profesor ha pedido al equipo—. Cada miembro del equipo debe ser responsable, de manera que, si no lo es lo suficiente, esto comporta consecuencias negativas para el resto de los compañeros del equipo. Y al contrario, si cada uno aporta de manera responsable la parte del trabajo que le corresponde, eso repercute positivamente en el resto de compañeros.

Naturalmente, esto no significa que los miembros de un mismo equipo siempre deban trabajar juntos. Por encima de los equipos está el grupo de la clase y todos tienen que tener la oportunidad —y es bueno que la tengan— de trabajar en un momento determinado con otros compañeros que no pertenecen a su equipo de base.

Esta distribución del alumnado en equipos de trabajo también supone una distribución diferente del mobiliario del aula. Cada equipo tiene que tener su propio espacio, con un material y un equipamiento propios. Y también debe haber espacios, mobiliario y materiales comunes.

Los equipos de base, por otra parte, se han de organizar internamente para asegurar que funcionen bien: se tienen que distribuir los diferentes cargos y determinar cuáles son las funciones o las tareas que ha de llevar a cabo cada uno para el buen funcionamiento del equipo.

En este capítulo veremos cómo podemos organizar de forma cooperativa el trabajo en el aula. Los principales elementos o aspectos a tener en cuenta cuando se trate de organizar el aula de forma cooperativa son los siguientes:

1. Descubrimiento del trabajo en equipos cooperativos.
2. Distribución de los alumnos en equipos.
3. Distribución del mobiliario del aula.
4. Ambientación de la clase.
5. Normas de funcionamiento del grupo.
6. Organización interna de los equipos.
7. Determinación del *Plan del Equipo* y revisión periódica del funcionamiento del equipo.
8. Las celebraciones en los equipos y en el grupo-clase.
9. Elaboración del *Cuaderno del Equipo*.

El descubrimiento del trabajo en equipos cooperativos

Las experiencias de trabajo en equipo que tienen los alumnos son muy diversas y con frecuencia contradictorias. Mientras que a algunos les gusta trabajar en equipo, otros no quieren ni oír hablar del tema y prefieren trabajar solos o, como mucho, con algún compañero o compañera en concreto. La mayoría de las veces el trabajo en equipo se utiliza de forma aislada, en una o dos materias, y durante un período corto de la jornada escolar. Por este motivo no significa nada —o prácticamente nada— para los alumnos. Además de ser un recurso temporal y circunstancial, con frecuencia tiene la finalidad de conseguir recompensas extrínsecas o la aprobación del profesor (sólo se trabaja en equipo para «ganar» alguna cosa o bien porque el profesor lo pide o lo impone). No es extraño, pues, que algunos alumnos no interioricen esta manera de trabajar y no le encuentren ningún sentido (Marín, 2001).

Una de las conclusiones más claras que se han podido extraer de algunas experiencias de trabajo cooperativo en el aula que se han llevado a cabo en nuestro contexto educativo es que los alumnos tienen una escasa predisposición a trabajar en equipo, y, en general, no tienen desarrolladas —o muy poco desarrolladas— las habilidades sociales necesarias y las actitudes cooperativas. Es obvio que los alumnos no nacen con estas habilidades y actitudes, que no aparecen por arte de magia sólo por el hecho de pedirles simplemente que hagan algo en equipo. Muchos profesores y profesoras abandonan muy rápidamente esta forma de trabajar en la clase aduciendo que los alumnos no saben trabajar en equipo (Pujolàs, 1997a; Marín, 2001).

Por tanto, el trabajo en equipo en el aula —sobre todo si no es circunstancial y responde a cambios más profundos en la estructura de aprendizaje— no se puede improvisar ni introducir de golpe. Hay que ir «trabajando» esta transformación, propiciando un cambio de mentalidad y de percepción en los alumnos en lo que se refiere al trabajo en equipo. Muchas veces los alumnos mayores asocian el trabajo en equipo en el aula a etapas educativas pasadas, de cuando eran más pequeños. Me acuerdo de un alumno de tercer curso de ESO que, cuando la profesora los colocó de cuatro en cuatro y modificó, por tanto, la distribución de las mesas, muy enfadado y evidentemente molesto, le dijo: «¡Señorita, esto es un instituto! ¿Acaso se cree que todavía estamos en el parvulario?».

Es muy importante, diría que casi imprescindible (si queremos que se «enganchen» la mayoría de los alumnos), que los chicos vayan reflexionando y descubriendo poco a poco la importancia de trabajar en equipo. Por esto hay que explicarles muy bien en qué consiste —y en qué no—, el trabajo en equipo cooperativo (véase, por ejemplo, en el capítulo anterior, la tabla 2). Se puede recurrir a la comparación con lo que pasa en un equipo de alpinistas o en un equipo de fútbol, como hacen, por ejemplo, Johnson, Johnson y Holubec (1999), o a la comparación entre lo que pasa en una cooperativa o en un taller más tradicional (véase *supra*, p. 75). Hay que explicar a los alumnos, teniendo en cuenta —claro está— su edad, las condiciones que se han de dar para que podamos hablar propiamente de trabajo en equipos cooperativos (véase *supra*, p. 82). Se pueden hacer algunas actividades o juegos para que entiendan la eficacia del trabajo en equipo, cuando hay una discusión positiva y serena de los diferentes puntos de vista de los miembros del equipo y se toman decisiones de forma consensuada,[1] etc.

De todas maneras, la forma más eficaz de que descubran —tanto los estudiantes como el profesorado— la importancia de organizar de manera cooperativa el aprendizaje en el aula, es procurar que los alumnos tengan experiencias positivas de trabajo en equipo y darles la oportunidad de experimentar que trabajando en equipo aprenden más y se lo pasan mejor aprendiendo. Esto supone organizar el trabajo en el aula de manera que estén en contacto con una experiencia continuada de tra-

---

1. Me refiero, por ejemplo, a técnicas de dinámica de grupos como los juegos cooperativos.

bajo en equipo, con la posibilidad de ir revisando su funcionamiento para poder identificar lo que no acaban de hacer suficientemente bien y establecer objetivos de mejora.

La distribución de los alumnos en diferentes tipos de equipos

En las experiencias en las que hemos ido aplicando el aprendizaje cooperativo hemos utilizado, fundamentalmente, tres clases diferentes de equipos cooperativos: los equipos de base, los equipos esporádicos y los equipos de expertos. Veamos a continuación cuáles son las principales características de cada uno de estos tipos de equipos y cómo se pueden formar.

Los equipos de base

Los *equipos de base* son permanentes y siempre de composición heterogénea. Como mínimo, tendrían que durar todo un trimestre, pero lo mejor es que se puedan mantener a lo largo de todo un curso escolar. Y, si los equipos funcionan, hasta pueden durar más tiempo: todo un ciclo o toda una etapa. Esto no impide que los miembros de un equipo de base puedan interactuar con los compañeros de otros equipos, porque, de hecho, el trabajo en equipos de base se combina con otras formas de agrupamiento (como el trabajo en equipos esporádicos y el trabajo en equipos de expertos, que describiremos más adelante). Así pues, a lo largo de un curso todos los miembros de un grupo-clase tienen la oportunidad de relacionarse entre sí.

El número de componentes de cada equipo de base está relacionado con su experiencia para trabajar de forma cooperativa. Cuanta más experiencia tengan, más alumnos podrán trabajar juntos, de forma cooperativa, formando un equipo. Sin embargo, en ningún caso su número tendría que ser superior a seis, porque a partir de esta cantidad, por más experiencia que tengan, es difícil que puedan interactuar. Generalmente, los equipos están formados por cuatro alumnos.

Otra característica imprescindible es que la composición de los equipos debe ser heterogénea (en género, etnia, intereses, capacidades, motivación, etc.). En cierta manera, cada equipo debe reproducir las características del grupo clase. En lo que se refiere a la capacidad y al rendimiento de los alumnos, se procura que uno tenga un rendimiento más alto; dos, un rendimiento medio, y otro un rendimiento más bajo. Los alumnos con necesidades educativas especiales forman parte, como un alumno más, de uno de estos equipos.

Para asegurar la necesaria heterogeneidad, lo más habitual es que sea el profesor quien distribuya a los alumnos en los diferentes equipos, a partir —en algunos casos— de la información proporcionada por un sociograma, teniendo en cuenta, claro está, las preferencias de los alumnos y las incompatibilidades entre algunos de ellos.

A veces utilizamos una forma más sencilla que el sociograma para conocer las «preferencias» de los alumnos: se les pide que escriban en un papel el nombre de tres compañeros o compañeras con quienes les gustaría trabajar en clase; esto permite al profesor saber qué alumnos son los más «elegidos» y, sobre todo, identificar a los que nadie ha elegido, los más «rechazados». En este caso, hay que colocarlos en el equipo en donde haya un alumno o alumna dispuesto a «echar una mano» a ese compañero. Con frecuencia hay que «preparar» antes el equipo para que, de entrada, no le muestre rechazo ni lo margine.

Una manera habitual de proceder a la hora de formar los equipos de base es la siguiente: se distribuyen los alumnos de un grupo-clase en tres columnas. En la columna de un extremo se coloca a una cuarta parte de los alumnos de la clase, tantos como equipos de cuatro miembros deseemos formar (es decir, lo que resulta de dividir por cuatro el número total de alumnos del grupo-clase). En esta primera columna se procura que estén los alumnos más espabilados en todos los sentidos, no sólo en capacidad, motivación y rendimiento escolar, sino también en capacidad de entusiasmar, animar e ilusionar a los demás; es decir, alumnos capaces «de tirar» del equipo y «de empujarlo» hacia delante... En la columna del otro extremo se coloca igualmente a otra cuarta parte de los alumnos de la clase, los que tienen un rendimiento escolar más bajo y están menos motivados y menos interesados por las tareas escolares y por el estudio en general; es decir, aquellos que, en principio, necesitan más ayuda. En la columna del centro se coloca al resto de los alumnos, la mitad de la clase. Cada uno de los equipos se forma con un alumno de cada una de las dos columnas de los extremos y con dos alumnos de la columna del centro, procurando, además, que haya un equilibrio en relación con otras variables: el género, la etnia, la lengua materna, etc.

Hacer un trabajo en equipo, de forma cooperativa, es algo más que yuxtaponer un trabajo individual tras otro. Si el trabajo en equipo consiste en *hacer* algo (un trabajo escrito, un mural, una presentación oral, etc.), hay que asegurarse de que el planteamiento del trabajo se haga entre todos, que se distribuyan las responsabilidades, que todo el mundo tenga algo que hacer y que este algo sea valioso, no trivial, según las posibilidades de cada uno, de tal manera que el equipo no podrá conseguir su objetivo —llevar a cabo la tarea que se le ha encargado— si cada uno de sus miembros no aporta su parte.

Cuando los equipos se utilicen para *aprender* de forma cooperativa —no *para hacer* alguna cosa—, las actividades de aprendizaje son individuales, en el sentido de que cada alumno se ha de responsabilizar de las que se le han asignado en su Plan de Trabajo, pero al mismo tiempo personalizadas, en el sentido de que se adecuen a las posibilidades personales de cada uno. De esta manera todos los alumnos pueden estar trabajando los mismos contenidos, aunque no todos tienen que hacer exactamente las mismas actividades, de la misma manera que no todos se proponen alcanzar exactamente los mismos objetivos. Decimos que aprenden juntos, de forma cooperativa, porque sustituyen el trabajo individual *por separado*, cada uno en su mesa, por el trabajo individual *en equipo*, cada uno haciendo las tareas que se le han encomendado pero ayudándose mutuamente: haciéndose preguntas, intercambiando información, construyendo esquemas, corrigiéndose ejercicios, etc.; es decir, *estudiando* juntos.

Para aprender a trabajar de esta manera y acostumbrarse a ella, los alumnos necesitan tiempo. Por tanto, antes de considerar que la composición del equipo no es la adecuada, es necesario que hayan tenido la ocasión de trabajar así durante bastante tiempo. Se trata, pues, de hacer equipos *estables* en el sentido de que no cambien cada dos por tres. Sólo si existen casos muy claros de incompatibilidad entre dos alumnos a los que se les haya colocado en el mismo equipo, es necesario introducir un cambio. Por su parte, los alumnos tienen que ir comprendiendo que no pueden confundir el equipo con el grupo de amigos; tienen que entender que se trata de un equipo de trabajo y que, en la vida, no siempre los compañeros de trabajo serán, además, sus amigos...

No obstante, esto no significa que los alumnos siempre tengan que trabajar con su equipo de base, durante toda la hora de clase ni en todas las clases. También pueden trabajar solos, o por parejas o en otros equipos esporádicos, como los grupos de expertos que veremos más adelante. Tampoco quiere decir, por tanto, que el mobiliario escolar siempre deba estar distribuido de la misma manera. La estructura de la actividad ha de ser variada, no sólo porque los alumnos se aburren si siempre trabajan de la misma manera, sino porque no siempre, ni para todo lo que se hace en el aula, es adecuado el trabajo en equipo. Se tiene que ir alternando el trabajo con el equipo de base, el trabajo en gran grupo, el trabajo en pareja u otros equipos esporádicos y el trabajo individual.

Los equipos esporádicos

Los *equipos esporádicos* se forman a lo largo de una clase y como mucho duran el tiempo de una sesión de clase, aunque también pueden durar menos: desde cinco minutos, el tiempo justo para responder a una cuestión, o para pensar algunas preguntas, etc., hasta un tiempo más largo para llevar a cabo una pequeña actividad o resolver un problema. El número de miembros de un equipo esporádico también varía mucho: se puede tratar de un trabajo por parejas o tríos —dos es el mínimo que se requiere para formar un equipo y tres es el máximo de alumnos que pueden interactuar sin que se necesite mover demasiado las mesas o las sillas—, o bien se puede tratar de una tarea que tiene que hacerse entre cuatro o más alumnos.

Estos equipos esporádicos generalmente tienen una composición heterogénea (alumnos de diferente nivel de capacidades, de diferentes edades, de diferentes etnias, etc.), siempre que esto sea beneficioso para el aprendizaje o el enriquecimiento personal de quienes los formen. Por ejemplo, un alumno que sabe cómo se hace una cosa se lo explica a otro, o a otros, que no la saben hacer; o un alumno mayor enseña o ayuda a otros más pequeños; o un alumno autóctono enseña y practica el idioma con otro que se acaba de incorporar al centro y no lo domina, etc.

Sin embargo, estos equipos también pueden tener una composición más homogénea, como en el caso de alumnos con un nivel de competencias similar que en la misma aula pueden trabajar juntos sobre algún aspecto de forma ocasional: resolver problemas, responder a unas preguntas, etc. Por ejemplo, durante una clase podrían trabajar juntos, solos, los alumnos que ya han aprendido lo que el profesor está enseñando sobre un tema determinado, haciendo actividades que suponen la aplicación práctica de lo que han aprendido. Mientras tanto, el profesor podría dedicar el rato de la clase a los alumnos que no han entendido o que todavía no han aprendido lo que les está enseñando.

Los equipos de expertos

Una de las técnicas de aprendizaje cooperativo —el «rompecabezas» (*Jigsaw*), de la que hablaré más adelante— nos ha dado pie a introducir como variante de la estructura de aprendizaje una redistribución de los equipos de base —durante algunas sesiones de clase— en lo que, en esta técnica, se denominan *los equipos de expertos*.

Pongamos un ejemplo. Imaginémonos que a lo largo del curso queremos que los alumnos aprendan cuatro procedimientos informáticos incluidos en el *Word*: realización de gráficas, de tablas, de dibujos y de títulos (véase la figura 1). En una primera fase, un miembro de cada equipo de base se incorpora a un equipo de expertos en el que se especializará —se convertirá en «experto»— en uno de estos procedimientos. Imaginémonos un grupo clase de 24 alumnos, con seis equipos de base de cuatro alumnos cada uno. Durante una o dos sesiones de clase a la semana se podrían redistribuir en cuatro equipos de expertos, con seis alumnos cada uno: el equipo de expertos A se podría especializar, por ejemplo, en gráficas; el B, en tablas; el C, en dibujos, y el D, en títulos. En cada uno de estos equipos de expertos podría haber algún alumno que previamente haya sido instruido en el procedimiento correspondiente, o, como mínimo, que coordinara el grupo e hiciera de enlace con el profesor o la profesora para resolver las dudas. El objetivo es que después de unas cuantas sesiones todos los miembros de un equipo de expertos dominen perfectamente el procedimiento objeto de aprendizaje. En una segunda fase, cada uno vuelve a su equipo de base y en cada equipo habrá, por tanto, un «experto» en cada uno de los procedimientos objeto de aprendizaje. Cada alumno, en los equipos de base, intercambia sus conocimientos (aquello en lo que se ha convertido en experto) con los compañeros, hasta que todos aprendan todos los procedimientos y sean «expertos» en todos.

Otras veces los equipos de expertos pueden desarrollar tareas con diferente nivel de dificultad. Imaginémonos, por ejemplo, que el equipo de expertos tiene que hacer una experiencia de laboratorio que después tendrán que *explicar* a su equipo de base. Seguramente se podrán programar experiencias de diferente grado de dificultad que se ajusten a las posibilidades y capacidades de un determinado equipo de expertos.

A lo largo del estudio de un tema también se pueden formar *equipos de expertos* a partir de diferentes habilidades o procedimientos. Por ejemplo, dentro de cada *equipo de base*, podría haber los siguientes «expertos»: el especialista en informática (para pasar un texto a ordenador, por ejemplo); el ilustrador (para hacer los dibujos o las ilustraciones); el corrector (para asegurar la corrección de un texto), y el especialista en hacer mapas conceptuales (para sintetizar en un mapa todo lo que han estudiado). Por tanto, en un momento determinado, los equipos de base se pueden redistribuir de esta manera: los ilustradores, los correctores, los informáticos, los sintetizadores, etc. Esto permite que cada uno pueda formar parte del equipo de expertos respecto al que cree estar más capacitado o se siente más motivado, sin que eso signifique que siempre, en todos los temas, tenga que formar parte del mismo equipo de expertos, sino que puede ir cambiando, y seguramente convendría que fuera cambiando.

Figura 1

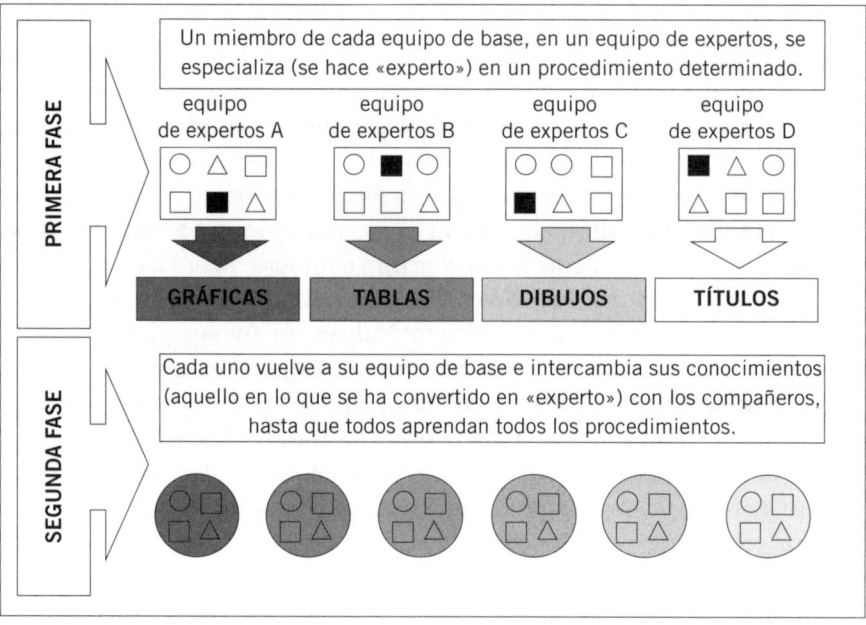

Por lo que acabamos de ver, los equipos de expertos pueden tener una composición más homogénea o más heterogénea según convenga en cada caso. Y como se puede deducir de lo que hemos dicho, son más numerosos que los equipos de base (cada equipo de expertos está formado por tantos miembros como equipos de base hay en la clase), salvo que en algunos casos se dividan en dos (en este caso habría dos equipos de expertos en una misma cosa para facilitar la interacción de sus miembros; por ejemplo, dos equipos de ilustradores, dos equipos de correctores, etc.).

La asamblea de la clase

La participación del alumnado en la gestión de la clase se puede canalizar a través de *la asamblea*: todo el grupo clase se reúne para discutir un problema y decidir de manera consensuada la mejor solución. Para articular la discusión y la participación de todo el grupo, y para evitar que algunos —o alguno— impongan su punto de vista sobre los otros, se pueden utilizar dos técnicas de dinámica de grupos: la *Técnica del Grupo Nominal* y la *Técnica de las Dos Columnas*.

La Técnica del Grupo Nominal

Esta técnica —tal como la expone Maria Lluïsa Fabra (1992*a*)— sirve para obtener informaciones, puntos de vista o ideas de los alumnos sobre un tema o un problema determinado, de una manera tan estructurada que facilita la participación de los más inhibidos e impide el protagonismo excesivo de los más decididos. Según la profesora Fabra, es una técnica especialmente útil cuando se trata de que un grupo-clase tome decisiones consensuadas sobre aspectos relativos a normas, disciplina, actividades grupales, etc. Pero también puede servir, por ejemplo, para que el profesor pueda captar, al acabar un tema, cuáles son los conocimientos que han adquirido los alumnos o cuáles consideran más fundamentales.

Se aplica de la siguiente manera:

- Antes que nada, el profesor —o la persona que actúa como facilitador (puede ser un alumno)— explica claramente cuál es el objetivo que se pretende alcanzar con la aplicación de esta técnica, y sobre qué tema o problema hay que centrar toda la atención.
- Durante unos cinco minutos aproximadamente, cada participante, individualmente, debe escribir las informaciones, propuestas o sugerencias que se le ocurran sobre el tema o el problema que se trata.
- El facilitador pide a los participantes, uno por uno, que expresen una sola de las ideas que han escrito y las va anotando en la pizarra. Si alguien no quiere participar, puede «pasar» y si alguien tiene más de una idea tendrá que esperarse a que se haya completado la primera vuelta para decir la segunda, suponiendo que en esta vuelta otro participante no haya expresado su idea. Queda claro, pues, que lo importante son las ideas, no quien las haya aportado.
- Una vez se han recogido todas las ideas, después de haber completado las vueltas que haya sido necesario efectuar, la persona que dina-

miza la técnica pregunta si todos lo han entendido. Si hay alguna duda sobre alguna aportación, es el momento de pedirle a quien haya formulado la idea que haga las aclaraciones convenientes. Se trata tan sólo de aclaraciones, no de objeciones o críticas a las ideas recogidas.

– Al final, todas las ideas han de quedar reflejadas en la pizarra, siguiendo el orden alfabético: la primera idea aportada es la A, la segunda la B, la tercera la C, etc.

– Después, cada participante jerarquiza las ideas expuestas, puntuándolas del 1 al 10. No obstante, antes hay que ponerse de acuerdo en cómo se utilizarán los puntos. Una manera puede ser que a la idea más valorada se le otorgue un 10. Si es así, la segunda más valorada por ese participante tendrá un 9, la tercera un 8, etc. Si hay más de 10 ideas por puntuar, todas las que no entren en las 10 más valoradas tendrán cero puntos.

– A continuación se anota en la pizarra, junto a cada una de las ideas, la puntuación que le ha otorgado cada participante, y al final se suman las puntuaciones de cada idea. De esta manera se puede saber qué ideas son las más valoradas por todo el grupo-clase.

– Finalmente, se comentan, se discuten o se resumen —según el caso— los resultados obtenidos.

Si el grupo es muy numeroso y suponiendo que esté dividido en diferentes equipos de base cooperativos, para hacer más ágil la aplicación de esta técnica se puede seguir el mismo procedimiento, pero sustituyendo el trabajo individual por el trabajo en equipos, a la hora de pensar y escribir las ideas relacionadas con el tema o problema en cuestión y a la hora de puntuarlas.

La Técnica de las Dos Columnas

La Técnica de las Dos Columnas (Fabra, 1992a) es un procedimiento muy simple que facilita el consenso cuando los miembros de un grupo clase han de tomar una decisión o resolver un problema para el que hay diversas alternativas y no saben cuál es la mejor. Esta técnica se complementa muy bien con la que hemos visto antes: se puede utilizar en la última fase de la técnica del grupo nominal, para conseguir que el grupo se asegure de que la alternativa más valorada es verdaderamente la que ofrece más posibilidades de éxito.

La Técnica de las Dos Columnas es, más concretamente, una técnica de valoración de alternativas que facilita el diálogo y el consenso y evita muchos de los enfrentamientos que se producen cuando alguien tiene

Figura 2

ALTERNATIVA	ASPECTOS POSITIVOS	CONSECUENCIAS NO DESEADAS
A)		
B)		
C)		
Etc.		

un excesivo protagonismo e intenta imponer su opinión a los otros. Por este motivo el facilitador anota las alternativas propuestas por los participantes, pero no el nombre de quien las ha propuesto. Todo el mundo puede aportar las alternativas que crea convenientes. Cuando ya no se aportan más alternativas, se pasa a hacer la valoración de cada una.

El proceso a seguir es el siguiente:

– Las propuestas o alternativas tendrán que estar anotadas en un extremo de la pizarra, siguiendo el orden alfabético (con una letra A la primera; una B la segunda; una C la tercera, etc.). (Véase la figura 2).
– Se divide el espacio restante de la pizarra en dos partes, con una raya vertical. En una parte se escribirá «Aspectos positivos» y en la otra «Consecuencias no deseadas» (M.L. Fabra insiste en que no se debe poner «negativas» porque eso podría llevar a quien ha propuesto una determinada alternativa a defenderla a ultranza, cuando, de hecho, lo que conviene es que la clase se olvide de quien ha hecho las propuestas y centre todo su interés en el contenido de estas últimas, no en los autores).
– A continuación se lee la propuesta A y se pide a todos los participantes que colaboren explicitando los aspectos positivos que encuentran (qué aspectos del problema soluciona, qué ventajas comporta, etc.) y se van anotando en la pizarra, en la «columna» correspondiente.

– Después se pide a los participantes que piensen y expliquen las consecuencias no deseables de la misma propuesta (qué puede pasar si hacemos eso, cómo podrían evolucionar los hechos si seguimos con la propuesta, etc.) y también se anotan en la columna correspondiente.

– Después se hace lo mismo con las otras propuestas: la B, la C, etc.

– Finalmente se pide al grupo que analice lo que se ha escrito en cada columna en relación con todas las propuestas. A partir de aquí se puede ver cuál es la más idónea (la que nos permita superar el problema o alcanzar el objetivo deseado con los mínimos costes). Como es natural, los criterios de evaluación de las diferentes alternativas no han de ser cuantitativos sino cualitativos; a veces, una sola consecuencia no deseable puede invalidar una alternativa.

Esta técnica, además de canalizar el diálogo y facilitar la toma de decisiones, tiene otras ventajas: mejora el razonamiento lógico, la capacidad de síntesis y la expresión verbal de los alumnos, y los obliga a colaborar y a acostumbrarse a dar más importancia a los objetivos comunes que a las necesidades individuales.

Por otro lado, como en la Técnica del Grupo Nominal, se puede sustituir el trabajo individual por el trabajo en equipo: los que piensan y aportan las alternativas y las valoran una por una son los equipos cooperativos, no los alumnos individualmente.

La combinación de los diferentes tipos de equipos de aprendizaje cooperativo y la estructura de aprendizaje

De lo que acabo de decir se puede deducir que entre los diferentes tipos de equipos de aprendizaje cooperativo —de base, esporádicos y de expertos— se pueden hacer muchas combinaciones, de manera que la estructura de aprendizaje de la clase —y más concretamente la estructura de la actividad— puede ser muy variada —y es bueno que lo sea para que los alumnos no trabajen siempre de la misma manera— y se puede adecuar más fácilmente a diferentes situaciones de aprendizaje. Puede haber:

– Trabajo en *equipos esporádicos*, por parejas, de tres, de cuatro o de más alumnos, homogéneos o heterogéneos...

– Trabajo «individual» dentro de los *equipos de base*, haciendo una autoevaluación de lo que saben al empezar un tema y al acabarlo; cada uno realiza su propio Plan de Trabajo, pero lo hace en equipo, contando con la ayuda, si es necesario, de algún compañero...

– Trabajo «en equipo», cooperando, dentro de los *equipos de base*: discutiendo y tomando decisiones sobre la mejor manera de resolver una cuestión o un problema, o sobre el mejor procedimiento para hacer una cosa; distribuyéndose el trabajo y exigiéndose mutuamente que cada uno haga el suyo; revisando el funcionamiento del equipo y proponiéndose objetivos para mejorarlo; preparando una prueba haciéndose preguntas los unos a los otros; realizando actividades de evaluación mutua...

– Trabajo «en equipo», cooperando, dentro de los *equipos de expertos*, más o menos homogéneos, en función de los contenidos trabajados o de diferentes habilidades o procedimientos...

– El trabajo de la *asamblea* de clase para revisar el funcionamiento del grupo y de los diferentes equipos, para decidir alguna cosa, para consensuar las normas de funcionamiento de la clase...

De esta manera, a lo largo de un curso escolar, todos los alumnos de un grupo habrán tenido ocasión de trabajar en un momento u otro con todos los compañeros de la clase, a pesar de que los que hayan trabajado juntos con más frecuencia sean los que forman un mismo equipo de base.

Distribución del mobiliario del aula

Evidentemente, la estructura de aprendizaje también condiciona el mobiliario del aula y su distribución: en una estructura de aprendizaje cooperativo se necesita un equipamiento diferente y las mesas de los alumnos se distribuyen de un modo distinto al de si se trata de una estructura de aprendizaje individualista o competitivo.

El trabajo en equipo —en equipos de base— es el eje en torno al que gira la estructura de aprendizaje en una aula organizada de forma cooperativa. Por este motivo el espacio debe ser lo suficientemente grande para que permita distribuir las mesas de los alumnos de diferente manera y puedan ponerse algunos armarios o estantes para guardar en ellos el material de cada uno de los equipos. También son muy útiles, además de la pizarra, paneles para fijar murales, recortes de prensa, avisos, carteles, etc.

La distribución habitual de un aula para 24 alumnos que trabajan en equipos de aprendizaje cooperativo es la que indica la figura 3: los alumnos —agrupados en seis *equipos de base* de cuatro miembros cada

Figura 3

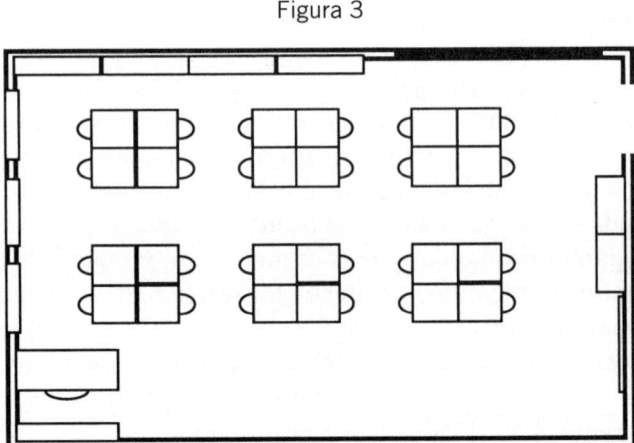

uno— se sientan perpendicularmente a la pizarra de manera que, en un momento determinado, todos los alumnos se puedan volver o mirar fácilmente a la pizarra o al profesor (para que todo vaya bien, ningún alumno debe quedar de espaldas a la pizarra).

Esta distribución puede cambiarse con relativa facilidad cuando los alumnos trabajan en *equipos de expertos*: entonces las mesas se distribuyen en cuatro grupos para seis alumnos (uno de cada uno de los equipos de base), tal como se muestra en la figura 4. Ni que decir tiene que, si es necesario, estos equipos de expertos se pueden dividir en dos equipos de tres miembros cada uno si, para el trabajo que han de hacer, un equipo de seis miembros resulta demasiado numeroso.

Para determinadas circunstancias pueden ser útiles otras distribu-

Figura 4

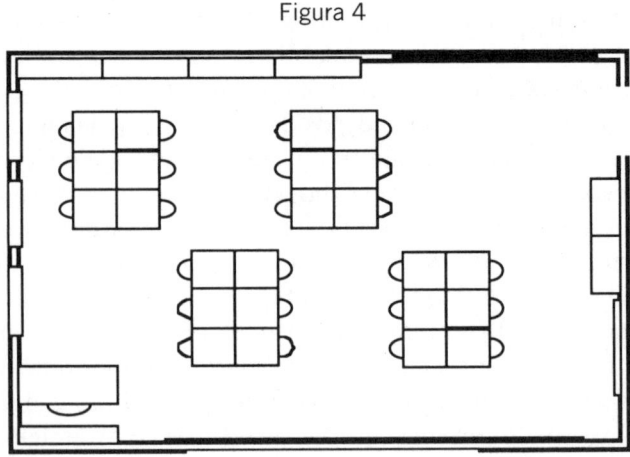

ciones de las mesas de los alumnos: en forma de cuadrado, o en forma circular, cuando convenga trabajar en gran grupo, o bien de dos en dos cuando convenga trabajar por parejas, o hasta de una en una cuando haya que trabajar individualmente (por ejemplo, para hacer una prueba individual).

La ambientación de la clase

La «filosofía» de fondo que inspira y preside un aula inclusiva tiene una gran importancia: un aula que acoge a todo el mundo y considera que todo el mundo es un miembro valioso de la comunidad. De ahí la conveniencia de trabajar sobre esta «filosofía» y de reflexionar con los alumnos sobre las normas de comportamiento que tendrían que presidir las relaciones interpersonales en un aula inclusiva. En cierta manera, se trata de trabajar en el aula un currículum inclusivo (no sólo de incluir, como añadidos al currículum común, determinados contenidos): un currículum que valora las diferencies individuales —aquellas que nos hacen singulares— y rechaza las desigualdades y las injusticias.

Ángeles Parrilla (1992) hace referencia a dos programas, creados con esta finalidad, que se experimentaron en Estados Unidos en la década de 1980: el programa de Staimback (1981) y el de Howel (1985). El primero consiste en incluir en el currículum ordinario dos componentes: por un lado, un componente de carácter instructivo sobre las diferencias individuales de algunos alumnos integrados, o incluidos, en el aula ordinaria, relacionadas con alguna discapacidad o algún trastorno, y, por otro, un componente de incitación y refuerzo que consiste en propiciar que los alumnos ordinarios interactúen con los alumnos integrados, proporcionándoles algún tipo de refuerzo para que lo hagan.

El programa de Howel (1985) consiste en incluir en el currículum ordinario instrucción sobre habilidades sociales a fin de preparar a cualquier alumno para las relaciones y comportamientos sociales necesarios tanto en el aula como fuera de la escuela. Esta propuesta se basa en la idea de que mientras que, por lo general, el currículum dedica a las áreas académicas contenidos, objetivos y actividades bien estructurados y coordinados, no se hace lo mismo respecto al comportamiento social de los alumnos. Se tiende a confundir el «control» sobre el comportamiento de los alumnos —sobre el que se centra la máxima preocupación— con «la enseñanza» a los alumnos del comportamiento adecuado —a la que se presta muy poca atención—. En clase, el tema de las relaciones personales y las conductas de los alumnos no se considera «instructivo» en un sentido constructivista. Por este motivo, hasta en los cursos de formación para el profesorado y, por tanto, en su práctica docente posterior, se dedica más atención a la supresión, al decrecimiento o al cambio de conductas indeseables de los alumnos que al aprendizaje y construcción de nuevos comportamientos válidos para diferentes situaciones o contextos sociales. Howel plantea la necesidad de un currículum que incluya los comportamientos sociales, con objetivos didácticos referentes al comportamiento (en nuestro contexto educativo estaríamos hablando de contenidos y objetivos referentes a actitudes, valores y normas), junto con los objetivos instructivos (de contenidos y objetivos de conceptos y procedimientos).

Estos comportamientos sociales o normas de convivencia —expresados en forma de lemas o eslóganes— deberían presidir y ambientar de alguna manera las aulas. Me refiero a reglas como las que Stainback, Stainback y Jackson (1999) recogen y que estaban escritas en carteles colgados en la pared de una aula inclusiva de primer grado, en una escuela de Iowa (EE.UU.):

— «Tengo derecho a aprender de acuerdo con mi capacidad. Esto significa que nadie me pondrá motes por mi manera de aprender.»
— «En esta clase tengo derecho a ser yo mismo. Esto significa que nadie me tratará de forma injusta por el color de mi piel, mi peso, mi estatura, por ser niño o niña, ni por causa de mi aspecto.»

O bien también me refiero a los lemas que ha hecho suyos una escuela pública del País Vasco convertida en «comunidad de aprendizaje» (González Rodríguez, 2000):

— «La escuela que queremos para nuestros hijos e hijas es la escuela para todo el mundo.»
— «Todo el mundo aprende de todo el mundo.»
— «Con lo que tenemos, podemos.»
— «Aquí cabe todo el mundo.»

Invitar a los alumnos a «inventarse» lemas y normas como estos, a discutirlos y consensuarlos, y a revisar periódicamente si toda la clase los respeta, es una buena manera de ir trabajando la inclusión y la cooperación en tanto valores que deben presidir en todo momento la vida del aula.

Las normas de funcionamiento del grupo

Supongamos que ya tenemos formados los equipos de base y que los alumnos ya tienen una primera idea respecto a qué es un equipo de aprendizaje cooperativo. El paso siguiente consiste en elaborar unas normas de funcionamiento básicas, mínimas, que, para ir bien, todo el mundo —tanto dentro del grupo clase-como dentro de cada equipo— debería cumplir y tendría que pedir a los compañeros que las cumplieran. Se trata, evidentemente, de una lista de normas abierta, que permita quitar o añadir algunas o modificar otras.

En esta actuación, hay que asegurarse de que los propios alumnos sean los que propongan dichas normas —si es necesario con la ayuda

Cuadro 1

Condiciones para el éxito del trabajo en grupo

Aceptamos y practicaremos los acuerdos siguientes:

- Planificaremos el trabajo. Nos comprometemos a programar entre todas y todos la tarea que se quiera estudiar, respondiendo a las preguntas: «¿Qué hemos de hacer?» «Cuándo?» «Cómo?».
- Haremos el trabajo. Estamos de acuerdo en hacer la tarea que ha propuesto la profesora o el profesor y que el grupo ha decidido. Aceptamos las indicaciones de los responsables de cada una de las tareas. Respetaremos el material y seremos responsables.
- Respetaremos a cada miembro del grupo. Nos comprometemos a respetarnos y a ayudarnos a resolver las dificultades de cada uno. Si surge algún conflicto dentro del grupo, lo resolveremos nosotros mismos, y sólo avisaremos al profesor o a la profesora en caso de necesidad.
- Participaremos todas y todos. Estamos de acuerdo en que cada uno hará la parte de trabajo que hemos repartido y procuraremos que una sola persona no lo tenga que hacer todo. Nos escucharemos, compartiremos ideas y recursos, y discutiremos las dudas antes de preguntar a la profesora o al profesor.
- Hablaremos para escucharnos y entendernos. Aceptamos hablar en voz baja y no molestar a los demás grupos. Pediremos la palabra, escucharemos con atención y no interrumpiremos a las compañeras ni a los compañeros.

Hábitos necesarios para desarrollar un trabajo cooperativo

- Ponerse de acuerdo sobre lo que se ha de hacer.
- Decidir cómo se hace y qué hará cada uno.
- Realizar los correspondientes trabajos o pruebas individuales.
- Considerar cómo se complementa el trabajo.
- Valorar los resultados en función de los criterios asumidos o explicitados antes.

Fuente: González Rodríguez, 2000, p. 13.

Cuadro 2

NORMAS PARA TRABAJAR EN GRUPO

1. Compartirlo todo.
2. Trabajar en silencio y, cuando sea necesario, hablar en voz baja.
3. Pedir la palabra antes de hablar.
4. Aceptar las decisiones de la mayoría.
5. Ayudar a los compañeros.
6. Pedir ayuda cuando se necesite.
7. No rechazar la ayuda de un compañero.
8. Hacer el trabajo que me toca.
9. Participar en todos los trabajos y actividades del equipo.
10. Cumplir estas normas y hacerlas cumplir a los otros.

del profesor o de la profesora—, aunque en cualquier caso se deben discutir y consensuar entre todos. Para hacerlo se puede seguir la Técnica del Grupo Nominal, que he descrito anteriormente.

Como referencia, pueden servir las normas que utiliza un centro público transformado en «comunidad de aprendizaje» (Gonzalez Rodríguez, 2000, p. 13). (Cuadro 1).

A modo de ejemplo, y como punto de partida para a la discusión de estas normas de funcionamiento dentro del grupo-clase, puede servir el decálogo que se incluye en el cuadro 2.

La organización interna de los equipos

Trabajar en equipo no es sencillo. Si sólo nos limitamos a decir a unos cuantos alumnos que hagan algo en equipo, sin más, es muy difícil que logren hacerlo. Para que puedan conseguirlo, una de las primeras cosas que debemos hacer es ayudarlos a organizarse como equipo. Una manera de hacerlo es ayudarlos a reflexionar sobre todo aquello que ha de darse para que un equipo funcione y ponerlo de relieve. Por ejemplo:

– Que por lo menos una persona del equipo sepa qué hay que hacer.
– Que todo el mundo disponga del material necesario.
– Que no se pierda el tiempo hablando de otras cosas.
– Que no charlen todos a la vez y que no se hable en voz demasiado alta.
– Que nadie imponga su opinión a los otros.
– Que si hay alguien que se desanima, haya otro que lo anime.

– Que haya alguien que recuerde, a quien se «despiste», los compromisos adquiridos.
– Etc.

Organizar el equipo quiere decir asegurarse de que todas estas condiciones se den, que se desempeñen todos estos papeles, etc. Por este motivo cada equipo debe determinar y repartirse los roles o cargos que se han de ejercer dentro de un equipo cooperativo para que funcione, y concretar al máximo, cuanto más operativamente mejor, en qué consiste cada uno de estos roles. No basta con que establezcamos que uno actúe como responsable o coordinador del equipo, otro como secretario y otro como responsable del material. Además, es preciso determinar qué han de hacer —qué tareas concretas han de llevar a cabo— el coordinador, el secretario y el encargado del material...

Roles o cargos para el trabajo en equipo

Los roles o cargos que han de ejercer los miembros de un equipo varían según el equipo se esté formando, o bien ya funcione desde hace tiempo y esté en una fase de consolidación y profundización del trabajo en equipo. A modo de ejemplo, en la tabla 3, elaborada a partir de algunas ideas expuestas por Johnson, Johnson y Holubec (1999), se incluye una relación de cargos con una definición operativa de cada uno, según se trate de roles que facilitan la formación y el funcionamiento del equipo —a considerar en una primera fase, inmediatamente después de la formación del equipo—, o de roles que contribuyen a consolidar y reforzar el trabajo en equipo —a tener en cuenta en una segunda fase, cuando el equipo ya haga tiempo que funciona.

Como se puede ver, el cargo de observador aparece tanto si se trata de un equipo en formación como de un equipo ya formado. Es un trabajo que de vez en cuando tiene que asumir algún miembro del equipo, tanto si éste acaba de iniciarse como si ya está consolidado, para controlar en lo posible hasta qué punto los compañeros que ejercen los diferentes cargos cumplen, o no, con las tareas que les corresponden.

Johnson, Johnson y Holubec (1999) recomiendan que cada equipo se construya una especie de tarjetas; en una de sus caras se hace constar el cargo y, en la otra, las tareas que tiene que hacer quien ejerce dicho cargo.

Las tareas propias de cada cargo se pueden ampliar a lo largo de la experiencia. Es muy posible que los equipos —para mejorar su funcionamiento— se den cuenta de que es necesario que alguien ejerza algu-

Tabla 3. Roles de un equipo cooperativo

A) Roles que facilitan la formación y el funcionamiento del equipo	B) Roles que contribuyen a consolidar y reforzar el trabajo en equipo
A_1. Responsable - coordinador (Coordina el material, controla el tiempo, hace respetar el turno de palabra, controla el material...)	B_1. Sintetizador-recapitulador (Es el responsable de que el grupo sintetice o recapitule los contenidos trabajados, en forma de esquemas, mapas conceptuales, bases orientadoras de la acción...)
A_2. Secretario (Anota las decisiones y los acuerdos, llena los formularios...)	B_2. Verificador de la corrección (Es el responsable de asegurar que las respuestas o producciones del equipo sean correctas. Cuestiona su corrección, y solicita el punto de vista de alguien más experto, como el profesor u otros compañeros...)
A_3. Supervisor del orden (Controla el tono de voz, evita la dispersión, controla la rotación de los roles...)	B_3. Verificador de la comprensión (Es el responsable de asegurar que todos los miembros del equipo hayan entendido correctamente los materiales objeto de estudio, formulando preguntas, haciendo repetir las cosas de otra manera...)
A_4. Animador - fomentador de la participación (Anima y alienta, ofrece apoyo, fomenta la participación...)	B_4. Incentivador de la discusión y el diálogo (Es el responsable de procurar que los miembros del equipo den respuestas y tomen decisiones de forma consensuada)
A_5/B_5. Observador (Registra la frecuencia con que los miembros del grupo adoptan comportamientos o actitudes adecuados al rol que ejercen)	

Fuente: Johnson, Johnson y Holubec, 1999.

na tarea nueva. Si es así, determinarán en qué ha de consistir exactamente esta tarea, a qué cargo la adjudicarán, y la añadirán a la lista del cargo correspondiente.

Distribución de los cargos dentro del equipo

La segunda actuación que se ha de llevar a cabo —después de determinar las normas básicas para trabajar en equipo— es la de determinar los roles o cargos que habrá en cada equipo y las tareas que deberá ejercer cada uno. Evidentemente, esto se tiene que hacer en función del contexto de la experiencia en la que queremos aplicar el trabajo en equipos cooperativos: la edad de los alumnos, la experiencia previa en el trabajo en equipo, el área en la que se trabajará en equipos cooperativos y hasta las características de un alumno en concreto, para el que se podría pensar una función específica que se ajustara a sus necesidades educativas. Esto es lo que hizo una maestra de una escuela rural, que le propuso el rol de «relaciones públicas» a un alumno extremadamente movido, con el encargo de ir de un equipo a un otro, siempre que fuera necesario (pero *sólo* cuando fuera necesario...), por ejemplo: para distribuir alguna cosa, para comunicar algún aviso, para recoger los trabajos, etc.

En este proceso intervienen de una manera directa los propios alumnos; primero, a la hora de concretar los cargos y las tareas y, después, para distribuirlos (cuando se trate de decidir qué cargo tendrá cada miembro del equipo). De todas maneras, los alumnos deben saber que los cargos son rotativos y que cambian al cabo de un tiempo determinado, de modo que, al final, todos acaban habiendo ejercido —en principio— todos los cargos.

Los roles descritos en la tabla 3 sólo son indicativos, y se han de adaptar a cada caso. Las tablas siguientes (4 y 5) contienen dos ejemplos reales: uno que recoge la experiencia llevada a cabo en un IES con alumnos de segundo curso de ESO en el área de Ciencias Naturales (concretamente, trabajaban en equipos cooperativos en el laboratorio), y otro que recoge la experiencia llevada a cabo en un CEIP, con alumnos de cuarto curso de Educación Primaria.

La enseñanza y aprendizaje de los roles del trabajo en equipo

He dicho repetidas veces que tenemos que enseñar a los alumnos a trabajar en equipo. Ahora añado que hay que enseñar esta habilidad con un mínimo de rigor y sistematización, los mismos —como mínimo— con que enseñamos en la escuela el resto de habilidades.

Johnson, Johnson y Holubec (1999) proponen una estrategia —unos pasos a seguir— para enseñar a trabajar en equipo que, a partir de diferentes experiencias de asesoramiento al profesorado tanto de primaria como de secundaria, hemos acabado concretando de la siguiente manera:

– Primer paso. Descubrir la necesidad de una determinada habilidad, destreza o rol para trabajar en equipo.
Para conseguirlo hace falta que los miembros del equipo tengan la oportunidad de revisar periódicamente su funcionamiento como equipo. Si se trata de una habilidad nueva o de un nuevo rol que queremos introducir en el equipo, para descubrir su necesidad se puede hacer un «role-playing», representando una situación de trabajo en equipo en la que no se utilice esa habilidad o no se ejerza ese rol.

Tabla 4

Rol o cargo	Tareas
Coordinador Ayudante del coordinador	• Coordina el equipo: tiene muy claro el trabajo que tiene que hacer el equipo • Controla que cada miembro del equipo realice su rol y que se lleve a cabo la rotación de los roles • Si surge alguna dificultad, pide ayuda al profesor • Hace respetar el turno de palabra • Controla que la dinámica del grupo sea la correcta: avisa a los compañeros cuando el grupo se desvía del tema (habla de otras cosas) • Fomenta la participación
Portavoz	• Comunica en voz alta los resultados del trabajo en equipo, o del grupo, cuando se le requiere • Controla el tono de voz
Secretario	• Anota los acuerdos del equipo • Hace el seguimiento de la tabla de control del equipo • Controla el tiempo en la realización de las actividades
Monitor (Responsable del material)	• Recoge el material necesario para la actividad • Controla que todo el material utilizado se mantenga limpio y ordenado en su sitio, una vez acabada la clase • Controla que se limpien las mesas (de la clase y del laboratorio) • Procura (y se encarga de recordarlo) que todos los compañeros tengan el material necesario (en caso de que tengan que traerlo de su casa)

Tabla 5

Rol o cargo	Tareas

Coordinador	• Organiza y coordina el trabajo
	• Mantiene el orden dentro del equipo
	• Organiza el Cuaderno del Equipo,[2] que incluye:
	  – El Plan de Trabajo del Equipo: objetivos del equipo y contenidos que se han de aprender, actividades que se han de llevar a cabo, responsables de hacer estas actividades, recursos que se necesitarán, temporización de las actuaciones...
	  – Fichas de autoevaluación

Secretario	• Toma nota de las decisiones del grupo en el Cuaderno del Equipo • Controla el tiempo de trabajo • Llena el Cuaderno del Equipo
Portavoz	• Habla en nombre del equipo
Organizador	• Reparte y recoge el material • Organiza la limpieza • Controla el uso del material

2. Sobre el *Cuaderno del Equipo*, véase *infra*, p. 132.

– Segundo paso. Asegurarse de que los alumnos entienden en qué consiste la habilidad.

Este paso supone:

– Definir operativamente la habilidad, destreza o rol, especificando las tareas propias de este rol o las que están relacionadas con él. En la práctica, esto se puede hacer confeccionando una «ficha de rol» para cada habilidad —en este caso se trataría de un rol o cargo— en la que se hacen constar —de forma abierta, para que posteriormente se puedan añadir otros aspectos— las tareas propias de la habilidad o rol.

– Mostrar esta habilidad. Se puede «teatralizar» por medio de un «role-playing», ahora en positivo, mostrando una situación de trabajo en equipo en la que se ejerza este rol.

– Tercer paso. Plantear situaciones de ejercitación de la destreza e introducirla en el trabajo en equipo real durante un tiempo determinado.

Este paso supone:

– Asignar el rol (o los roles) en que se desea introducir a un alumno. Un miembro del equipo, o el profesor, o ambos, ejercerán el rol de observadores.

– Practicar el rol en situaciones reales de trabajo en equipo y observar hasta qué punto se practica.

– Cambiar de vez en cuando al alumno que ejerce cada rol.

Para la observación de la utilización de la habilidad o del ejercicio del rol se puede utilizar una *Tabla de observación* (véase un modelo en la figura 5) en la que consten las tareas operativas de este rol y en la que el observador pueda anotar la frecuencia de la realización de cada una de las tareas.

– Cuarto paso. Revisar la aplicación de la destreza o habilidad

Para hacerlo hay que preguntarse, a partir de las anotaciones hechas en la Tabla de observación:

– ¿Qué tareas operativas (que en su conjunto definen un rol determinado) se han llevado a cabo y con qué frecuencia?

– ¿Qué tareas no se han llevado a cabo?

– ¿Hasta qué punto ha beneficiado al funcionamiento del equipo el ejercicio de estas tareas? ¿Hasta qué punto ha perjudicado al equipo el hecho de que no se hayan ejercido algunas de estas tareas?

– ¿Hace falta añadir alguna tarea nueva a un determinado rol?

En general:
- ¿Qué hacemos bien? ¿Qué podemos mejorar?
- ¿Qué objetivos nos proponemos para mejorar el funcionamiento de nuestro equipo?
- ¿A qué se compromete cada miembro del equipo para mejorar su funcionamiento?

- Quinto paso. Practicar con constancia las destrezas, habilidades o roles introducidos hasta estar seguros de que los diferentes miembros del equipo los practican de forma automática y con naturalidad.
No es fácil llegar a interiorizar las habilidades sociales y de pequeño grupo, necesarias para trabajar de forma cooperativa. La única manera posible de hacerlo es practicarlas con regularidad. Johnson, Johnson y Holubec (1999) indican que en el aprendizaje de cualquier habilidad o en el ejercicio de cualquier rol se pasa por diferentes fases:
a) Utilización o ejercicio consciente de la habilidad o el rol, pero de manera más o menos poco diestra.
b) Sensación de falsedad en la utilización o ejercicio de la habilidad o el rol.
c) Utilización de la habilidad o ejercicio del rol de manera correcta pero mecánica.
d) Utilización o ejercicio automático y rutinario. Los miembros del equipo ejercen su rol o utilizan la habilidad con naturalidad, como si lo hubieran hecho toda la vida.

La determinación del Plan del Equipo y la revisión periódica del funcionamiento del equipo

La herramienta básica de que dispone cada equipo para ir aprendiendo, cada vez más, a trabajar en equipo y a hacerlo cada vez mejor es lo que denominamos *Plan del Equipo*, que periódicamente cada *equipo de base* elabora para un período de tiempo determinado (que puede oscilar entre quince días y un mes), y en el que se hacen constar los objetivos comunes que los miembros del equipo determinan para mejorar: las propias producciones, el funcionamiento como equipo o ambas cosas al mismo tiempo. Por ejemplo, se puede proponer que se preste una especial atención a la presentación de los trabajos (en el caso de que todos los alumnos, o la mayoría, tengan en común que son poco cuidadosos en la realización de los trabajos escritos). También se pueden

Figura 5

TABLA DE OBSERVACIÓN

Observador:
Fecha o fechas de la observación:
Equipo observado:

Rol o cargo	Tareas	Frecuencia	TOTAL
Coordinador/Ayudante del coordinador	Coordina el equipo: indica qué se tiene que hacer y cómo		
	Recuerda a cada miembro del equipo cuál es su rol y lo avisa si no lo ejerce		
	Pide ayuda al profesor si surge algún problema, duda o dificultad		
	Hace respetar el turno de palabra		
	Avisa a los compañeros cuando el equipo se desvía del tema o habla de otra cosa		
	Fomenta la participación		
Portavoz	Comunica en voz alta los resultados del trabajo en equipo, o la opinión del grupo, cuando se le pide		
	Controla el tono de voz (de palabra o con un gesto)		
Secretario	Anota los acuerdos del equipo		
	Hace el seguimiento de la tabla de control del grupo		
	Controla el tiempo en la realización de las tareas		
Monitor (responsable del material)	Recoge el material necesario para la actividad		
	Controla que todo el material utilizado se mantenga limpio y ordenado en su sitio		
	Controla que se limpien las mesas		
	Recuerda a los compañeros (cuando haga falta) qué material tienen que traer de casa		

proponer como objetivos mejorar algún aspecto especialmente conflictivo o que se domina poco del funcionamiento como equipo: ayudar a un compañero cuando lo solicita, pedir ayuda a un compañero para que nos indique cómo se hace (y no para que nos lo deje copiar), animarse mutuamente, etc.

Algunos de los objetivos del equipo siempre son los mismos y se repiten en cada Plan: colaborar y ayudarse para que al final todos hayan conseguido progresar en su aprendizaje; utilizar el tiempo correctamente; acabar el trabajo dentro del tiempo previsto, y ayudarse los unos a los otros.

De esta manera se pone de manifiesto que en un equipo cooperativo todos los miembros tienen una doble responsabilidad: aprender lo que el profesor les enseña y colaborar para que todos los compañeros de equipo también lo aprendan, asegurando las condiciones óptimas para que esto suceda.

Por otra parte, no todo tiene por qué ser común en el *Plan del Equipo*. También pueden constar los compromisos personales que toma cada miembro del equipo para contribuir a la mejora del funcionamiento global. Por ejemplo, acabar la propia tarea dentro del tiempo previsto, no distraer a los compañeros, llevar cada día el material, etc. En la figura 6 se incluye un modelo de formulario para el *Plan del Equipo*. Al final del período previsto se ha de valorar si se han alcanzado los objetivos y si se han cumplido los compromisos. Si la valoración final es positiva, es muy evidente que el profesor lo tiene que tener en cuenta a la hora de determinar las calificaciones personales. Pero no como cuando se da un premio, sino por justicia, porque además de aprender, por ejemplo, a hacer ecuaciones, han aprendido a trabajar en equipo, o han progresado en el aprendizaje de esta habilidad. Y si esto, como hemos dicho (y como quedará aún más claro en el capítulo 4), también es un contenido que el profesor tiene que enseñar, progresar en el aprendizaje ha de tener, lógicamente, alguna repercusión en la «nota» o calificación individual de los alumnos.

Ya se ha dicho que tener la oportunidad, de forma periódica, de pararse a pensar sobre el funcionamiento del equipo para identificar lo que hacemos especialmente bien y lo que debemos mejorar, para revisar los compromisos que habíamos adquirido y para valorar si hemos alcanzado los objetivos comunes que nos habíamos propuesto es una condición indispensable para ir aprendiendo a trabajar en equipo. Así pues, de vez en cuando hay que revisar el *Plan del Equipo* —al final del período de tiempo para el que lo habíamos elaborado o siempre que haga falta, por ejemplo, cuando surge algún conflicto inesperado en el seno del equipo—; a partir de esta revisión, se establecerá un nuevo *Plan del Equipo* para un nuevo período de tiempo, y así sucesivamente.

La revisión se puede hacer siguiendo el formulario de la figura 7.

En el momento de hacer la revisión del equipo, y para descubrir lo que hacemos especialmente bien y lo que debemos mejorar, se pueden tomar como referente las normas para trabajar en equipo que se han elaborado y consensuado previamente (véase *supra*, p. 119)

Figura 6

PLAN DEL EQUIPO. NÚM.:

Nombre (o núm.) del equipo:	Curso:	Grupo:
Año académico:	Período de vigencia:	

Distribución de los cargos

Cargo:	Ejercido por:

Objetivos del equipo

1. Progresar en los aprendizajes
2. Utilizar el tiempo adecuadamente
3. Acabar el trabajo dentro del tiempo previsto
4. Ayudarse los unos a los otros
5.
6.

Compromisos personales

Nombre:	Compromiso:

Figura 7

PLAN DEL EQUIPO. NÚM.:

Nombre (o núm.) del equipo:	Curso:	Grupo:
Año académico:	Período de vigencia:	

Distribución de los cargos

Cómo ha funcionado nuestro equipo	Hay que mejorar	Bien	Muy bien
1. Cada uno ha ejercido las tareas de su cargo			
2. Todos hemos aprendido			
3. Hemos utilizado el tiempo adecuadamente			
4. Acabamos el trabajo dentro del tiempo previsto			
5. Nos ayudamos los unos a los otros			
6. Hemos avanzado en los otros objetivos del equipo			
7. Cada uno ha cumplido su compromiso			

¿Qué es lo que hacemos especialmente bien?

¿En qué tenemos que mejorar?

Objetivos para el próximo Plan del equipo:

Valoración global:*	Visto bueno del/la profesor/a:

* Valoración global: negativa (+0 puntos), positiva (+0,5 puntos), muy positiva (+1 puntos).

Las celebraciones en los equipos de base y el grupo clase

Con frecuencia los docentes «pecamos» de racionalizar en exceso el proceso de enseñanza y aprendizaje, y, desde nuestra óptica racional, damos poca importancia a aspectos como los refuerzos positivos, las recompensas grupales y las celebraciones. ¡Naturalmente que los alumnos tienen que estudiar porque eso es lo que deben hacer, esa es su obligación! Pero no les hace ningún daño, sino todo lo contrario, que de vez en cuando reconozcamos su esfuerzo y los felicitemos si cada uno consigue aprender lo que se había propuesto y, además, han aprendido un poco más a trabajar en equipo.

Putnam (1993) insiste mucho en este aspecto, y creo que tiene toda la razón. Las celebraciones de los equipos de base —y de todo el grupo-clase que se ha estructurado de manera cooperativa— son un elemento importante: *sentir* que han conseguido lo que se habían propuesto, que han conseguido un éxito o que han triunfado, no *sobre nadie*, sino en todo caso *sobre sí mismos*, porque han avanzado en el aprendizaje, y, a partir de ahí, *sentirse valorado y respetado*, son condiciones indispensables para que los alumnos vayan reafirmando el compromiso de aprender y vayan renovando el entusiasmo por trabajar y formar parte de un equipo cooperativo. Y también son condiciones imprescindibles para que los alumnos vayan reafirmando su autoconvencimiento de sentirse capaces de aprender con la ayuda de los otros y de sentirse satisfechos por haber contribuido a que los compañeros aprendan.

Estoy convencido de que en general nos falta introducir en la clase más elementos de celebración —siempre, claro está, que haya algún motivo— sobre todo en las últimas etapas educativas. Con frecuencia el hacerlo se considera una solemne pérdida de tiempo. En cambio, en realidad, dejar de hacerlo supone perder una ocasión inmejorable para reforzar las ganas de aprender de un buen número de alumnos, algo que, por otro lado, les hace bastante falta. ¿A quién no le agrada celebrar una fiesta de vez en cuando, sobre todo cuando se ha conseguido alguna meta que ha exigido el esfuerzo de muchas personas? La fiesta, la celebración después del esfuerzo colectivo, forma parte de nuestra cultura, sobre todo en los entornos más rurales. Recuerdo, por ejemplo, que cuando era pequeño se hacía una cena en la que participaba mucha gente para celebrar que se había acabado de desgranar las panojas de maíz después de semanas de trabajo. Y aún ahora en muchos lugares, cuando se acaba el tejado de una casa en construcción, se coloca una bandera y el dueño invita a comer a todos los trabajadores de la obra...

¿Por qué no recuperamos este espíritu en los centros, sobre todo en los de secundaria? ¿Por qué no celebramos, colectivamente, el indudable éxito de haber conseguido que todos los equipos de base de un grupo-clase hayan logrado progresar en el aprendizaje? Tiene razón Postman (2000) cuando denuncia que desde una mentalidad que valora exclusivamente la utilidad económica se considera «una futilidad o un ornamento, es decir, «una pérdida de un tiempo muy valioso», cualquier actividad escolar de carácter festivo o para celebrar algo que no tenga una finalidad estrictamente académica.

El Cuaderno del Equipo

El *Cuaderno del Equipo* es una buena herramienta de gestión de los equipos cooperativos de un grupo-clase. Cada equipo de base dispone del propio Cuaderno, que el miembro del equipo que ejerce el rol de secretario se encarga de elaborar y custodiar para un período determinado.

En el Cuaderno, cada equipo puede hacer que conste:

– El nombre (si es el caso) que el equipo se ha puesto.
– El nombre de cada uno de los miembros del equipo, con una breve descripción de sus aficiones y habilidades (esto pone de manifiesto algunos aspectos de la diversidad de los componentes de un equipo, que normalmente no se ponen de relieve).
– Las normas de funcionamiento que el grupo-clase ha determinado de forma consensuada y que cada equipo se compromete a cumplir y a hacer cumplir (véase *supra*, p. 119).
– La relación de los roles o cargos que el equipo ha determinado para asegurar al máximo su funcionamiento, así como la descripción detallada de las tareas o funciones de cada cargo (véase *supra*, p. 120).
– Los sucesivos Planes del Equipo; cada uno de dichos planes incluye los puntos siguientes: la distribución entre los miembros del equipo y para un período determinado de los cargos que ejercerá cada uno; los objetivos que el equipo se propone y los compromisos personales que adquiere cada componente durante la vigencia del plan, así como el resumen de la revisión (véanse las figuras 6 y 7).
– Una especie de «diario de sesiones», en el que el componente que ejerce el rol de secretario hace constar qué han hecho a lo largo de una sesión de trabajo en equipo, y la valoración de cómo ha ido.

Se trata de un documento abierto (tipo «carpeta de anillas»), que admite los retoques necesarios (por ejemplo, añadir nuevas normas que el grupo clase se ha impuesto, o nuevas funciones o tareas encomendadas a uno de los roles o cargos del equipo); en este documento se van añadiendo los sucesivos Planes del Equipo, el resumen de cada sesión de trabajo en equipo y la hoja con la valoración final de cada Plan, que es el punto de partida para la elaboración del siguiente Plan del Equipo.

4. Aprender y estudiar en equipo

Enseñar a leer y a escribir, enseñar a trabajar en equipo...

Intentad contestar a estas preguntas:

- ¿Se dedica una parte importante del tiempo escolar a enseñar a los alumnos a leer y escribir, y a ejercitar estas habilidades a lo largo de la escolaridad?
- ¿Se sigue en casi todas las escuelas un método o un procedimiento bien estructurado para enseñar a leer y a escribir?
- ¿Se dedica un considerable esfuerzo pedagógico (materiales didácticos, ejercitación continuada y sistemática de los alumnos, seguimiento y control del aprendizaje, coordinación entre el profesorado...) en la enseñanza de la lectura y la escritura?
- ¿Se insiste en el aprendizaje de la lectura y la escritura aunque algún alumno, o un grupo de alumnos, no aprendan a leer y a escribir después de los primeros intentos?
- ¿En general, los alumnos consiguen aprender a leer y escribir a lo largo de la escolaridad?

Estoy seguro de que, a partir de vuestra experiencia y aunque nunca hayáis enseñado en un centro de educación infantil y primaria, habréis respondido afirmativamente a estas preguntas. Si en general estas preguntas se responden con un sí, es que la escuela considera muy importante que los alumnos aprendan a leer y a escribir —como uno de los aprendizajes más funcionales— y, por tanto, la escuela hará cuanto sea preciso cuando se trate de enseñar estas dos habilidades a fin de que los niños y las niñas las aprendan.

Ahora probad a contestar a estas otras preguntas:

– ¿Se dedica una parte importante del tiempo escolar a enseñar a los alumnos a trabajar en equipo y a ejercitar esta habilidad a lo largo de la escolaridad?
– ¿Se sigue en casi todas las escuelas un método o un procedimiento bien estructurado para enseñar a trabajar en equipo?
– ¿Se dedica un considerable esfuerzo pedagógico (materiales didácticos, ejercitación continuada y sistemática de los alumnos, seguimiento y control del aprendizaje, coordinación entre el profesorado...) cuando se trata de enseñar a trabajar en equipo?
– ¿Se insiste en el aprendizaje del trabajo en equipo aunque algún alumno, o un grupo de alumnos, no aprendan a trabajar de esta manera después de los primeros intentos?
– ¿En general, los alumnos consiguen aprender a trabajar en equipo a lo largo de la escolaridad?

Por lo que conocéis de la escuela en general, lo más seguro es que hayáis respondido con un *no* muy claro a la mayoría de estas preguntas, por no decir a todas. Por tanto, no hay duda de que esto debe de querer decir que aprender esta otra habilidad —la de trabajar en equipo, la de saber cooperar con otras personas—, en la práctica se considera, por lo general, un aprendizaje secundario y poco o nada importante...

Efectivamente, en la educación escolar no se da la misma importancia al aprendizaje de la lectura y de la escritura que al aprendizaje del trabajo en equipo. No sé imaginarme una escuela en la que los maestros, en conjunto, se rindan a la primera dificultad a la hora de enseñar a leer y a escribir a algún alumno que presenta más problemas que los otros. En cambio, muchas veces he oído decir a algún maestro o profesor que no quiere hacer trabajar a los alumnos en equipo porque ya lo ha probado una vez y ha sido un desastre.

De todas maneras, estoy totalmente de acuerdo con lo que dicen Johnson y Johnson cuando afirman que aprender a interactuar de forma cooperativa con los otros también es un aprendizaje muy importante que se debe hacer en la escuela, de tal manera que, sin este aprendizaje, todos los restantes pierden valor y utilidad:

> La capacidad de todos los alumnos para aprender a trabajar cooperativamente con los otros es la piedra clave para construir y mantener matrimonios, familias, carreras y amistades estables. Ser capaz de realizar habilidades técnicas como leer, hablar, escuchar, escribir, calcular y resolver problemas es algo valioso pero de poca utilidad si la persona no puede aplicar estas habilidades en una interacción cooperativa con las otras personas en el trabajo, en la familia y en los entornos comunitarios (Johnson y Johnson, 1997, pp. 62-63).

De hecho, en el currículum prescriptivo aprobado por la LOGSE y regulado por los decretos que despliega esta ley, el trabajo en equipo y la cooperación son parte de los contenidos que se tienen que enseñar.

Ya en el currículum de la etapa de Educación Infantil se señala, en uno de los objetivos generales, que los niños y las niñas hasta 5 años tienen que haber desarrollado, entre otras, la capacidad siguiente: «Comportarse de acuerdo con unos hábitos y normas que los lleven hacia una autonomía personal y hacia una colaboración con el grupo social».[1] Y de una manera aún mucho más explícita, al detallar los contenidos del Área de Descubrimiento del entorno natural y social, se señala que «las actitudes de cooperación, de participación y de solidaridad forman parte de la educación de hábitos de convivencia, de respeto por lo que es de todos, de saber pedir y recibir ayuda en el momento adecuado y de aportar el esfuerzo personal en actividades colectivas».[2]

En el currículum de la etapa de Educación Primaria, encontramos estos dos objetivos generales: «Mostrarse participativo y solidario de forma responsable, y respetar los valores morales, sociales y éticos propios de los otros, para ejercitarse en los principios básicos de la convivencia y de estima por la paz», y «Aplicar, individualmente y en equipo, metodologías de trabajo intelectual [...]».[3] Uno de los contenidos referidos a actitudes que hay que trabajar, concretamente en el Área de Conocimiento del medio social y cultural, es «la aceptación de normas

---

1. Departamento de Enseñanza de la Generalitat de Cataluña. Decreto 94/1992, de 28 de abril, por el que se establece la ordenación curricular de la Educación Infantil.

2. *Ibidem.*

3. Departamento de Enseñanza de la Generalitat de Cataluña. Decreto 95/1992, de 28 de abril, por el que se establece la ordenación curricular de la Educación Primaria.

de trabajo colectivo». Y dos de los objetivos terminales de esta área se anuncian de la manera siguiente: «Tomar consciencia de la necesidad de hacer aportaciones personales a la vida colectiva, participando y colaborando con los otros, utilizando el diálogo como forma para resolver conflictos» y «Valorar la solidaridad y la tolerancia como actitudes de cooperación entre las personas».[4]

Finalmente, en el currículum de la Educación Secundaria Obligatoria encontramos muchas más referencias todavía. Veamos unas cuantas:[5]

– Uno de los objetivos generales de la etapa se anuncia de esta manera: «Relacionarse con otras personas y participar en actividades de grupo, adoptando actitudes de flexibilidad, solidaridad, interés y tolerancia, para superar inhibiciones y prejuicios y rechazar todo tipo de discriminaciones debidas a la edad, la raza y el sexo, y a diferencias de carácter físico, psíquico, social y otras características personales».
– En el Área de Ciencias de la Naturaleza, uno de los contenidos de valores, normas y actitudes dice así: «Valoración del enriquecimiento personal y colectivo que representa el trabajo en grupo». Y uno de los objetivos terminales de esta área es éste: «Manifestarse respetuoso y tolerante en la comunicación con las ideas y con las personas, y poner el espíritu de cooperación por delante del de competición en la realización de trabajos en grupo, a fin de extraer buenos resultados».
– Uno de los contenidos de valores, normas y actitudes del Área de Educación Física es: «Preocupación por la consecución de metas comunes», y uno de los objetivos últimos consiste en: «Cooperar con los otros chicos y chicas para conseguir metas comunes respetando los resultados en los juegos y deportes».
– En el Área de Tecnología, en uno de los objetivos generales, se especifica que al finalizar la ESO el alumno tiene que ser capaz de «constatar que el trabajo intelectual y manual, efectuado tanto individualmente como en equipo, constituye un todo integrado». En lo que se refiere a los contenidos de valores, normas y actitudes, se especifica lo siguiente: «Orden y pulcritud en el trabajo individual y en grupo»; «Conciencia de la importancia de la aportación del trabajo individual al trabajo en grupo». Y uno de los objetivos últimos dice

4. *Ibidem.*

5. Departamento de Enseñanza de la Generalitat de Cataluña. Decreto 96/1992, de 28 de abril, por el que se establece la ordenación curricular de la Educación Secundaria Obligatoria.

esto: «Dar importancia a la planificación y la ordenación del trabajo en equipo, colaborando activamente de forma individual y respetando la aportación de los compañeros».

Podríamos citar más ejemplos, pero los que he presentado son suficientes para demostrar que el trabajo en equipo y la cooperación son contenidos que hay que enseñar. Efectivamente:

El trabajo en grupo concierne a unos contenidos cuya adquisición —que implica el propio trabajo colaborativo— es necesaria para el logro de los objetivos de la etapa. Estamos, pues, ante unos contenidos que hay que trabajar con todos los alumnos y alumnas, más que ante una decisión de metodología didáctica. El trabajo en grupo no es sólo un medio para trabajar determinados contenidos; constituye en sí mismo un conjunto de procedimientos, actitudes y valores que justifican que lo consideremos un contenido en sí mismo.

Así pues, ya no se trata de si es más o menos moderno o adecuado proponer tareas en grupo; es necesario proponerlas si se quieren trabajar los contenidos de la escolaridad obligatoria y alcanzar sus finalidades (Solé, 1997, p. 53).

Estas observaciones de Isabel Solé cambian fundamentalmente las cosas. Si fuera simplemente una decisión metodológica, sería muy legítimo no utilizar este método, sobre todo si después de haberlo probado se ha constatado que no acaba de funcionar del todo, al menos para determinados alumnos o para trabajar contenidos concretos. Pero si además de un método es también, y sobre todo, un contenido más que hay que enseñar, ya no es tan legítimo dejarlo de lado, aunque hayamos tenido experiencias poco afortunadas de trabajo en grupo con los alumnos.

Ahora bien, como ya he dicho en el capítulo 2, las habilidades sociales necesarias para trabajar en equipo y cooperar con otras personas no se adquieren de forma espontánea, sino que se han de enseñar. Es hora, pues, de que el trabajo en equipo y la cooperación sean objeto de una enseñanza sistemática y debidamente planificada a lo largo de la escolaridad. Necesitamos técnicas y estrategias apropiadas para enseñar esta habilidad, de la misma manera que disponemos de técnicas y estrategias especialmente pensadas para enseñar a los alumnos a leer y a escribir, o para cualquier otra habilidad necesaria para participar activamente en la sociedad. El uso continuado, persistente y sistemático de estas técnicas —que será necesario ir puliendo a medida que se vayan aplicando— ha de contribuir a que los alumnos, en la escuela, también aprendan a cooperar y a trabajar en equipo.

El objetivo de este capítulo es presentar diversas técnicas, algunas de ellas adaptadas a nuestro entorno educativo, que se han experimentado en diferentes centros de primaria y de secundaria, y que nos pueden facilitar la enseñanza de estas habilidades para trabajar en equipo.

Adaptación de la técnica TAI («Team Assisted Individualization»)

La técnica conocida con las siglas TAI («Team Assisted Individualization») fue desarrollada en 1984 por Robert Slavin y sus colaboradores de la Universidad John Hopkins. El TAI combina la enseñanza individualizada con el trabajo en equipo para enseñar matemáticas, y comprende los siguientes contenidos: la suma, la resta, la multiplicación, la división, la numeración, los decimales, las fracciones, los problemas, la estadística y el álgebra. Los alumnos trabajan juntos en grupos heterogéneos a fin de ayudarse los unos a los otros, para controlarse los exámenes y las tareas, y para revisar las puntuaciones del equipo, pero cada uno sigue unos materiales ajustados a su nivel de habilidad en matemáticas (Putnam, 1993).

Como en las otras técnicas de aprendizaje cooperativo, los objetivos de los miembros del equipo están interrelacionados. El objetivo de cada alumno es doble: aprender lo que el profesor le enseña y asegurarse de que los compañeros de equipo también aprenden lo que el profesor les enseña. A diferencia de otra técnica que veremos en este mismo capítulo —la que se conoce con las siglas TGT— en el TAI no hay competición de ninguna clase, ni intergrupal ni, evidentemente, interindividual. La principal característica radica en el hecho de que la tarea de aprendizaje común se estructura en programas individualizados o, mejor dicho, personalizados (en el sentido de *ajustados* o *adecuados* a sus características personales) para los diferentes miembros del equipo.

En estos equipos —formados por un máximo de cinco miembros y siempre heterogéneos— los alumnos se responsabilizan de ayudarse unos a otros para alcanzar los objetivos personales de cada componente. De esta manera se intenta respetar el ritmo y el nivel de aprendizaje de cada alumno sin renunciar a los beneficios del trabajo en grupo. Cooperación e individualización se conjugan en un intento de superar las posibles deficiencias de cada uno de estos enfoques por separado (Parrilla, 1992).

En nuestras experiencias de aprendizaje cooperativo en el aula hemos adoptado esta técnica como estructura de aprendizaje básica, que se puede combinar con la aplicación simultánea de otras técnicas. El esquema general que seguimos en la adaptación de esta técnica en la enseñanza de los contenidos de cualquier área (no sólo de la de matemáticas) es el siguiente:

- El grupo-clase ya está dividido en un determinado número de *equipos de base.*
- En el comienzo de cada tema el profesor hace una presentación general a todo el grupo-clase de los contenidos a trabajar y de lo que espera conseguir (objetivos didácticos). Todos los alumnos trabajarán sobre los mismos contenidos, pero a diferentes niveles, en función de las habilidades de cada uno. Generalmente, los materiales se pueden trabajar a tres niveles: normal, medio y alto. Se deben indicar los objetivos mínimos que tienen que haberse alcanzado para aprobar, los que se necesitan para obtener un notable y los que se han de conseguir para llegar a un excelente. Y, si es necesario, se puede establecer otro nivel más singular para un alumno determinado que lo necesite.
- Al inicio del tema, después de la presentación general, se concreta el *Plan de Trabajo Personalizado* para cada alumno del equipo, tanto de objetivos didácticos como de actividades (figuras 8 y 9). De esta manera, todos los alumnos trabajan sobre los mismos contenidos del área en la que se aplica esta técnica, pero no necesariamente todos han de hacer exactamente lo mismo. Cada alumno tiene claro adónde ha de llegar (objetivos) y qué tiene que hacer para llegar (actividades) y se ha de responsabilizar de sacar adelante el propio Plan de Trabajo y de ayudar para que sus compañeros hagan lo mismo con los suyos.
- Cada alumno trabaja en equipo sobre el propio Plan de Trabajo, pide ayuda si la necesita y la ofrece si la solicitan.
- De vez en cuando, en el equipo los alumnos controlan el progreso de cada uno en relación con los objetivos didácticos del Plan de Trabajo —en qué nivel están los objetivos después de haber trabajado algunos días sobre los contenidos de la unidad didáctica— y qué actividades ya han llevado a cabo, cuáles ya han sido supervisadas por el profesor y cuáles tienen que hacer todavía. Pueden ver si se les ha atrasado el trabajo o si van bien de tiempo... Es decir, actualizan y ponen al

día el propio *Plan de Trabajo Personalizado de Objetivos y de Actividades* (véanse las figuras 8 y 9).

– De vez en cuando, el profesor —si lo cree conveniente o necesario— puede coger aparte, dentro de la misma aula, a los alumnos que trabajan el material de un nivel determinado para darles explicaciones complementarias, orientarlos en las actividades de aprendizaje, resolver cuestiones que se le planteen, etc. Mientras tanto, en los equipos, los otros miembros continúan trabajando en el propio Plan de Trabajo Personalizado, o bien también pueden formar un *equipo* (*de trabajo*) *esporádico* con compañeros de otros equipos que trabajen el mismo nivel y hacer las actividades que les propone el profesor.

– Paralelamente, cada equipo, además, establece el propio *Plan del Equipo*, tal como he explicado más arriba en la página 128 (véase la figura 6), con la especificación de los objetivos propios del equipo y los compromisos personales que cada uno ha adquirido para mejorar el funcionamiento de su equipo y así aprender cada vez más a trabajar en equipo.

– Si simultáneamente con lo que está trabajando cada uno de acuerdo con el propio Plan de Trabajo, el equipo tiene entre manos un *Proyecto de Equipo* (siguiendo, pongamos por caso, la técnica del GI, que veremos más adelante: puede ser, por ejemplo, que, además de las actividades individuales que hace cada alumno en su cuaderno, el equipo tenga que hacer un trabajo escrito o una presentación oral, etc.), también, de vez en cuando, repasa los compromisos que ha tomado cada uno en relación con este trabajo (véase la figura 13).

– La calificación final de cada alumno viene determinada por la puntuación que el profesor haya dado a sus producciones individuales (en el cuaderno o en una prueba individual) en relación con los objetivos que tenía fijados en el propio Plan de Trabajo y por la calificación obtenida —si es el caso— en el Proyecto de Equipo (trabajo escrito, presentación oral, etc.). A esta calificación se le añade una puntuación adicional (por ejemplo, medio punto o un punto) si el equipo ha obtenido, con el visto bueno del profesor, una valoración final positiva en su *Plan del Equipo* (véase la figura 7).

– Para obtener una puntuación individual positiva el alumno tiene que haber mejorado significativamente las habilidades, en relación con lo que sabía y sabía hacer al comienzo de la secuencia de aprendizaje. Por esto, de alguna manera ha de quedar registrado el nivel de cada alumno al comienzo y al final de la secuencia.

– Para que todo el equipo obtenga una calificación positiva al final de un período determinado —hecho que supondrá para cada miembro del equipo una puntuación adicional— se tendrán que haber alcanzado de forma significativa los objetivos del equipo, así como los compromisos personales especificados en el Plan del Equipo para ese período en concreto.

– Por tanto, sea para elaborar el Plan del Equipo, sea para revisarlo, los equipos de base han de disponer de tiempo para reflexionar y revisar su funcionamiento, tal como se ha explicado en las páginas 128 y ss.

Esta técnica se puede compaginar con otras. El Plan de Trabajo personalizado de cada alumno, y el «control» que ejerce el equipo de base sobre este Plan de Trabajo y el seguimiento que lleva a cabo son compatibles con otras técnicas, que se explicarán en este mismo capítulo; simultáneamente los alumnos pueden estar trabajando, por ejemplo, en un Proyecto de Equipo (siguiendo la técnica de los «Grupos de Investigación» o la técnica «Coop-Coop»), o bien pueden trabajar sobre los contenidos de la unidad utilizando la técnica del «Rompecabezas», o bien se puede utilizar, al final de cada unidad didáctica o más espaciadamente, la técnica conocida con las siglas TGT para incitar a los alumnos a memorizar algunos conocimientos y para que se animen mutuamente a hacerlo.

Ejemplo de aplicación de la técnica TAI adaptada

Pongamos un ejemplo. Imaginémonos que estamos en la clase de tecnología de tercer curso de ESO. Estamos a punto de empezar un crédito común* con el título «Diseño y construcción de objetos», cuyo contenido general se refleja en el cuadro 3.

La primera unidad didáctica —de las cuatro que constituyen este crédito— se titula «Medida de longitudes y grosores». En el cuadro 4 se

---

* En Cataluña, el currículum de la ESO está organizado por *créditos*. Los contenidos de las distintas áreas de conocimiento (lengua, matemáticas, tecnología...) se dividen en un número determinado de créditos, entendiéndose como tales un «paquete» de programación con los contenidos a trabajar durante 35 horas lectivas. Los créditos pueden ser *comunes* u *obligatorios* (referidos a contenidos que deberían ser aprendidos por todos los alumnos) y *variables* u *optativos* (los que los alumnos pueden escoger trimestralmente, según sus aptitudes o necesidades). Los créditos variables pueden ser *ampliación* o *refuerzo* de los contenidos básicos incluidos en los créditos comunes, o de introducción de nuevos contenidos. *(N. de la t.)*

Cuadro 3. Esquema general del crédito «diseño y construcción de objetos»

ÁREA: TECNOLOGÍA
CRÉDITO COMÚN: DISEÑO Y CONSTRUCCIÓN DE OBJETOS

Unidad Didáctica 1: Medida de longitudes y grosores
    1.1. Uso del pie de rey
    1.2. Uso del pálmer
    1.3. Error absoluto y error relativo

Unidad Didáctica 2: Nociones de dibujo técnico para la representación de objetos
    2.1, El dibujo técnico
    2.2. Vistas de un objeto
    2.3. Tipos de líneas
    2.4. Hacer croquis y acotar
    2.5. Dibujar a escala

Unidad Didáctica 3: Los materiales
    3.1. Los materiales
    3.2. Propiedades físicas
    3.3. Propiedades mecánicas

Unidad Didáctica 4: Fabricación industrial de objetos. Las operaciones básicas del trabajo de la madera. Las herramientas y las máquinas
    4.1. Fabricación industrial
    4.2. Las industrias de la madera
    4.3. Las operaciones básicas en el trabajo de la madera. Las herramientas
        y las máquinas
    4.4. Construcción de un objeto de madera

---

incluyen los contenidos que se trabajarán en esta unidad didáctica y los objetivos didácticos que se prevé que los alumnos hayan alcanzado al finalizarla. Y en el cuadro 5 se muestran las actividades de aprendizaje previstas, relacionadas con el apartado 1 de la primera unidad, titulado «Utilización del pie de rey».

Para la mayoría de los alumnos, el Plan de Trabajo —que podríamos denominar como la Base Curricular Común— tendría que incluir, en este caso, la relación de los objetivos didácticos (OD), por un lado, y la relación de las actividades de aprendizaje, por otro. Un formulario para este Plan de Trabajo es el de las figuras 8 y 9, que el profesor facilita a los alumnos al comenzar una unidad.

En la figura 8 se representa el *Plan de Trabajo Personalizado: Objetivos* de un alumno llamado Juan, correspondiente a la primera unidad didáctica del crédito «Diseño y construcción de objetos» del área de Tecnología. En este caso, el único signo de personalización es que para

Cuadro 4. Contenidos y objetivos didácticos de la unidad didáctica

---

ÁREA: TECNOLOGÍA
CRÉDITO COMÚN: DISEÑO Y CONSTRUCCIÓN DE OBJETOS

Unidad Didáctica 1: Medida de longitudes y grosores.

En esta unidad didáctica los contenidos que se trabajarán son los siguientes:

a) El principio matemático del nonio
b) Instrumentos para hacer medidas de precisión: el pie de rey y el pálmer
c) Toma de medidas con la cinta métrica
d) Toma de medidas con instrumentos de precisión: uso del pie de rey y del pálmer
e) Error absoluto y error relativo
f) Cuidado del material y mantenimiento de las instalaciones

Al acabar la unidad, los alumnos tienen que ser capaces de:

1. Explicar qué es un pie de rey y cómo funciona
2. Explicar qué es un pálmer y cómo funciona
3. Explicar el principio matemático del nonio
4. Comparar la utilidad del pie de rey y del pálmer con la utilidad de la cinta métrica
5. Saber qué es el error relativo y el error absoluto
6. Tomar medidas con la cinta métrica
7. Tomar medidas con el pie de rey
8. Tomar medidas con el pálmer
9. Calcular el error relativo y el error absoluto
10. Cuidar los instrumentos de medida utilizados

Juan no se ha dado prioridad a los objetivos 3 y 5. Para otro alumno, por ejemplo, se podía haber personalizado su Plan de Trabajo dando sólo prioridad a los OD 6, 7, 8, 9 y 10 (los que tiene un carácter más procedimental y se refieren a actitudes y normas).

En este primer formulario (figura 8), el profesor anota los objetivos didácticos de la unidad. Una vez haya explicado, presentado y ejemplificado, si es necesario, cada uno de los OD para que el alumno se represente con la mayor claridad posible lo que se espera que aprenda a lo largo de la unidad didáctica, el profesor invita a hacer una autoevaluación inicial de cada OD, de acuerdo con la escala de valoración que consta en el mismo formulario.

El total de la columna 1 (la correspondiente a la autoevaluación del alumno al inicio de la unidad didáctica) indica de alguna manera lo que el alumno sabe (o más exactamente, lo que el alumno dice o considera que sabe) al comienzo de la unidad didáctica en relación a los OD. En el caso de la figura 8, el «total» que Juan sabe o dice que sabe al comenzar la unidad es «10».

Cuadro 5. Actividades de aprendizaje

ÁREA: TECNOLOGÍA

CRÉDITO: DISEÑO Y CONSTRUCCIÓN DE OBJETOS

Unidad Didáctica 1: Medida de longitudes y grosores

1.1. Uso del pie de rey

1. Determina con la cinta métrica —en centímetros y con una precisión de milímetro— las medidas que puedas (grosores, largos, diámetros exteriores, diámetros interiores y fondos) del objeto que te facilitará el profesor, representado en la figura 1. Determina ahora las mismas medidas con el pie de rey, en milímetros y con una precisión de décimas de milímetro.

    Elabora una tabla de doble entrada y consigna en ella los datos que has obtenido, las medidas en centímetros (tomadas con la cinta métrica) y las medidas en milímetros (tomadas con el pie de rey).

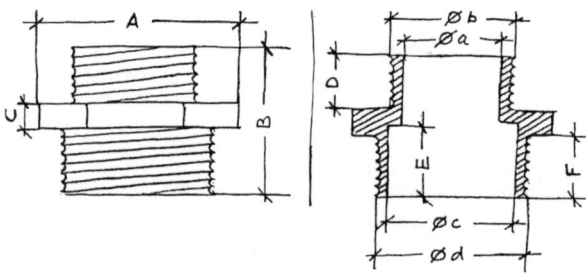

Figura 1

2. Responde a las siguientes preguntas:
    a) ¿Qué conclusiones sacas de la diferencia de valores obtenidos con la cinta métrica y los obtenidos con el pie de rey?
    b) ¿En qué casos te ha resultado muy difícil tomar la medida con la cinta métrica?
    c) ¿En qué casos sólo has podido utilizar el pie de rey?
    d) ¿Para qué medidas es especialmente indicado el uso del pie de rey?

3. Haz un resumen del apartado 1 del tema 1 (Uso del pie de rey), explicando qué es y para qué sirve y para qué medidas es especialmente indicado este instrumento de medida.

1.2. Uso del pálmer
    (Etc.)

Algunos profesores presentan por separado la lista de objetivos, los comentan con los alumnos, y juntos descubren cuáles se refieren a contenidos conceptuales, procedimentales o actitudinales (como una manera de representárselos mejor). Hecho esto, invitan a los alumnos a escribir a su manera, con sus propias palabras, en el formulario de la

Figura 8

PLAN DE TRABAJO PERSONALIZADO: OBJETIVOS ·			
Nombre: **JUAN**		Curso: **3A** Grupo: **ASTERIX**	
Área: **TECNOLOGÍA**		Período: **DEL 8 AL 26 DE ABRIL**	

Crédito: **DISEÑO Y CONSTRUCCIÓN DE OBJETOS**

0 = no lo sé 1 = lo sé un poco 2 = lo sé bastante bien 3 = lo sé muy bien **Objetivos priorizados**	AL INICIO DE LA UNIDAD	AL FINAL DE LA UNIDAD	VALORACIÓN FINAL DEL PROFESOR
1. Explicar qué es un pie de rey y cómo funciona	1	2	3
2. Explicar qué es un pálmer y cómo funciona	0	2	3
3. Explicar el principio matemático del nonio	0	1	1
4. Comparar la utilidad del pie de rey y del pálmer con la utilidad de la cinta métrica	1	2	3
5. Saber qué es el error relativo y el error absoluto	1	2	3
6. Tomar medidas con la cinta métrica	3	3	3
7. Tomar medidas con el pie de rey	1	3	3
8. Tomar medidas con el pálmer	0	3	2
9. Calcular el error relativo y el error absoluto	1	3	3
10. Cuidar los instrumentos de medida utilizados	2	3	2
Total	10	24	26

figura 8, los objetivos que se proponen alcanzar a lo largo de la unidad didáctica. Otros profesores proponen a los alumnos que, a partir del libro de texto, descubran qué objetivos están implícitos en la unidad didáctica que empezarán a trabajar, los comenten con los compañeros de equipo y después con todo el grupo-clase, y finalmente los redacten «a su manera» en el formulario de la figura 8.

Al final de la unidad didáctica, el alumno hará otra autoevaluación de los OD que ha ido trabajando y así —comparando la evaluación inicial (primera columna del formulario) y la evaluación final (segunda

Figura 9

PLAN DE TRABAJO PERSONALIZADO: OBJETIVOS

Nombre: **JUAN**	Curso: **3A**	Grupo: **ASTERIX**

Área: **TECNOLOGÍA**	Período: **DEL 8 AL 26 DE ABRIL**

Crédito: **DISEÑO Y CONSTRUCCIÓN DE OBJETOS**

■	Actividad priorizada	�	Actividad realizada por el alumno	⊠	Actividad revisada por el profesor

Actividades		Para trabajar los objetivos
1.	Determina con la cinta métrica —en cm y con una precisión de mm— las medidas que puedas del objeto que te facilitará el profesor, representado en la figura 1.	4, 6, 7
2.	Determina las mismas medidas con el pie de rey, en milímetros y con una precisión de décimas de milímetro.	4, 6, 7
3.	Elabora una tabla de doble entrada y consigna en ella los datos que has obtenido, las medidas en cm (tomadas con la cinta métrica) y las medidas obtenidas en mm (tomadas con el pie de rey).	4, 6, 7
4.	a) ¿En qué casos te ha resultado muy difícil medir con la cinta métrica? ¿En qué casos sólo has podido usar el pie de rey?	4, 6, 7
5.	b) ¿Para qué medidas es especialmente indicado el pie de rey?	4, 6, 7
6.	Haz un resumen del apartado 1 del Tema 1, explicando qué es, para qué sirve y para qué medidas es especialmente indicado el pie de rey.	1
7.	Etc.	
8.		
9.		
10.		

columna)— puede «representarse» mejor su progreso y los aprendizajes que ha hecho. En el caso de la figura 8, al final de la unidad el «total» que Juan considera que sabe sobre los objetivos que han trabajado es de «24»: de «10» ha pasado a «24»...

Finalmente, en este mismo formulario el profesor o la profesora puede anotar, en la última columna, la evaluación final del alumno en relación con cada uno de los objetivos, que, evidentemente, puede coincidir, o no, con la autoevaluación final del alumno. En el caso de la figura 8, la profesora de Juan considera que sabe «26» (y no «24» como el mismo alumno consideraba)...

En la segunda hoja —Plan de Trabajo Personalizado: Actividades (figura 9)— el profesor indica las actividades que el alumno debe ir llevando a cabo a lo largo de la unidad didáctica, relacionadas con los objetivos didácticos. Este plan permite señalar qué actividades ha de hacer cada alumno —no todos tienen que hacer necesariamente las mismas— lo cual, junto con la adecuación de los objetivos, permite personalizar el plan de trabajo y ajustarlo a las características de algunos alumnos.

El alumno puede dejar constancia, en la primera columna de este formulario, de las actividades que ya ha hecho y de las que ya han sido supervisadas por el profesor. Esto le permite controlar el trabajo que ya ha realizado y el que todavía le queda por hacer.

En el caso de la figura 9, Juan tiene que hacer todas las actividades señaladas en el Plan, porque la profesora ha considerado que todas son prioritarias, y Juan podrá ir marcando con una raya en diagonal las que ya haya hecho y con otra también en diagonal pero en sentido contrario las que la profesora ya haya supervisado y dado por buenas.

En este formulario también se podrían hacer constar actividades propuestas por los mismos alumnos —por ejemplo, los que ya han acabado las actividades inicialmente previstas—, bien sean de ampliación, o bien de consolidación de los aprendizajes hechos en la unidad didáctica.

De esta manera las actividades de aprendizaje pasan a ser muy flexibles: en principio, todos los alumnos trabajan sobre los mismos contenidos, pero no todos hacen las mismas actividades, ni tampoco la misma cantidad de ellas.

Personalización de la Base Curricular Común para un alumno más singular

Adecuación de los contenidos y de los objetivos didácticos

Imaginémonos ahora que en el grupo-clase hay un alumno —Tomás— con necesidades educativas especiales, que tiene importantes dificultades de aprendizaje. Supongamos que se trata de un chico para el que se han de ir reforzando los aprendizajes básicos de lectura, comprensión lectora, expresión escrita, ortografía, cálculo con números naturales y decimales (algoritmos de la suma, la resta, la multiplicación

Tabla 6. Adecuación de los contenidos

Contenidos de la base curricular común	Contenidos adecuados para un alumno concreto
a) El principio matemático del nonio	a) *Instrumentos para medir longitudes: la regla y la cinta métrica*
b) Instrumentos para hacer medidas de precisión: el pie de rey y el pálmer	b) Instrumentos para hacer medidas de precisión: el pie de rey y el pálmer
c) Toma de medidas con la cinta métrica	c) Toma de medidas con la cinta métrica
d) Toma de medidas con instrumentos de precisión: uso del pie de rey y uso del pálmer	d) Toma de medidas con instrumentos de precisión: uso del pie de rey y uso del pálmer
e) Error absoluto y error relativo	e) *Cálculo con números naturales y números decimales*
f) Cuidado del material y mantenimiento de las instalaciones	f) Cuidado del material y mantenimiento de las instalaciones

y la división), resolución de problemas sencillos de una o dos operaciones, etc. Además de todo esto, supongamos también que se trata de un chico al que hay que ayudar para que se valore y lo valoren, a tener una autoimagen positiva, a elevar su autoestima... Igualmente supongamos que es importante que los compañeros comprendan sus dificultades, acepten sus diferencias, valoren otros aspectos —tanto o más importantes— en los que posiblemente destaca o puede destacar, lo ayuden, lo animen y lo alienten a progresar en su aprendizaje y a autosuperarse, de la misma manera como ellos mismos tienen que progresar en el suyo propio y en su autosuperación...

Para Tomás, la profesora —ayudada o asesorada si es necesario por algún especialista, que previamente habrá hecho una evaluación psicopedagógica[6] de este alumno— puede adecuar los contenidos y los objetivos didácticos previstos inicialmente para todos los alumnos a sus características singulares. Puede *personalizar* para Tomás un poco más la Base Curricular Común. Todos los alumnos trabajan fundamen-

6. Precisamente, la finalidad de la evaluación psicopedagógica entendida desde un modelo fundamentalmente educativo, es identificar y analizar las necesidades educativas de un determinado alumno para fundamentar la posterior respuesta educativa, cuanto más adecuada mejor, a estas necesidades. No se trata de decir qué le pasa a un alumno que no aprende, sino más bien de determinar qué debemos enseñarle y cómo, para que aprenda al máximo de sus posibilidades.

Tabla 7. Adecuación de los objetivos didácticos

Objetivos de la base curricular común	Objetivos adecuados para un alumno concreto
1. Explicar qué es un pie de rey y cómo funciona	1. *Identificar un pie de rey y saber utilizarlo*
2. Explicar qué es un pálmer y cómo funciona	2. *Identificar un pálmer y saber utilizarlo*
3. Explicar el principio matemático del nonio	3. *Explicar qué es y para qué sirve una cinta métrica*
4. Comparar la utilidad del pie de rey y del pálmer con la utilidad de la cinta métrica	4. *Explicar alguna ventaja del pie de rey y del pálmer comparados con la cinta métrica*
5. Saber qué es el error relativo y el error absoluto	5. *Apreciar la importancia o gravedad de algunos errores en el cálculo de medidas, comparados con otros*
6. Tomar medidas con la cinta métrica	6. Tomar medidas con la cinta métrica
7. Tomar medidas con el pie de rey	7. Tomar medidas con el pie de rey *con una precisión de milímetro (sin precisar las décimas de milímetro)*
8. Tomar medidas con el pálmer	8. Tomar medidas con el pálmer *con una precisión de milímetro (sin precisar las centésimas de milímetro)*
9. Calcular el error relativo y el error absoluto	9. *Hacer cálculos (sumas, restas, multiplicaciones y divisiones) con medidas de longitud*
10. Cuidar los instrumentos de medida utilizados	10. Cuidar los instrumentos de medida utilizados

talmente sobre los mismos contenidos, aunque no todos se tienen que proponer necesariamente los mismos objetivos.

En este caso, por ejemplo, la profesora podría adecuar los contenidos tal como se indica en la tabla 6:

De la tabla 6 se desprende que este alumno prácticamente trabajaría los mismos contenidos: los contenidos *b*, *c*, *d* y *f* coinciden con los de la Base Curricular Común. El único cambio que se ha hecho es que se han quitado los contenidos *a* y *e* de la BCC («El principio matemático del nonio» y «Error absoluto y error relativo») y se han añadido dos contenidos propios de niveles anteriores: «Instrumentos para medir longitudes: la regla y la cinta métrica» y «Cálculo con números naturales y números decimales».

No obstante, los contenidos que no se han adecuado —en este caso, el *b*, el *c*, el *d* y el *f*— no necesariamente se tienen que trabajar al mismo nivel: los objetivos didácticos matizarán el tipo y el grado de aprendizaje que el alumno para el que se ha hecho la adecuación tendrá que hacer en relación con estos contenidos de la unidad. Por este motivo, además de los contenidos, también hay que adecuar los objetivos didácticos. De esta manera, todos los alumnos del grupo clase trabajan, en la práctica, sobre los mismos contenidos, cada uno según sus posibilidades.

Así pues, los objetivos de la Base Curricular Común (tal como constan en el formulario de la figura 8), para Tomás (que, no lo olvidemos, tiene necesidades educativas especiales e importantes dificultades de aprendizaje), se podrían adecuar de la manera como consta en la tabla 7. A este alumno se le daría el mismo formulario que a los otros, pero con los objetivos adecuados y priorizados tal como se muestra en la figura 10.

Como se puede comprobar en la tabla 7, después de la adecuación de los objetivos:

– Algunos objetivos son idénticos (como los números 6 y 10).
– Otros se han ajustado (como los números 1 y 2).
– Se ha quitado un objetivo (el 3 de la primera columna) y se ha añadido otro nuevo (el 3 de la segunda columna).
– Se han concretado más algunos objetivos (el 7 y el 8).
– Se han sustituido algunos objetivos (el 5 y el 9), a pesar de que los de la segunda columna están en cierta manera relacionados con los de la primera.

Además de adecuar algunos objetivos para Tomás, la profesora también puede señalar los objetivos que son más prioritarios para él —por ejemplo, los objetivos 1, 2, 3, 6, 9 y 10, como se muestra en el formulario de la figura 10—, es decir, aquellos sobre los que deberá poner más atención al principio o los que podrá dominar más fácilmente y que seguramente le darán confianza para afrontar con más garantías de éxito otros objetivos más complejos.

De todas maneras, no olvidemos que detrás de esos objetivos didácticos hay otros implícitos que son mucho más fundamentales y que son los que preocupan, en última instancia, al profesorado de este alumno en concreto: que progrese en la lectura, en la comprensión lectora, en la escritura, en el cálculo con números naturales y decimales, en la resolu-

Figura 10

PLAN DE TRABAJO PERSONALIZADO: OBJETIVOS			
Nombre: **TOMÁS**		Curso: **3A** Grupo: **ASTERIX**	
Área: **TECNOLOGÍA**		Período: **DEL 8 AL 26 DE ABRIL**	
Crédito: **DISEÑO Y CONSTRUCCIÓN DE OBJETOS**			

0 = no lo sé 1 = lo sé un poco 2 = lo sé bastante bien 3 = lo sé muy bien **Objetivos priorizados**	AL INICIO DE LA UNIDAD	AL FINAL DE LA UNIDAD	VALORACIÓN FINAL DEL PROFESOR
1. Identificar qué es un pie de rey y saber utilizarlo	0	3	3
2. Identificar un pálmer y saber utilizarlo	0	3	3
3. Explicar qué es y para qué sirve una cinta métrica	2	2	3
4. Explicar alguna ventaja del pie de rey y del pálmer comparados con la cinta métrica	0	1	2
5. Apreciar la importancia o la gravedad de algunos errores en el cálculo de medidas, comparados con otros	0	1	0
6. Tomar medidas con la cinta métrica	1	2	3
7. Tomar medidas con el pie de rey con una precisión de milímetro	0	2	2
8. Tomar medidas con el pálmer con una precisión de milímetro	0	2	1
9. Hacer cálculos (sumas, restas, multiplicaciones y divisiones) con medidas de longitud	2	2	3
10. Cuidar los instrumentos de medida utilizados	2	2	3
Total	7	20	23

ción de problemas, etc., y que, además, eleve su autoestima y se sienta valorado y respetado.

De esta manera —adecuando algunos objetivos, quitando y añadiendo otros si conviene, y dando prioridad a algunos— se personaliza el Plan de Trabajo, es decir, se ajusta a las características, necesidades y capacidades de los diversos alumnos de una clase.

Con la intención de mostrar con más claridad la adecuación de la Base Curricular Común he diferenciado, en este subapartado, la adecuación de los contenidos y la adecuación de los objetivos didácticos. No obstante, en la práctica basta con que se trabaje con los objetivos didácticos. De hecho, si observamos en la tabla 7 los objetivos didácticos adecuados, fácilmente reconoceremos implícitamente los contenidos adecuados de la tabla 6. Por tanto, el proceso de adecuación de la BCC para un alumno determinado se ha de centrar, fundamentalmente, en los objetivos —de manera que sean alcanzables por parte de este alumno, pero sin dejar de referirse a los contenidos sobre los que trabaja toda la clase— y en las actividades de aprendizaje (como veremos en el subapartado siguiente) —de manera que sean realizables por el alumno en cuestión y que al mismo tiempo se refieran a los contenidos que trabajan los otros alumnos—. Es muy importante que los alumnos para quienes se adecua lo que el profesor ha preparado para la clase en general no acaben haciendo —o trabajando sobre— cosas muy diferenciadas de lo que hacen el resto de compañeros. Resulta fácil imaginarse cómo se sentiría el alumno para el que hemos adecuado los objetivos comunes y las actividades que hacen sus compañeros si le propusiéramos objetivos y actividades completamente diferenciados.

Adecuación de las actividades de aprendizaje

De la misma manera como se han adecuado los contenidos y los objetivos para un alumno con necesidades educativas especiales y con importantes dificultades de aprendizaje (para Tomás, en nuestro ejemplo), también se le tendrán que adecuar las actividades de aprendizaje previstas en la Base Curricular Común (véase, en este caso, las que se incluyen en el cuadro 5), o bien se le tendrá que ofrecer la ayuda y el apoyo necesarios para que las pueda llevar a cabo.

Continuando con el ejemplo, si tenemos en cuenta que Tomás forma parte de un equipo de aprendizaje cooperativo, de un *equipo de base* —en el que los alumnos que lo componen trabajan juntos sobre los mismos contenidos, aunque sus respectivos Planes de Trabajo, tanto de objetivos como de actividades, puedan tener algunas diferencias más o menos acentuadas— con la ayuda de sus compañeros este alumno seguramente podrá hacer la actividad 1 del cuadro 5, para la que se tiene que utilizar la cinta métrica y el pie de rey. En el caso del pie de rey, bastará —según el objetivo número 7 adecuado para él— con que sea capaz de tomar las medidas indicadas con una precisión de milímetro

Figura 11

PLAN DE TRABAJO PERSONALIZADO: OBJETIVOS

Nombre: **TOMÁS**	Curso: **3A**	Grupo: **ASTERIX**

Área: **TECNOLOGÍA**	Período: **DEL 8 AL 26 DE ABRIL**

Crédito: **DISEÑO Y CONSTRUCCIÓN DE OBJETOS**

	Actividad priorizada		Actividad realizada por el alumno		Actividad revisada por el profesor

Actividades	Para trabajar los objetivos
1.	Determina con la cinta métrica —en cm y con una precisión de mm— las medidas que puedas del objeto que te facilitará el profesor, representado en la figura 1.	4, 6, 7
2.	Determina las mismas medidas con el pie de rey, en milímetros y con una precisión de décimas de milímetro.	4, 6, 7
3.	Elabora una tabla de doble entrada y consigna en ella los datos que has obtenido, las medidas en cm (tomadas con la cinta métrica) y las medidas obtenidas en mm (tomadas con el pie de rey).	4, 6, 7
4.	a) En qué casos te ha resultado muy difícil medir con la cinta métrica? ¿En qué casos sólo has podido usar el pie de rey?	4, 6, 7
5.	b) Para qué medidas es especialmente indicado el pie de rey?	4, 6, 7
6.	Haz un resumen del apartado 1 del Tema 1, explicando qué es, para qué sirve y para qué medidas es especialmente indicado el pie de rey.	1
7.	Etc.	
8.		
9.		
10.		

(sin precisar las décimas de milímetro). Los compañeros, seguramente, lo tendrán que ayudar a interpretar la figura 1 del cuadro 5 y a identificar, en el objeto real que el profesor les habrá facilitado para que tomen las medidas, las distancias que debe medir. Igualmente, con la ayuda de los compañeros seguramente no tendrá ningún problema para construir la tabla en la que ha de ir anotando las medidas que va tomado.

Por lo que se refiere a la actividad 2 (del cuadro 5), Tomás seguramente podrá responder sin ningún tipo de ayuda a las preguntas *b*, *c* y *d*.

En cambio, en lo que respecta a la actividad 3 (del cuadro 5), podemos suponer que será necesario adecuarla para Tomás. Por ejemplo, suponiendo que tenga especiales dificultades para entender un texto y hacer un resumen escrito de éste, en vez de resumir todo el apartado 1.1 del tema 1 podría dibujar un pie de rey y explicar por escrito solamente para qué sirve.

Por tanto, el formulario del «*Plan de Trabajo: Actividades*» para Tomás podría ser como el de la figura 11.

Para Tomás (que, recordémoslo, tiene dificultades importantes de aprendizaje), estas actividades están relacionadas, evidentemente, con los contenidos y los objetivos didácticos que trabaja toda la clase, pero al mismo tiempo —y esto es fundamental— están directamente relacionadas con los objetivos implícitos o más «ocultos» sobre los que se tiene que centrar de manera prioritaria la atención del profesorado en relación con este alumno: que progrese en los aprendizajes básicos relacionados con la lectura, la comprensión lectora, la escritura, los cálculos básicos, la resolución de problemas, etc., y que eleve su autoestima, que se valore y se sienta valorado y aceptado... Todo esto, y no tanto el hecho de utilizar el pie de rey, es lo que ha de preocupar más a la profesora de Tomás. Pero difícilmente lo conseguirá si Tomás no hace básicamente lo mismo que hacen sus compañeros; en este caso, si no se le da la oportunidad, como a los otros, de utilizar el pie de rey. Si esto es así, fácilmente se puede intuir que este hipotético alumno con importantes dificultades de aprendizaje se sentirá mucho más valorado dentro de su equipo y dentro del grupo-clase haciendo esto que si hiciera actividades de aprendizaje completamente diferenciadas.

Esta es una cuestión crítica: los alumnos de un grupo han de tener muy presente que no todo el mundo es igual, que no todo el mundo tiene las mismas capacidades, habilidades e intereses... Por tanto, también tienen que entender que no se puede pedir lo mismo a todo el mundo, ni que todo el mundo lo haga con el mismo ritmo, ni de la misma manera... Esto es algo que, por regla general, los alumnos —y los profesores— ven muy claro en el área de educación física: todo el mundo entiende que no todos los alumnos han de saltar la misma longitud o la misma altura, o tienen que correr los cien metros con la misma marca... Y hasta se entiende que algún alumno, menos capacitado para el deporte y el ejercicio físico que otro, que se esfuerza mucho y que ha progresado ostensiblemente en su aprendizaje, obtenga mejor calificación que otro más capacitado, pero que, aunque ha obtenido mejores resultados que el primero, se ha esforzado y ha progresado menos en su aprendizaje. ¿Por qué, pues, no se acepta con la misma facilidad esto mismo, tanto por parte de los alumnos como de los profesores, en las otras áreas de conocimiento, como la lengua, las matemáticas, las ciencias sociales, etc.?

Volvamos a nuestro ejemplo de aplicación de la técnica TAI adaptada.

De vez en cuando, siempre que lo considere necesario o conveniente, la profesora de tecnología podría juntarse en la misma aula con Tomás y con los alumnos de otros equipos que también tuvieran problemas importantes de aprendizaje (suponiendo que los haya) para explicarles algo, para ver cómo resuelven los problemas y en qué se paran más, para corregir los errores que cometen con más frecuencia, etc. Mientras tanto, los otros podrían continuar trabajando en sus equipos, cada uno siguiendo con su propio Plan de Trabajo.

Otra posibilidad es que los alumnos no trabajen en equipos de base, sino en equipos esporádicos, agrupados de forma homogénea por su nivel de competencia, con un material adecuado a sus posibilidades. La profesora podría estar durante una sesión con un equipo, y durante otra con otro, para ayudarlos de una manera más específica; mientras, los equipos que no contaran con la presencia de la profesora durante la sesión trabajarían de forma autónoma, en equipo, el material específico que se les habría facilitado.

Como puede verse, esta estrategia supone que los alumnos tengan más autonomía —tienen que saber qué han de hacer y cómo— para que el profesorado pueda atender mejor a los que, de entrada, son menos autónomos. Esto requiere —y esta es una característica esencial de la técnica TAI original— disponer de abundante material de autoinstrucción (con indicaciones claras para los alumnos sobre qué han de hacer y cómo) y autocorregible (para que puedan saber si lo han hecho bien, o no), para facilitar al máximo el trabajo autónomo del alumnado.

Por otra parte, cada equipo de base tiene su propio *Plan del Equipo*, en el que habrán consignado los objetivos específicos del equipo y los compromisos personales adquiridos por cada miembro para mejorar su funcionamiento.

Al acabar la unidad didáctica, la profesora valorará, por un lado, el progreso que ha hecho cada alumno en relación con lo que sabía al iniciarla y, por otro, los resultados del Plan del Equipo. En lo que se refiere al primer aspecto, la profesora comparará la suma total de la primera columna del *Plan de Trabajo Personalizado*: *Objetivos* de cada alumno y la suma total de la tercera columna para comprobar hasta qué punto el alumno habrá progresado significativamente. En el caso que nos ocupa, Juan ha pasado de 10 a 26 puntos, y Tomás, de 7 a 23. En lo referente al segundo aspecto, si la valoración final del Plan del Equipo es positiva, la profesora añadirá 0,5 puntos a la calificación individual de cada miembro del equipo, y si es muy positiva, 1 punto. En caso de que fuera negativa, no añadiría nada.

Esto último —la puntuación adicional— no se debe interpretar simplemente como un premio, sino como el reconocimiento de un aprendizaje que también han hecho o en el que han progresado. Efectivamente, si trabajar en equipo es un contenido más que han de aprender, es lógico que si han trabajado mejor en equipo y han progresado en este aprendizaje se les reconozca y por tanto tenga repercusión en la calificación final individual. Si además de utilizar el pie de rey y el pálmer, y de calcular el error relativo y el error absoluto, han aprendido un poco más a trabajar en equipo, es lógico que tengan mejor nota que si sólo hubieran aprendido una cosa y no la otra. La recompensa justa y la satisfacción de haberse superado personalmente y en el seno del equipo ha de mover a los miembros de un equipo a cooperar y a ayudarse para aprender no sólo los contenidos de la unidad didáctica correspondiente, sino también a trabajar cada vez mejor en equipo, como un contenido más, igualmente importante y fundamental que también deben aprender.

La Tutoría entre Iguales («Peer Tutoring»)

La *Tutoría entre Iguales* («Peer Tutoring») también se puede considerar una estrategia o una técnica de aprendizaje cooperativo porque se establece una relación cooperativa; no obstante, esta relación no se da en un grupo reducido y heterogéneo, sino entre parejas de alumnos de un mismo grupo-clase, o de otro diferente: en ella un alumno enseña a otro y entre ambos se establece una relación didáctica. Los participantes suelen ser dos compañeros de la misma clase y edad, y uno de ellos desempeña el papel de tutor y el otro el de alumno. El tutor enseña y el alumno aprende, asesorados por el profesor (Parrilla, 1992).

Esta estrategia fue analizada por Jenkins y Jenkins en 1985, y, como explica Parrilla (1992), estos autores identificaron diferentes fases o momentos en su desarrollo:

– Fase preparatoria, que incluye la negociación sobre los participantes en el programa, así como la selección, valoración y priorización de las necesidades educativas de los alumnos que serán tutorizados.
– Diseño de las sesiones de tutoría (contenidos a trabajar y estructura básica de cada sesión) y del sistema de evaluación.
– Selección y emparejamiento de tutores y alumnos.
– Diseño y desarrollo de un programa para la formación de los tutores, que incluya: información sobre el objetivo de la Tutoría entre Iguales, responsabilidades del tutor, entrenamiento en los procedimientos de evaluación, estructura básica de cada sesión, procedimientos para enseñar las habilidades a los alumnos y habilidades interpersonales.
– Inicio de las sesiones de tutoría bajo la supervisión directa de un profesor en las primeras sesiones.
– Mantenimiento de la implicación de los tutores (por medio de reuniones formales y de contactos informales con los profesores asignados para apoyar y asesorar a los alumnos que hacen de tutores).

Se ha comprobado que, para que las sesiones de Tutoría entre Iguales tengan éxito, se han de dar las siguientes condiciones (Parrilla, 1992):

1. Cada sesión ha de ser muy estructurada, por lo que hay que especificar muy claramente los contenidos y los pasos que se han de hacer.
2. El contenido de la tutoría ha de tener continuidad con lo que se trabaja en la clase, es decir, tiene que estar directamente relacionado.
3. Hay que garantizar el aprendizaje de cada contenido y de cada habilidad antes de pasar a las siguientes.
4. Las sesiones han de ser cortas (media hora aproximadamente) y continuadas (para ir bien, diarias).

Una variante de esta técnica *es* la *tutoría entre iguales con los roles invertidos*, en la que el que hace de tutor de otro es un alumno que normalmente recibe ayuda de algún compañero. Ángeles Parrilla (1992) explica una investigación en la que se estudió la incidencia del uso de alumnos con trastornos de aprendizaje y de conducta como tutores de alumnos corrientes más jóvenes. Normalmente, los «tutores» asistían en un aula de educación especial o en un aula de refuerzo. Los «alumnos» eran del grupo de primer grado de la misma escuela. Los resultados de este estudio demostraron que tanto los «tutores» como los «alumnos» obtuvieron puntuaciones significativamente más altas en los tests estandarizados de lectura.

En la línea de esta estrategia me viene a la memoria el caso de Pilar, una chica de 14 años con un retraso de aprendizaje muy importante, que pertenecía al grupo de sexto de educación primaria. Durante la hora del patio y los ratos de después de comer a Pilar le gustaba mucho —y lo hacía de un modo espontáneo— explicar cuentos y enseñar canciones a los más pequeños de la escuela, los párvulos de tres años (le encantaba cantar, a pesar de que desafinaba bastante...). A partir de este hecho se le propuso que durante un rato por la mañana y otro por la tarde fuera a ayudar a la maestra de la clase de párvulos de 3 años para enseñarles a ponerse o quitarse el abrigo y la bata, hábitos que ella tenía plenamente asumidos y podía enseñar perfectamente a los más pequeños de la escuela...

En el Estado español, el profesor Miguel López Melero, de la Universidad de Málaga, aplicó esta misma estrategia con chicos y chicas con síndrome de Down, que ejercieron de tutores de alumnos más pequeños en la enseñanza de la lectoescritura.

Se ha comprobado que la *Tutoría entre Iguales* es una buena estrategia no sólo para el alumno que recibe la tutela, sino también para el que ejerce de tutor. No obstante, como sucede con las demás estrategias, ésta tampoco se puede improvisar. En este sentido, el profesor ha de guiar la relación entre el alumno «tutor» y el alumno «tutorizado», explicando al primero cómo tiene que enseñar al segundo, y al segundo qué puede pedirle al primero.

El Plan de Recuperación Personalizado

En las experiencias de aprendizaje cooperativo que se han llevado a cabo en diferentes centros, se ha utilizado con muy buenos resultados esta estrategia en lo que se denomina el *Plan de Recuperación Personalizado* para un alumno que no ha alcanzado algunos objetivos de una unidad didáctica considerados fundamentales. Por medio de este plan, el profesor ayuda al alumno que tiene que recuperar a determinar qué es lo que todavía no ha aprendido suficientemente, cómo podrá aprenderlo de ahora en adelante (qué puede hacer para aprenderlo) y quién lo puede ayudar a aprenderlo, generalmente un compañero o compañera de la misma clase que le ejerce de «tutor». En este caso se utiliza la *tutoría entre iguales* como estrategia de corregulación del aprendizaje. En la figura 12 se incluye un formulario de *Plan de Recuperación Personalizado*.

Figura 12

PLAN DE RECUPERACIÓN

Nombre: _____. _____ Grupo: _____ Equipo: _____

| Área y crédito: |
| Unidad didáctica: |

| ¿Qué es lo que todavía no he aprendido? |
| |

| ¿Qué me comprometo a hacer para aprenderlo? |
| |

| ¿Quién me puede ayudar a aprenderlo? |

| ¿Cuándo lo revisaremos? |

| Fecha del acuerdo: |

| Firma del alumno | Firma del profesor |

En definitiva, se trata de ayudar a los que han tenido problemas para alcanzar algunos objetivos a que organicen el trabajo que deberán hacer (los «deberes») fuera de la clase y fuera del horario escolar, facilitando así la recuperación.

El Rompecabezas («Jigsaw»)

El Rompecabezas («Jigsaw») es una de las técnicas de aprendizaje cooperativo más conocidas. Fue creada por E. Aronson en 1978 y fue una de las primeras que se experimentaron. El Rompecabezas intenta poner a los alumnos en una situación de interdependencia extrema, creando las condiciones necesarias para que el trabajo de cada miembro del equipo sea absolutamente imprescindible para que el resto de los miembros puedan completar su tarea. Esta técnica es especialmente útil para las áreas de conocimiento en las que los contenidos pueden «fragmentarse» en diferentes partes (por ejemplo, literatura, historia, ciencias de la naturaleza...).

En síntesis, consiste en los siguientes pasos:

– El grupo clase se divide en equipos de base, heterogéneos, de 4 o 5 miembros cada uno.
– El material que se ha de estudiar se divide en tantas partes o subtemas como miembros tiene el equipo, de manera que cada uno de los miembros recibe una parte de la información del tema que están estudiando conjuntamente todos los equipos, y no recibe, en cambio, la que les ha sido facilitada a los otros para preparar su subtema.
– Cada miembro del equipo prepara su parte a partir de la información que le ha facilitado el profesor o de la que él mismo haya podido buscar.
– A continuación se reúne con los miembros de los otros equipos que han trabajado el mismo subtema y forma un «equipo de expertos», en el que se intercambian información, profundizan en ella, construyen esquemas o mapas conceptuales, etc.; es decir, en cuyo seno se especializan y se convierten en *expertos* en su subtema.
– Después, cada uno de ellos vuelve a su equipo de base y se responsabiliza de explicar a los demás la parte que ha preparado en su equipo de expertos. De esta manera todos se necesitan y se ven «obligados» a cooperar, porque cada uno tiene tan sólo una pieza del «rompecabezas» y los compañeros de equipo tienen las otras piezas, todas ellas imprescindibles para culminar con éxito la tarea propuesta: el dominio global de un tema objeto de estudio previamente fragmentado.
– Por tanto, a lo largo del estudio de un tema determinado o de una unidad didáctica se van alternando los equipos de base y los equipos de expertos.

Podemos explicar esta técnica de una manera más gráfica y evidentemente esquemática a partir del siguiente ejemplo (véase la tabla 8): Imaginémonos que estamos en la clase de ciencias de la naturaleza y que estamos estudiando los animales. Concretamente, los alumnos han mostrado su interés por los animales siguientes: 1) los peces; 2) los pájaros; 3) los anfibios, y 4) los mamíferos. Dentro de cada equipo de base —de cuatro miembros cada uno— tiene que haber un alumno que se ha de especializar —hacerse «experto»— en peces; otro, en pájaros; otro, en anfibios, y otro, en mamíferos. Cada uno se reúne primero con los compañeros de los otros equipos que tienen que trabajar el mismo subtema —con los que forma un *equipo de expertos*—, durante una o unas cuantas sesiones de clase, en las que deberán recoger, sintetizar y ordenar las siguientes informaciones sobre los animales que les ha tocado estudiar: *a*) principales características; *b*) cómo se alimentan; *c*) cómo se reproducen, y *d*) cuál es su hábitat. Una vez cada «experto» ha trabajado su subtema vuelve a su equipo de base e intercambia la información —su «pieza» del «rompecabezas»— con los compañeros de equipo que han trabajado los otros subtemas, de manera que entre todos pueden reunir la información completa del tema que están trabajando, pueden llenar de contenido la tabla 8 y pueden completar el «rompecabezas».

El hecho de «intercambiarse» la información en los equipos de base no se debe entender en sentido literal —completar la tabla 8—, como si se tratara de intercambiarse unos cromos, sino que significa transmitir y explicar a los otros lo que cada uno ha estudiado de una manera más concienzuda y de aprender todo entre todos. El objetivo final, efectivamente, es que todos los miembros del equipo hayan aprendido la información básica de cada uno de los animales estudiados, y no sólo la de aquel sobre el que ha trabajado inicialmente en el equipo de expertos.

El grado de dificultad de los equipos de expertos que trabajan los contenidos correspondientes a las filas de la tabla 8 es evidentemente similar. Por tanto, es muy posible que algún «experto» con especiales dificultades de aprendizaje tenga problemas para transmitir a los compañeros del equipo de base la información elaborada en el equipo de expertos. En este caso, el profesor —u otro compañero (entonces habría dos alumnos de un mismo equipo de base «expertos» en un mismo

Tabla 8

	a) Principales características	*b*) Cómo se alimentan	*c*) Cómo se reproducen	*d*) Su hábitat
1. Los peces				
2. Los pájaros				
3. Los anfibios				
4. Los mamíferos				

subtema)— deberá «reforzarlo» para asegurar que la información llegue correctamente al equipo de base.

Si lo que nos interesa en un momento determinado es formar equipos de expertos que trabajen sobre aspectos con diferentes grados de dificultad, se podrían constituir a partir de las columnas de la tabla 8 (no de las filas). En ese caso en cada equipo de base habría un alumno que se especializaría en buscar y sintetizar información sobre las características de los cuatro animales estudiados; otro, sobre cómo se alimentan; otro, sobre cómo se reproducen, y, finalmente, otro, sobre cuál es su hábitat. Si el profesor se lo propone, algunas de estas tareas pueden tener un grado de dificultad inferior sin que por ello dejen de ser tan relevantes como las otras para el conjunto del estudio de los animales. Por ejemplo, los que tienen que concretar el hábitat de cada animal podrían hacerlo por medio de mapas. En el supuesto de que en algún equipo de base hubiera algún alumno con necesidades educativas especiales o con importantes dificultades de aprendizaje, este alumno podría formar parte del equipo de expertos que tuviera que hacer algunas tareas tan relevantes como las restantes, pero que fueran más asequibles a sus posibilidades.

Hay otras ocasiones en las que los equipos de expertos pueden desarrollar tareas con diferente nivel de dificultad. Imaginémonos, por ejemplo, que el equipo de expertos tiene que hacer un experimento de laboratorio que después tendrá que explicar a su equipo de base. Seguramente se pueden programar experimentos de diferente grado de dificultad que se ajusten a las posibilidades y capacidades de un determinado equipo de expertos.

Sea como sea, con equipos de expertos más homogéneos o más heterogéneos en lo que se refiere al nivel de competencias de sus componentes la idea básica siempre es la misma: se incrementa la interdependencia positiva entre los miembros de un equipo de base cuando cada uno de ellos tiene alguna cosa importante —y cuanto más imprescindible mejor— para el resto de los compañeros de equipo. De esta manera se «necesitan» mutuamente y se sienten estimulados a cooperar y a compartir los conocimientos.

Los Grupos de Investigación («Group-Investigation»)

Los *Grupos de Investigación* constituyen una técnica parecida al Rompecabezas, pero más compleja. Esta técnica fue diseñada por S. Sharan y sus colaboradores en 1976. Tal como la describen Gerardo Echeita y Elena Martín (1990), es muy parecida a lo que en nuestro entorno educativo también se conoce como *método de proyectos* o *trabajo por proyectos*.[7]

Esta técnica implica los siguientes pasos:

— *Elección y distribución de los subtemas*. Los alumnos sugieren subtemas específicos dentro de un tema o problema más amplio, generalmente planteado por el profesor en función de la programación. Es decir, determinan —siempre que sea posible— a partir del estudio de qué subtemas concretos profundizarán el conocimiento en el tema más amplio que el profesor les propone, a partir del currículum establecido.

— *Constitución de equipos de trabajo en la clase*. Si la técnica se aplica sin que el grupo clase ya esté subdividido en diferentes equipos de base, y, por tanto, los equipos se crean para una aplicación puntual de dicha técnica, hay que tener presente que la libre elección del equipo por parte de los estudiantes —si se da— puede poner en peligro la heterogeneidad de los equipos, y esto es algo que debe asegurarse lo máximo posible. El número ideal de miembros para cada equipo oscila entre 3 y 5. Cada equipo se hace cargo de uno de los subtemas especificados en el paso anterior.

— *Planificación del estudio del subtema*. Los estudiantes de cada equipo y el profesor planifican las metas concretas de su subtema y los procedimientos que utilizarán para alcanzarlas, y se distribuyen las tareas a hacer (encontrar la información, sistematizarla, resumirla, expresarla, etc.).

— *Desarrollo del plan*. Los alumnos de cada equipo desarrollan el plan concretado en el paso anterior. El profesor sigue de cerca el progreso de los equipos y les proporciona cuanta ayuda le soliciten.

— *Análisis y síntesis*. Los alumnos analizan y valoran la información obtenida en el paso anterior y planifican cómo la resumirán y cómo la presentarán al resto de la clase de una manera atractiva.

— *Presentación del trabajo*. Cada equipo, o algunos miembros de cada equipo, presentan al resto de los compañeros de la clase el trabajo que han elaborado, les plantean preguntas y responden a las que los otros les formulan a ellos. De esta manera todo el mundo tiene una visión global del tema propuesto inicialmente por el profesor.

— *Evaluación*. La evaluación final es individual, pero los alumnos —in-

7. Sobre el trabajo por proyectos, véase F. Hernández y M. Ventura (1992).

dividualmente o por equipos de base— y el profesor también evalúan qué repercusión tiene para toda la clase el trabajo de cada equipo en tanto conjunto.

La estructura de esta técnica facilita que «cada componente del grupo pueda participar y desarrollar aquello en lo que está más preparado o que más le interesa» (Echeita y Martín, 1990, p. 65).

Pongamos también, si os parece, un ejemplo. Imaginémonos que estamos en la clase de lengua y literatura catalana, en tercer curso de ESO. El Departamento de Lengua Catalana ha determinado que algunos temas se trabajen en forma de proyectos. Cada equipo de base ha de ir desarrollando, a lo largo del curso, una serie de proyectos cuyo contenido se irá explicando al resto de compañeros. De vez en cuando, se dedica una sesión de clase a trabajar los diferentes proyectos, y así el profesor o la profesora puede ir haciendo un seguimiento de los diferentes equipos, supervisando lo que hacen y orientándolos cuando sea preciso.

En la realización de un proyecto se pueden diferenciar, generalmente, tres fases: la primera, dedicada a la búsqueda de información de cada uno de los subtemas, tantos como miembros formen el equipo; la segunda, centrada en el estudio, el análisis y la síntesis de la información recabada en la primera fase, teniendo en cuenta los objetivos y las orientaciones facilitados por el profesorado, y la tercera, para presentar el tema trabajado —el proyecto— al resto de los compañeros de la clase.

Esta planificación puede quedar recogida en un formulario como el de la figura 13. En este caso, el proyecto que tienen que desarrollar Juan, Isabel, María y Antonio —que forman un equipo de base de la clase de tercer curso de ESO— se titula «El nacimiento y la expansión de la lengua catalana». Como se puede ver en la planificación del proyecto (véase la figura 13):

– En cada una de las tres fases hay un miembro del equipo que es el responsable, cuyo trabajo es coordinar el equipo, recordar las tareas que tiene que hacer cada uno, consultar al profesor... En definitiva, ir por delante y empujar al equipo.
– Cada miembro del equipo tiene un trabajo y una tarea que hacer. Juan, por ejemplo, en la primera fase ha de buscar información sobre la colonización romana, en la segunda tendrá que dibujar y pintar los mapas geográficos, y en la tercera se encargará de hacer las transparencias y, con el resto del equipo, tendrá que pensar cómo presentarán el tema y explicar una parte.

– Cada fase tiene marcado un período de realización. En este caso, la primera fase comprende los meses de octubre y noviembre; la segunda, los meses de diciembre y enero, y la tercera, el mes de febrero.

De tanto en tanto, durante las sesiones de clase que dedican a trabajar el proyecto, el profesor de la asignatura tiene la ocasión de ver cómo llevan el trabajo, y los puede animar, corregir, orientar, etc.

Al final, tendrán que exponer el proyecto al resto de la clase, res-

Figura 13

PROYECTO DE EQUIPO. PLANIFICACIÓN

Nombre (o número) del equipo:	Curso:	Grupo:

Año académico:	Período de realización:

Nombre del proyecto: **EL NACIMIENTO Y LA EXPANSIÓN DE LA LENGUA CATALANA**

Fase 1. Responsable: **María**	Período de realización: **Octubre/noviembre**
Tarea: Buscar información sobre...	¿Quién lo hará?
La colonización romana	Juan
El proceso de independencia del dominio franco	Isabel
Las aportaciones lingüísticas de los germánicos y de los árabes	María
Jaime I el Conquistador y su política expansiva	Antonio

Fase 2. Responsable: Antonio	Período de realización: **Diciembre/enero**
Tarea: Organizar la información	¿Quién lo hará?
Hacer un mapa conceptual sobre el tema	Isabel y María
Redactar la explicación del mapa conceptual	Antonio
Dibujar y pintar los mapas geográficos	Juan

Fase 3. Responsable: Juan e Isabel	Período de realización: **Febrero**
Tarea: Presentar el tema	¿Quién lo hará?
Pensar cómo se presentará el tema al resto de la clase	Todo el equipo
Hacer las transparencias	Juan
Presentar el tema a toda la clase	Una parte cada uno

Figura 14

PROYECTO DE EQUIPO. VALORACIÓN				

Nombre (o número) del equipo:	Curso:	Grupo:

Año académico:	Período de realización:

Nombre del proyecto:

		1	2	3	4
1.	El proyecto se ha planificado bien.				
2.	Todos los miembros del equipo han participado en su realización.				
3.	Los contenidos presentados se ajustan a lo que se había proyectado.				
4.	La presentación escrita del proyecto es correcta.				
5.	La presentación oral del proyecto ha sido clara y fácil de entender.				
6.	Etc.				
7.					
8.					
9.					
10.					
11.					
12.					

Equipo que ha hecho la valoración:

ponder a las dudas o preguntas que les puedan plantear, facilitar la información escrita a los compañeros para que pueden estudiar el tema (al final, todos tienen que saber todo, no sólo el tema del proyecto que ha trabajado su equipo).

La valoración de cada proyecto la hacen los otros equipos y el profesor por medio de una tabla de valoración, como la que se incluye en la figura 14. No obstante, al final la evaluación es individual y no necesariamente todos los miembros de un mismo equipo tienen que tener la misma puntuación, sino que ésta dependerá del grado de implicación de cada uno en el trabajo del equipo, de sus aportaciones al éxito final del proyecto, de la calidad de dichas aportaciones, etc.

La técnica Coop-Coop

Otra técnica —muy parecida a la de los Grupos de Investigación— es la que se conoce con el nombre de *Coop-Coop*, que fue ideada y aplicada por primera vez en una facultad de psicología por Spencer Kagan en 1985. No obstante, con las debidas adaptaciones, esta técnica se puede aplicar en otras etapas educativas y puede contribuir a intensificar el protagonismo del alumnado en el proceso de enseñanza y aprendizaje.

A partir de lo que dicen José Manuel Serrano y María Teresa Calvo (1994) sobre los 10 pasos que se han de seguir para aplicar correctamente esta técnica con alumnos universitarios, podemos concretar el procedimiento para aplicarla en la ESO —y hasta en el ciclo superior de Educación Primaria— de la siguiente manera:

1. Discusión de los estudiantes en la clase

Antes de aplicar la técnica, el profesor anima a los estudiantes a descubrir y expresar los temas que más les interesen del área que están trabajando. Por este motivo es importante llevar a cabo una serie de actividades que puedan estimular el interés y la curiosidad de los estudiantes. Al final de esta fase se ha de disponer de una lista de temas considerados interesantes por el conjunto de la clase, ordenados por orden de preferencia. Para dinamizar esta discusión, se puede utilizar, por ejemplo, la técnica del grupo nominal, que ya se ha descrito en las páginas 104 y ss.

2. Selección de los equipos de aprendizaje

El profesor asigna a los estudiantes —suponiendo que aún no lo estén— a un equipo cooperativo de base, teniendo en cuenta la diversidad en la competencia y las habilidades de los alumnos, y otros factores como el género, la etnia, etc.

3. Ejercicios para la formación de los grupos

Este paso se ha de tener en cuenta sólo en caso de que los alumnos no se conozcan entre sí. Se trata de llevar a cabo diferentes actividades que permitan a los alumnos conocerse y relacionarse, antes de formar los equipos de aprendizaje cooperativo propiamente dichos.

4. Selección del tema del equipo

Durante esta fase, cada equipo tienen que elegir un tema por el que sienta un especial interés. Previamente se recuerda a los diferentes equipos cuáles son los temas más preferidos por toda la clase y se les sugiere que su trabajo será más útil —y ellos serán más cooperativos— si eligen un tema que interese a todo el mundo o a un buen número de compañeros (por tanto, si escogen un tema de los que han sido más valorados en el paso número 1).

5. Selección del subtema

Cada miembro del equipo elige un subtema, un aspecto del tema que ha de trabajar todo el equipo. Algunas veces un subtema coincide en parte con el subtema que ha elegido otro compañero del equipo. En este caso, tendrán que coordinarse y ponerse de acuerdo y se pueden intercambiar material. No obstante, cada subtema ha de ser una contribución única al esfuerzo del equipo. De esta manera se crea una interdependencia positiva entre los diferentes miembros.

6. Preparación del subtema

Cada miembro del equipo, de manera individual, ha de buscar información e investigar sobre su subtema; se ha de sentir responsable de su parte del trabajo y debe tener bien presente que depende de él, y sólo de el, que el equipo disponga de la información sobre un aspecto importante del tema que trabajan entre todos.

7. Presentación del subtema

Cada estudiante, una vez ha averiguado lo que era preciso sobre su subtema y ha organizado la información, la presenta a los compañeros de equipo y se integra en lo que los otros han preparado. Este es un momento importante, que supone la reelaboración en un solo bloque de los materiales aportados por cada miembro del equipo; con frecuencia, este hecho implica discusión y negociación entre los miembros del equipo. Se tiene que evitar que esta puesta en común se convierta en una simple yuxtaposición de las diferentes partes.

8. Preparación de las presentaciones del equipo

Esta fase es la continuación de la anterior, y en la práctica se suele confundir. Se llevan a cabo tres actividades muy importantes: en primer lugar, se sintetiza y se organiza el material aportado por los miembros del equipo; en segundo lugar, se formulan con claridad las ideas más importantes del tema que han trabajado (de manera que sean fácilmente comprensibles para los compañeros de los otros equipos que no habrán trabajado ese tema con tanta profundidad como ellos), y, finalmente, deciden la manera como presentarán el material al resto de la clase.

9. Presentación en equipo

Cada equipo expone al resto de la clase el tema que ha preparado. En esta fase, el profesor tiene que supervisar la actitud del resto de la clase: si se interesan por lo que explican los compañeros, si están atentos, etc. Una forma de conseguirlo podría consistir en que en la misma sesión los otros equipos tuvieran que responder a algunas preguntas clave que les formulara el equipo que ha presentado el tema, y, al revés, que tuvieran que pensar algunas preguntas para formulárselas, al final de la sesión, al equipo que ha hecho la presentación.

10. Evaluación

La evaluación de todo el proceso se lleva a cabo a partir de tres elementos: la evaluación de la presentación en grupo del tema, efectuada por el profesor y por el resto de la clase; la evaluación de las contribuciones individuales dentro de cada equipo, llevada a cabo por el profesor, quien tendrá en cuenta la opinión de los miembros del equipo, con los que tendrá que reunirse, y la evaluación por parte del profesor del proyecto o del material escrito sobre el tema. Para cada uno de estos elementos será necesario especificar en una tabla los criterios de éxito o excelencia que se utilizarán en la evaluación, es decir, en qué se fijará quien haga la evaluación (el profesor o los compañeros) a la hora de calificar y, por tanto, qué es lo que tienen que tener especialmente en cuenta los que hacen y presentan el trabajo. (Puede servir una tabla parecida a la de la figura 14.)

Según la opinión de J.M. Serrano y M.T. Calvo:

> Como sucede con la Investigación en Grupo (*Group Investigation*) de S. Sharan, este método se orienta tanto hacia el aprendizaje de tareas complejas como al hecho de que el alumno tenga la oportunidad de decidir sobre el qué y el cómo del aprendizaje (qué ha de aprender y cómo lo ha de hacer), lo cual se pretende conseguir por medio de una división de los roles dentro de cada equipo, de manera similar a la que se utiliza en el *Jigsaw* original de Aronson.
>
> Finalmente, nos parece digno de destacar el hecho de que las evaluaciones del proceso se llevan a cabo tanto a nivel individual (para el trabajo en el grupo) como a nivel de grupo (para la exposición del trabajo del grupo al resto de la clase). (Serrano y Calvo, 1994, p. 50.)

La técnica TGT («Teams-Games Tournaments»)

En la técnica conocida con las siglas TGT («Teams-Games Tournaments») los alumnos son asignados a equipos de competición de capacidad homogénea y cada uno de ellos tiene la oportunidad de contribuir a la puntuación de su equipo. Esta técnica está concebida como un juego de preguntas y respuestas —como una especie de *Trivial*— y tiene, por tanto, un cierto carácter competitivo, que se puede acentuar más o menos.

La técnica TGT fue ideada por De Vries y Edwards en 1974. Johnson, Johnson y Holubec (1999) la describen de la siguiente manera:

— Se forman *equipos de base*, heterogéneos en lo que se refiere al nivel de rendimiento de sus miembros, y el profesor les indica que la meta es conseguir que todos los miembros del grupo aprendan el material asignado.
— Los miembros del equipo estudian juntos este material y, una vez lo han aprendido, se inicia el torneo, con las reglas del juego bien especificadas (véanse estas reglas en el cuadro 6). Para este torneo, el docente utiliza un juego de fichas con una pregunta en cada una y una hoja con las respuestas correctas.
— Cada alumno juega en grupos de tres, con dos compañeros de otros equipos que tengan un rendimiento similar al suyo, según los resultados de la última prueba que se hizo en clase. Por ejemplo, en un grupo clase de 24 alumnos, con seis equipos de base, se podrían hacer ocho equipos de juego, de tres miembros cada uno:
— 2 equipos con los 6 alumnos (uno de cada equipo de base) de rendimiento más alto.
— 4 equipos formados con los 12 alumnos (dos de cada equipo de base) de rendimiento medio.
— 2 equipos con los 6 alumnos (uno de cada equipo de base) de rendimiento más bajo.
— El docente entrega a cada equipo de tres un juego de fichas con las preguntas sobre el material aprendido hasta ese momento en los equipos cooperativos.
— Los alumnos de cada trío cogen una ficha del montón (que está boca abajo), leen la pregunta y la responden. Si la respuesta es correcta, se quedan la ficha. Si es incorrecta, vuelven a ponerla debajo del montón.
— Los otros dos alumnos pueden refutar la respuesta del otro si creen que no es correcta. Si el que rechaza la respuesta la acierta, se queda

la ficha. Si no la acierta, tiene que volver a poner una de las fichas que ya había ganado (si es que tiene alguna) debajo del montón.
- El juego finaliza cuando se acaban todas las fichas, y los jugadores se reparten siempre 12 puntos. El miembro del trío que al final del juego tiene más fichas gana la partida y obtiene 6 puntos para su equipo; el que queda segundo, obtiene 4 puntos, y el tercero, 2 puntos. Si los dos primeros quedan empatados obtienen 5 puntos cada uno y el otro se queda 2. Si uno gana y los otros dos queden empatados, el primero se lleva 6 puntos, y los otros, 3 cada uno.
- Los puntos que ha obtenido cada integrante del trío se suman a los

Cuadro 6

Reglas del juego TGT

A. Para empezar el juego, el docente ha de mezclar las fichas y colocar el montón boca abajo sobre la mesa. Los turnos de juego siguen el sentido de las agujas del reloj.
B. Para jugar, cada alumno coge la primera ficha del montón, lee la pregunta en voz alta y la responde. Puede pasar lo siguiente:
  1. Decir que no sabe la respuesta, y preguntar si otro jugador quiere responder. Si nadie quiere responder, la ficha se coloca debajo del montón. Si alguien responde la pregunta, y la respuesta es correcta, se sigue el procedimiento que se explica más abajo.
  2. Responder la pregunta y preguntar si alguien quiere refutar la respuesta. El jugador que está inmediatamente a su derecha tiene la primera oportunidad de refutarla. Si no lo hace, lo puede hacer el que está a su derecha.
    a) Si no hay refutación, otro jugador tiene que verificar la respuesta:
      – Si la respuesta es correcta, el jugador conserva la ficha.
      – Si la respuesta es incorrecta, el jugador ha de colocar la ficha debajo del montón.
    b) Si hay una refutación y el que la plantea decide no contestar, se verifica la respuesta. Si la respuesta original es errónea, el jugador ha de colocar la ficha debajo del montón.
    c) Si hay refutación y el que la plantea da una respuesta, esta respuesta se verifica:
      – Si el que refuta acierta la respuesta, se queda la ficha.
      – Si el que refuta no la acierta y la respuesta original era la correcta, el que la ha refutado tiene que colocar una de las fichas que ya había ganado (si tenía alguna) debajo del montón, y la ficha se la queda el que ha acertado la respuesta.
      – Si las dos respuestas están equivocadas, la ficha se coloca debajo del montón.
C. El juego se acaba cuando ya no quedan más fichas en el montón. Gana el jugador que tiene más fichas.

(Extraído de Johnson, Johnson y Holubec, 1999, p. 36.)

que han obtenido los compañeros del equipo de base que formaban parte de otros tríos. El equipo que ha obtenido más puntos es el que gana.

Nótese que en este juego todos los miembros de cada equipo de base tienen la misma oportunidad para aportar la misma cantidad de puntos para su equipo, porque todos juegan la partida con miembros de otros equipos de una capacidad similar a la suya. Es más, se puede dar perfectamente el caso de que, en un equipo de base, los miembros con menos capacidad aporten más puntos a su equipo porque han «ganado» su partida, que los de más capacidad, ya que éstos pueden haber «perdido» la suya.

Si no se quiere que los diferentes equipos compitan entre sí para ver cuál es el primero de la clase, se podría introducir una variante en este juego. El objetivo podría consistir en que cada equipo consiguiera superar o, como mínimo, igualar la puntuación del último torneo que se hubiera celebrado. Si lo consiguieran, eso querría decir que se habrían superado como equipo, y el profesor los podría recompensar aumentándoles la calificación individual obtenida por cada alumno en la prueba final con unos determinados puntos. En este caso, los equipos no competirían entre sí, sino que cada equipo lo haría consigo mismo, es decir, para autosuperarse.

En las experiencias de aprendizaje cooperativo que se llevan a cabo en diferentes centros proponemos esta técnica como un recurso interesante en vistas a estimular a los alumnos a aprender de memoria los contenidos de hechos y conceptos de las diferentes áreas de conocimiento. La idea es que, a medida que se avanza en el estudio de las diferentes unidades didácticas, se vaya elaborando una lista con preguntas sobre los contenidos fundamentales de cada unidad, que se van acumulando tema tras tema. Estas preguntas se escriben en una ficha, una pregunta por ficha.

De vez en cuando (por ejemplo, cada mes o cada vez que se acaba una unidad didáctica), se dedica una sesión de clase a jugar al JET (iniciales de juegos, equipos, torneos), con las preguntas propias de los temas que se han estudiado hasta ese momento. No obstante, previamente los equipos de base dedican una sesión de estudio para prepararse para el juego del JET, asegurándose de que todos los miembros del equipo sepan cuantas más preguntas mejor.

5. La secuencia de una unidad didáctica organizada de forma cooperativa

Criar mejor a los pollos y criar mejores pollos

La mayoría de los que leéis este libro debéis de ser maestros, profesores, educadores sociales, psicopedagogos, o, como mínimo, debéis de estar interesados, poco o mucho, por el mundo de la educación. Pues bien, imaginaos que no sois ni maestros, ni personas más o menos interesadas por la educación. Imaginémonos, vosotros y yo, que somos criadores de pollos. Y que estamos preocupados por *criar mejor* a los pollos, y por criar *mejores pollos.* Por eso hemos solicitado la colaboración de expertos en la materia —de peritos agrónomos, especializados en la cría moderna de gallinas— a fin de que nos expliquen cómo crecen y se engordan los pollos. Pero la manera como cada uno organice su negocio de cría de gallinas no dependerá sólo de esto, sino también, y mucho, del tipo de gallina o de pollo que queramos criar: una cosa son los pollos de granja, engordados a toda prisa y otra muy diferente los pollos de corral...

He de confesar que esta metáfora no es mía. La he tomado prestada de un maestro, Célestin Freinet, de su libro *Parábolas para una pedagogía popular.* Freinet la titula «Cría moderna de gallinas», y dice así:

—Vean ustedes —nos explicaba el propietario de una granja moderna de gallinas—, aquí todo está previsto, todo es metódico y científico. Hemos dividido nuestra granja —que a fin de cuentas viene a ser un poco como una escuela— en clases: los pollitos asustados que nos llegan frescos, recién salidos del huevo, están en una primera sala, bien calentitos. A medida que van creciendo, vamos subdividiendo las jaulas; los cambiamos de sala. Atendemos especialmente su alimentación, que se adapta a cada edad y ha sido cien-tí-fi-ca-men-te estudiada, con vitaminas que cuestan 100.000 francos cada gramo. En un tiempo récord, los pollitos se vuelven grandes y gordos. Escuchadlos, en estas últimas salas, mirad cómo se pelean y gritan, igual que los niños a la hora del recreo en un patio demasiado pequeño para que puedan jugar todos juntos.

—¿Y si se escaparan? —pregunta un niño obsesionado por esta atmósfera de campo de concentración para gallinas.

—No hay peligro: si por casualidad abandonaran la jaula, no podrían ir demasiado lejos ni encontrar alimento. Están hechos para quedarse quietos en su sitio, picoteando la comida y esperando el cuchillo del sangrador...

Allá bajo, en los alrededores de la granja, otros pollitos y unos gallos corren en libertad, plácidamente, paseando bajo los olivos. Más allá, cerca de un pinar, una perdiz llama a sus crías para llevarlas a jugar antes de que se haga demasiado oscuro.

No pretendo extraer ninguna conclusión. Pero creo que, desgraciadamente, aún hay escuelas pensadas y ordenadas científicamente según los principios de la cría moderna de gallinas, y que los niños que salen de ellas corren el riesgo de no saber ir por la vida, ni de buscar y conquistar su alimento. También ellos esperarán la comida y el cuchillo del sangrador... (Freinet, 1979, p. 63-64).

Esta parábola de Freinet es una clara advertencia —en mi opinión— de que no basta con que organicemos la enseñanza según los principios teóricos del *qué* (debemos enseñar) y del *cómo* (debemos enseñarlo). También hemos de tener en cuenta, en nuestra intervención educativa, el *porqué* (enseñamos), es decir, las razones fundamentales de la educación, y el *para qué* (enseñamos), es decir, las finalidades últimas de la educación. Cuando se trata de determinar los contenidos que queremos enseñar y la manera como los queremos enseñar (el método), debemos tener en cuenta —evidentemente— cómo aprenden los alumnos, pero también debemos tener en cuenta por qué los queremos educar (las razones que nos mueven a educarlos) y qué tipo de alumno queremos educar (las finalidades que perseguimos con la educación). Si sólo hacemos caso de los principios científicamente demostrados del *cómo aprenden* y *cómo tenemos que enseñarlos* (si sólo tomamos como referente la psicología de la educación y de la instrucción, y la didáctica) y, en cambio, olvidamos los principios relacionados con el *porqué* y el *para qué tenemos que enseñarlos* (sin tener en cuenta también como referente la filosofía de la educación), corremos el riesgo de enseñar de una forma técnicamente muy correcta, pero en cambio, educar a personas «que no saben ir por la vida» y «que no saben buscar ni conquistar su alimento». Una cosa es educar a personas libres y responsables, y otra muy diferente es educar a personas sumisas, que «se queden quietas en su sitio»; una cosa es educar a personas que sepan colaborar y trabajar en equipo, y otra muy diferente a personas individualistas cuyo principal objetivo sea ser, saber y tener más que los demás; una cosa es acumular conocimientos, uno detrás de otro y uno encima de otro, y otra muy diferente ser capaz de —o aprender a— poner los propios conocimientos junto a lo que saben los otros para que, entre todos, podamos resolver de la mejor manera posible los problemas comunes.

Ya lo he indicado en el comienzo de este libro, en la Presentación, y ahora, en el último capítulo, vuelvo a recordarlo: se ha dicho, y con mucha razón (en mi opinión), que el «discurso» psicopedagógico sobre el proceso de enseñanza y aprendizaje de la LOGSE, que profundiza en el *qué* y el *cómo* se ha de enseñar, se tiene que completar con el «discurso» filosófico y humanista, no menos importante, que fundamenta la acción educativa (pone los fundamentos de nuestra intervención) profundizando en el *porqué* y el *para qué* de la educación. Mirad, si no, la bibliografía sobre la reforma educativa. ¿Cuántas veces se cita a psicólogos como Piaget, Vigotski o Bruner...? Muchas. ¿Cuántas veces se cita a Freinet, Freire, Milani o Dewey...? Muy pocas. Uno de los autores que en España nos ha advertido sobre este hecho es José Martínez Bonafé, profesor de la Universidad de Valencia. En un artículo de la revista *Cuadernos de Pedagogía*, con un título muy sugerente («Los olvidados. Memoria de una pedagogía divergente»), manifiesta lo siguiente:

> Una consecuencia más pedagógica de esta misma crítica es la revisión de las prácticas reduccionistas y desviadas, que basan el conocimiento profesional en el didactismo vacío de contenido teórico, en el dominio de las técnicas para la enseñanza y las metodologías disciplinares, en ausencia de toda reflexión crítica sobre los procesos de socialización cultural en la escuela. En términos de los viejos interrogantes pedagógicos, se trabaja sobre el qué y el cómo, ocultando el debate sobre el para qué y el porqué (Martínez Bonafé, 1994, p. 63.)

Si hacemos caso de todas estas reflexiones y queremos ser fieles a este planteamiento, tendríamos que encontrar una manera de organizar el aprendizaje que nos permitiera, por una parte, enseñar de forma eficaz los contenidos curriculares —de manera que los alumnos aprendieran más y de manera más significativa— y por otra, educar las interrelaciones sociales en vistas a contribuir a la educación de personas capaces no sólo de aprender cosas, sino de poner lo que saben junto a lo que saben los otros, de manera que en una relación cooperativa pudieran resolver de forma constructiva y creativa los problemas comunes.

Introducir en el aula una estructura de aprendizaje cooperativo —en vez de la estructura de aprendizaje más tradicional, individualista o competitivo—, como hemos visto en el capítulo 2, nos permite avanzar en esta doble dirección: por un lado, facilita la interacción entre los alumnos, favoreciendo el establecimiento de relaciones mucho más positivas entre ellos, caracterizadas por la simpatía, la atención, la cortesía y el respeto mutuo, así como por sentimientos recíprocos de obligación y de ayuda. Y por otro, la organización cooperativa de las actividades de aprendizaje, comparada con organizaciones de tipo competitivo e individualista, es netamente superior en lo que se refiere al nivel de rendimiento y productividad de los alumnos, tanto de los que tienen algún problema para aprender como de los que no tienen ninguno. Es decir, aprendiendo de forma cooperativa, los niños y las niñas, y los chicos y las chicas no sólo aprenden a relacionarse más, sino que también todos aprenden más y mejor los contenidos de las diferentes áreas.

Después, en el capítulo 3, se han presentado una serie de aspectos prácticos que pueden facilitar la organización de un aula de forma cooperativa, y en el capítulo 4 se han explicado algunas técnicas de aprendizaje cooperativo que posibilitan que los alumnos aprendan y estudien de manera cooperativa en el aula y que al mismo tiempo aprendan a trabajar en equipo.

Ahora tenemos que dar un paso más. Queremos presentar un modelo didáctico que nos permita llevar a la práctica todos estos planteamientos, un modelo que nos sirva de guía para ir transformando nuestras clases e ir introduciendo en ellas una organización del trabajo que nos permita no sólo enseñar mejor a nuestros alumnos, sino también educar mejores personas, como nos sugiere la parábola de la cría moderna de gallinas, de C. Freinet (no sólo tenemos que «criar mejor a los pollos», sino también «criar mejores pollos»). Dicho de otra manera, un modelo que no sólo haga caso de los postulados de la psicología de la instrucción, sino también de las exigencias de la filosofía de la educación. A lo largo de todas las experiencias de asesoramiento que hemos llevado a cabo en diferentes centros educativos, tanto de primaria como de secundaria, se ha presentado, y algunos lo han aplicado, un modelo didáctico basado en el aprendizaje cooperativo que modestamente quiere responder a estas preocupaciones, a estos postulados y a estas exigencias. Este modelo didáctico consta de un conjunto de actuaciones que los profesores y las profesoras pueden llevar a cabo, en su conjunto o sólo parcialmente (las que en principio consideren más oportunas o, sencillamente, las que de momento se ven capaces de aplicar), para ir transformando poco a poco la manera de organizar y llevar a cabo las clases, para enseñar mejor a sus alumnos y para educar a alumnos mejores.

En este último capítulo se presenta este modelo, que tiene en cuenta aquello que el profesorado tiene que prever en lo que se denomina una situación preinteractiva (es decir, antes de entrar en el aula) en la programación de una unidad didáctica, y las actuaciones que puede llevar a cabo en una situación interactiva (es decir, dentro del aula, en interacción con sus alumnos) a lo largo de una unidad didáctica.

La programación de una unidad didáctica

Antes de iniciar el proceso de enseñanza y aprendizaje propiamente dicho, en la programación de nuestra intervención en el aula para un período de tiempo determinado (por ejemplo, un trimestre), es decir, en el tercer nivel de concreción del currículum, tendremos que llevar a cabo una serie de actuaciones ya encaminadas a favorecer la atención a la diversidad de los alumnos, y a posibilitar que puedan aprender juntos alumnos diferentes.

Las unidades didácticas como unidad de programación básica

Los contenidos —y los correspondientes objetivos didácticos, actividades de aprendizaje y de evaluación— que constituyen un crédito de un área curricular determinada se tienen que subdividir o estructurar en unidades didácticas. Entendemos por unidad didáctica una unidad de programación de corta duración (de 8 a 12 horas lectivas), con un principio y un final más o menos marcados, y que hace referencia a un bloque de contenidos interrelacionados, lógico y coherente.

En la propuesta que presentamos, tomamos la unidad didáctica como unidad de programación básica, porque se considera que es difícil mantener la atención de los alumnos respecto a un tema o unos contenidos determinados más allá de unas 15 horas lectivas, como mucho. Si se sobrepasa esta cantidad, es más fácil que los alumnos se «pierdan» y no sepan qué están haciendo, por qué lo están haciendo y con qué finalidad lo hacen.

Así pues, un crédito (las unidades de programación que ha adoptado el Departamento de Enseñanza para la Educación Secundaria Obligatoria y que tienen una duración de 30 a 35 horas de clase), se tiene que subdividir en cuatro o, como mínimo, tres unidades didácticas. De esta manera, como veremos más adelante, las unidades didácticas determinan el *tempo* del proceso de enseñanza y aprendizaje. Cada unidad tiene un momento inicial, un contenido central y un momento final que se superpone al momento inicial de la unidad didáctica siguiente. Cada uno de estos momentos se caracteriza por la utilización preeminente, pero no exclusiva, de unas determinadas estrategias que conducen a unas determinadas actuaciones.

Aspectos a tener en cuenta en la programación de una unidad didáctica

En el momento de programar cada unidad didáctica:

– El profesor determina los contenidos que se trabajarán en clase, y pone de relieve aquellos que son más básicos y fundamentales.
– El profesor determina los objetivos didácticos de la unidad, procurando que haya un equilibrio entre los que son de carácter conceptual, procedimental y actitudinal, asegurándose de que haya objetivos adecuados a todos los alumnos (es decir, que todos los alumnos puedan alcanzar, si no todos, al menos algunos de los objetivos de la unidad), y valorando cuáles de ellos son los más básicos y fundamentales —para ir bien, todos los alumnos tendrían que alcanzar estos últimos— porque son los más relevantes en relación con los objetivos generales del área y/o de la etapa, y porque son los más funcionales.
– El profesor determina las actividades de aprendizaje, de manera que sean abiertas y para que todos los alumnos puedan realizarlas a un nivel u otro y con más o menos ayuda. También se pueden prever actividades —relacionadas con los mismos contenidos— con diferentes niveles de dificultad.

- El profesor adecua los objetivos y las actividades previstos, o parte de ellos, a las características personales y singulares de algún o algunos alumnos (por ejemplo, de algún alumno con necesidades educativas especiales). Una de las técnicas apropiadas para hacer esta adecuación es la que se conoce con el nombre de *Enseñanza multinivel*.
- Asimismo, el profesor tiene que prever los mecanismos de ayuda que ofrecerá a los alumnos en general, y a algunos alumnos con más dificultades en particular, a fin de que, progresivamente, vayan alcanzando un grado más alto de autonomía en el aprendizaje de los contenidos tanto conceptuales como procedimentales, y en la realización de las tareas propuestas para hacer dicho aprendizaje (traspaso del control del aprendizaje del profesor hacia el alumno).

Veamos con un poco más de detalle algunos de estos aspectos.

Determinación de los contenidos de la unidad didáctica

En primer lugar, hay que determinar y concretar los contenidos que trabajaremos en clase en una unidad didáctica, teniendo en cuenta que:

- Los contenidos se tienen que adecuar a las posibilidades reales de los alumnos, no al revés. Todos los alumnos tienen que poder trabajar, a un nivel u otro, si no todos al menos algunos de los contenidos seleccionados.
- Tiene que haber un equilibrio entre los diferentes bloques de contenidos (entre los que se refieren a conceptos, a procedimientos o a actitudes, valores y normas). Poner el énfasis, en nuestra intervención, en los contenidos más conceptuales puede suponer, en la práctica, dejar al margen de entrada a los alumnos que tienen especiales dificultades de aprendizaje en estos contenidos, pero que pueden tener menos dificultades en los contenidos de los otros dos bloques.
- Los contenidos tienen que ser funcionales, y los alumnos, además, tienen que percibir tanto como sea posible la funcionalidad de lo que les proponemos que aprendan. Esto es más fácil cuando se trata de contenidos que sirven directamente para resolver problemas y situaciones de la vida real, pero es más complicado cuando su funcionalidad proviene del hecho de que sirven para realizar posteriormente nuevos aprendizajes. No obstante, no por ello podemos dejar de lado estos contenidos. «Esto no me servirá para nada», se lamentan con frecuencia los alumnos, cuando, de hecho, sin saberlo no podrán aprender otras cosas que sí les resultarán más directamente funcio-

nales. Aunque cuesta trabajo que lo entiendan, hay que intentarlo y no se puede prescindir de enseñar estos contenidos menos claramente funcionales.

Determinación de los objetivos didácticos

Los objetivos didácticos determinan el tipo y el grado de aprendizaje que los alumnos tendrán que hacer en relación con los contenidos seleccionados. Los contenidos y los objetivos —así como las actividades de aprendizaje a través de las que se trabajarán los contenidos y se intentará alcanzar los objetivos— están, pues, estrechamente relacionados y, por tanto, tienen que tener las mismas características. Así pues, lo que hemos dicho acerca de los contenidos también es válido para los objetivos y para las actividades de aprendizaje (de las que hablaré más adelante).

No obstante, en lo que se refiere a los objetivos también debemos tener en cuenta que:

– Tienen que ser abiertos y asumibles, a un nivel u otro, por todos los alumnos. No los podemos redactar en términos de «todo o nada», de manera que, o bien se alcanzan completamente, o no se alcanzan. Tienen que indicar más bien una meta hacia la que se puede avanzar, y no tanto un «lugar» al que necesariamente se debe llegar.
– Tienen que ser operativos, de manera que nos sugieran las actividades que se pueden hacer para avanzar en la dirección que señalan y nos sirvan de referente para comprobar (evaluar de forma continuada) si los alumnos avanzan o no en esta dirección.

Análisis de la contribución de los objetivos didácticos programados en el logro de los objetivos generales del área objeto de programación y de los objetivos generales de la etapa

No todos los objetivos didácticos tienen el mismo peso específico, dado que no todos contribuyen de la misma manera a alcanzar los objetivos generales del área y de la etapa. Estudiar o analizar la contribución de los objetivos didácticos en la consecución de los objetivos generales del área de conocimiento a que pertenece la unidad didáctica y a los objetivos generales de la etapa (educación infantil, primaria o secundaria obligatoria) nos permite determinar cuáles son los objetivos más relevantes e identificar lo que, para ir bien, todos los alumnos tendrían que acabar aprendiendo.

Las preguntas que se incluyen en la tabla 9 nos pueden ayudar para hacer este análisis.

Tabla 9

Tipo de objetivo/contenido	Funcionalidad del objetivo/contenido	Aportación del objetivo/contenido en la consecución de los objetivos generales
Se trata de un objetivo o contenido referente a: – ¿Conceptos? – ¿Procedimientos? – ¿Actitudes, valores y normas?	Los objetivos que queremos que los alumnos alcancen o los contenidos que queremos que aprendan: – ¿Posibilitan la resolución de problemas o dificultades de la vida real? – ¿Son relevantes para la integración del alumno en su grupo social? – ¿Aumentan la profesionalidad, son útiles para ejercer un trabajo? – ¿Son indispensables, o muy útiles, para hacer posteriormente nuevos aprendizajes? Teniendo en cuenta la respuesta a estas preguntas o a otras parecidas, la funcionalidad del objetivo/contenido es: – ¿Baja? – ¿Media? – ¿Alta?	Los objetivos que queremos que alcancen los alumnos o los contenidos que queremos que aprendan: – ¿Tienen alguna relación con los objetivos generales del área? ¿Con cuáles? – ¿Tienen alguna relación con los objetivos generales de la etapa? ¿Con cuáles? La aportación del objetivo o contenido en la consecución de los objetivos generales del área y de la etapa: – ¿Es poco relevante? – ¿Es medianamente relevante? – ¿Es muy relevante?

Un análisis de este tipo nos permite relativizar muchas cosas (no preocuparnos demasiado si alguien no aprende algo que es poco relevante en relación con los objetivos generales) y poner el énfasis sobre lo que es realmente importante. De esta manera podemos determinar los objetivos mínimos que todo el mundo tendría que conseguir, así como los que se tienen que conseguir para tener un conocimiento más profundo o amplio de lo que estamos enseñando. Igualmente, esto nos permite *dar prioridad* a determinados objetivos —con las correspondientes actividades de aprendizaje y de evaluación—, o determinar los que deberíamos *adecuar* (ajustándolos o concretándolos), para los alumnos con especiales dificultades de aprendizaje, porque son los que responden más directamente a sus necesidades educativas especiales; es decir, a lo que necesitan en estos momentos de una manera especial teniendo en cuenta sus características personales y lo que se persigue para todo el alumnado de una etapa determinada (los objetivos generales de la etapa). (En este punto puede resultar útil repasar todo lo que se ha dicho sobre la personalización de la enseñanza en el capítulo 1, página 47, y sobre los *Planes de trabajo personalizados*, en el capítulo 4, página 143.)

La práctica nos ha demostrado que en una unidad didáctica no podemos prestar la atención que se requiere a un número muy elevado de objetivos didácticos, y procuramos no señalar más de 10 en cada unidad, porque, si no, difícilmente podremos controlar el hecho de si todos los alumnos los van alcanzando, o no. Es mejor fijar la atención sólo en los objetivos didácticos que podamos controlar. Sin embargo, esto no quiere decir que, en la práctica, en una unidad didáctica no se enseñen —y los alumnos no aprendan— más cosas que las que se especifican en los objetivos didácticos seleccionados. Si partimos de la base de que no todo lo que enseñamos tiene el mismo peso específico, este análisis, finalmente, también nos permite seleccionar qué objetivos didácticos son más fundamentales o importantes en cada unidad didáctica.

Determinación de las actividades de aprendizaje

En esta fase preinteractiva también se tienen que programar las actividades de aprendizaje sobre los contenidos seleccionados para la unidad didáctica y que haremos que los alumnos hagan para que alcance los objetivos didácticos destacados como más importantes o fundamentales. Lógicamente, estas actividades tienen que ser abiertas y realizables a un nivel u otro por todos los alumnos, con más o menos ayuda. También se pueden prever actividades a diferentes niveles, pero todas relacionadas con los mismos contenidos.

Una buena estrategia, siempre que sea posible, es articular todas las actividades de aprendizaje de una o diversas unidades didácticas en torno a una macroactividad o «simulación» de situaciones reales, que se convierte en una especie de «centro de interés». Simular, por ejemplo, que el grupo clase es la redacción de un diario o de una revista, en las clases de lengua; o bien una agencia de viajes, en las clases de ciencias sociales; o bien simular, en las clases de un crédito de refuerzo de matemáticas y lengua para los alumnos con un retraso importante en los aprendizajes básicos, que los alumnos y las alumnas forman una especie de «cooperativa de servicios» que ha de atender diferentes encargos, como, por ejemplo, proveer de recambios de motocicleta a los talleres de la comarca, suministrar productos a las tiendas y supermercados, etc. Estas simulaciones pueden contribuir a despertar y mantener el interés y la motivación del alumnado y a poner de relieve la funcionalidad de lo que se trabaja en clase.

Determinación de los mecanismos de ayuda

Finalmente, es muy importante hacer la previsión de los mecanismos de ayuda —tanto sociales como instrumentales— que se tendrán que ofrecer, en la unidad didáctica que estemos programando, a los alumnos en general y a algunos alumnos con más dificultades en particular, para que todos puedan participar en las diferentes actividades de aprendizaje. Estas ayudas pueden ser más numerosas al principio y se pueden ir reduciendo a medida que los alumnos vayan adquiriendo más autonomía en el aprendizaje de los contenidos, en la realización de las tareas propuestas y en la generalización de estos aprendizajes a situaciones y contextos diferentes de los que se han utilizado inicialmente.

Una buena ayuda de tipo instrumental la proporcionan las «bases orientadoras de la acción» o «guías de trabajo» que los alumnos tienen que ir construyendo a partir de un esquema de referencia proporcionado por el profesor. (Más adelante volveré a hablar de ello, pero si queréis podéis repasar lo que se ha dicho sobre esto en el capítulo 1, en la página 50.) Una ayuda de tipo social es el aprendizaje cooperativo en equipos reducidos en general, y la tutoría entre iguales en particular. Para que algunos alumnos puedan participar en la realización de muchas de las actividades programadas, basta con que no las lleven a cabo en solitario, cada uno en su mesa, sino en equipo o acompañados de algún compañero que les ayude puntualmente, en ciertos momentos, explicándoles qué tienen que hacer o cómo lo tienen que hacer.

La secuencia de cada unidad didáctica

Como he dicho anteriormente, en la secuencia de actuaciones que se tienen que llevar a cabo en cada unidad didáctica podemos distinguir tres momentos diferentes: al comienzo de la unidad, durante la unidad y al final de la unidad. Describiremos las estrategias —y las actuaciones que se derivan de ellas— que corresponden a cada uno de estos momentos.

Al comienzo de una unidad didáctica

En este momento, las actuaciones que hay que llevar a cabo —que pueden concentrarse en una o dos sesiones de trabajo con el grupo clase— tienen que estar marcadas sobre todo por las estrategias siguientes:

– Estrategias de *atribución de sentido*, por parte del alumno, en aquello que le proponemos que aprenda en la unidad didáctica que iniciamos. Esto supone que el alumno sepa bien qué le pedimos, que lo encuentre interesante y que se sienta capaz de hacerlo.
– Estrategias de *motivación* del alumno, muy relacionadas con las anteriores.
– *Comunicación de los objetivos* de la unidad didáctica y *comprobación de la representación* que los alumnos se hacen de dichos objetivos.
– *Activación de las ideas previas* relacionadas con los contenidos que se trabajarán durante la unidad didáctica.

La evaluación inicial y la activación de las ideas previas

Los conocimientos nuevos no se construyen sobre el vacío, sino sobre unas determinadas ideas previas, correctas o incorrectas, que los alumnos tienen sobre los contenidos que queremos trabajar en la clase. Por esto es importante hacer una evaluación inicial y activar —hacer que «floten», que salgan a la «superficie»— las ideas previas de los alumnos relacionadas con los contenidos que se trabajarán en una unidad determinada. De esta manera podremos adecuar más fácilmente las actividades de enseñanza y aprendizaje a la situación inicial del grupo de alumnos.

En esta evaluación inicial es muy posible que salgan errores que algunos alumnos no perciben como tales. En este caso se tendrán que corregir y procurar al mismo tiempo que todos los alumnos den el mismo significado a las palabras clave (vocabulario básico) relacionadas con los nuevos contenidos.

Esta evaluación inicial no ha de consistir necesariamente en una prueba. Muchas veces basta con mantener un diálogo en la clase para que los alumnos se expresen con sus propias palabras, es decir, para que verbalicen lo que saben en relación con los contenidos que trabajaremos. Un buen instrumento para hacer esta evaluación inicial y para conducir este diálogo son los informes personales o formularios KPSI (siglas de *Knowlege and Prior Study Inventory*). (Se puede encontrar un buen número de ejemplos de estos formularios en Jorba y Casellas,

1996.) El formulario del *Plan de Trabajo Personalizado: Objetivos* del que he hablado en el capítulo 4, en la página 144, está inspirado en este tipo de cuestionario.

Una vez cada alumno ha realizado la autoevaluación inicial prevista en el *Plan de Trabajo Personalizado: Objetivos*, es relativamente sencillo y rápido hacer allí mismo un vaciado de las respuestas —cuántos han puntuado un determinado objetivo con un 0, cuántos con un 1, etc. (véase la figura 8)—, a partir del que se puede establecer un diálogo sobre cada objetivo o contenido: «¿En qué asignatura estudiasteis antes tal tema?» «¿Quién ha puesto un 3 a tal objetivo o contenido?» «¿Puedes explicar qué es o cómo se hace?», etc.

Por medio de esta actuación se obtiene información sobre el grado de conocimiento que los alumnos creen que tienen —no sobre lo que realmente saben— en relación con los contenidos u objetivos que el profesor o la profesora les propone que aprendan. De todos modos, según Jaume Jorba y Ester Casellas, diversas investigaciones han demostrado que «conocer lo que creen que saben sobre determinadas cuestiones se ha revelado tan útil como conocer lo que realmente saben o piensan» los alumnos (Jorba y Casellas, 1996, p. 41).

Actividad inicial para presentar los contenidos, comunicar los objetivos y comprobar la representación que de ello hacen los alumnos

En el capítulo 1, al hablar de las estrategias de autorregulación del aprendizaje, ya se ha destacado la importancia de comunicar con claridad los objetivos que se pretenden alcanzar y de comprobar la representación que los alumnos se hacen de estos objetivos. Con esta finalidad —y para hacer también una primera presentación de los contenidos y una evaluación inicial de los alumnos— este modelo didáctico propone la realización de una pequeña actividad inicial que sirva al mismo tiempo para motivar al alumnado o, como mínimo, para despertar su curiosidad y ganas de aprender.

Pongamos un ejemplo. ¿Os acordáis de la clase de tecnología de tercer curso de ESO? Empezamos el crédito con el título «Diseño y construcción de objetos». (Si lo creéis conveniente, podéis repasar los contenidos y los objetivos de este crédito en las páginas 143 y ss.) La primera unidad didáctica —de las cuatro que constituyen este crédito— se titula «Medida de longitudes y grosores». El profesor podría empezar la unidad enumerando los objetivos didácticos sin más ni más y, sin perder más tiempo, acometer la explicación del primer punto —«Qué es el pie de rey y cómo funciona»—, poner algún ejemplo, hacer algunos ejercicios, resolver algunas dudas, etc. Es muy posible que, al acabar la sesión, buena parte de los alumnos todavía no sepan qué es lo que estudiarán durante los próximos días en la clase de tecnología, y qué es exactamente lo que deberían *saber* y *estar capacitados para hacer* al final.

En cambio, otra cosa bien distinta sería empezar la clase de la siguiente manera. El profesor podría proponerles a los alumnos que antes que nada realizaran esta pequeña actividad por equipos: tomar las medidas de una hoja de papel, con una regla o una cinta métrica. Si se hiciera esto:

— Es fácil prever que la mayoría de equipos sólo habrían medido la longitud y la anchura. Bien pocos —por no decir ninguno— habrían pensado en el grosor.

— Es fácil pensar que, al señalarles este hecho, dijeran que el grosor de una hoja de papel no se puede medir con una regla o una cinta métrica, aunque, evidentemente, sí se podría medir de una manera muy aproximada: el grosor es inferior a un milímetro.

— Aquí se podría aprovechar para hacerles caer en la cuenta de que se necesitan instrumentos más precisos para tomar según qué medidas, y se les podría mostrar un pie de rey y un pálmer.

— Puestos a mostrar la utilidad de estos instrumentos se podría, por ejemplo, calcular con el pálmer cuántas centésimas de milímetro mide el grueso de una hoja de papel («¡¡Os imagináis un milímetro dividido en cien partes iguales...?!»).

— También se les podría preguntar si alguien había visto antes alguno de estos instrumentos (quizá algún alumno los haya visto utilizar a su padre, que es, por ejemplo, cerrajero), o si alguien sabe cómo funcionan. Si es así, se le podría preguntar a quien los haya visto utilizar para qué se empleaban, o —si alguien sabe cómo funcionan— lo podría explicar a los otros y se le podría invitar a que tomara algunas medidas poco usuales y difíciles de calcular con una simple regla o una cinta métrica (el diámetro interior de un tubo, el grosor de una moneda, la profundidad de un agujero o de una ranura...).

— También es muy posible que al pedirles el resultado de sus medidas los resultados de los diferentes equipos no fueran exactamente iguales, sino que presentaran pequeñas variaciones. Esto se podría aprovechar para empezarles a explicar qué es el error absoluto y el error relativo: «¿Qué es más "grave", equivocarse de tres milímetros al medir la anchura de una hoja de papel o de tres metros al calcular la distancia entre dos ciudades?»...

Es bastante evidente que, después de esto, la «presentación» de los objetivos didácticos sería mucho más comprensible para la mayoría de alumnos, los cuales estarían en condiciones de reflexionar y explicitar, en su *Plan de Trabajo Personalizado: Objetivos* (véanse las figuras 8 y 10) —en el que ya habrían escrito, o deberían escribir, los 10 objetivos didácticos de la unidad—, el grado de conocimiento inicial que tienen de cada uno de ellos.

Plan de Trabajo Personalizado de los objetivos y de las actividades

Se trata de un instrumento esencial del modelo didáctico que presentamos, ya que facilita que los alumnos empiecen a representarse los contenidos y objetivos que se trabajarán en clase durante la unidad didáctica que comienza, permite que el alumno haga una autoevaluación inicial, posibilita personalizar el proceso de enseñanza y aprendizaje para algún alumno en concreto (dando prioridad, adecuando, añadiendo, quitando... algún objetivo o actividad según las características personales de este alumno), ayuda al alumno a constatar su progreso a lo largo de la unidad, de manera que en cada momento sabe qué ha aprendido y qué le falta todavía por aprender, qué actividades ha hecho y cuáles aún no, etc.

En el capítulo 4, en las páginas 140-158, he hablado sobre este punto con bastante detenimiento al explicar la adaptación de la técnica de aprendizaje cooperativo conocida con las siglas TAI, que es justamente la que hemos tenido presente como base de este modelo didáctico. Por tanto, no hace falta insistir más.

Plan del Equipo

También sobre este tema he hablado antes, por lo que no insistiré ahora. Sólo recordaré que, paralelamente al trabajo más académico que hacen los alumnos en clase, cada equipo de base elabora su *Plan del Equipo* para un período de tiempo determinado, que puede coincidir, o no, con una unidad didáctica. En este Plan, los miembros de un equipo especifican el rol que ejercerá cada uno de ellos durante ese período, los objetivos específicos del equipo que se proponen alcanzar y los compromisos personales que toma cada uno para ir mejorando su funcionamiento como equipo de aprendizaje cooperativo. (Podéis repasar, si os parece, lo que se ha dicho antes sobre esta cuestión, en el capítulo 3, páginas 128 y s.; véase también la figura 6.)

Durante una unidad didáctica

Este segundo momento de la unidad didáctica ocupa la mayoría de las sesiones de clase, y las actuaciones que se llevan a cabo tienen que estar informadas, primordialmente, por estrategias de enseñanza y aprendizaje relacionadas con:

- Estrategias de *construcción compartida de conocimiento* entre los alumnos y entre éstos y el profesor. Alumnos y profesor entran en contacto para, a partir de lo que saben los alumnos, ir construyendo el conocimiento en la dirección que el profesor se ha marcado en los objetivos didácticos de la unidad.
- Traspaso progresivo del control del profesor hacia los alumnos en la planificación y ejecución de las tareas. Es lógico que cuando se inicia un nuevo aprendizaje el profesor «dirija» más, en general, a los alumnos explicándoles qué han de hacer y cómo lo tienen que hacer. Pero esta intervención ha de ir disminuyendo progresivamente a fin de que los alumnos sean cada vez más autónomos en la planificación y la realización de las tareas.
- Estrategias para ayudar a los alumnos a *anticipar y planificar la acción*, y para que se construyan su propia *base orientadora de la acción*.
- Estrategias de *cooperación* en las que los alumnos, dentro del equipo, tengan la oportunidad de interactuar entre sí, sustituyendo el trabajo individual, en solitario, por un trabajo individual dentro de los equipos, con la ayuda inmediata de los compañeros si ello es necesario.
- *Evaluación formativa* por parte del profesor y de los mismos compañeros del equipo, *controlando y gestionando los errores* de los alumnos cuando algunos se encallen o se equivoquen.
- La *comunicación del objeto y de los criterios de evaluación, y la apropiación por parte de los alumnos de estos criterios*.

La presentación de los nuevos contenidos

Por lo general, el profesor hace la presentación de los nuevos contenidos de la unidad didáctica (conceptos, procedimientos) dirigiéndose a todo el grupo-clase. No tienen que excluir a ningún alumno de esta explicación, presuponiendo —o prejudgando— que no comprenderá lo que explica.

Para hacer esta presentación tiene que utilizar distintos canales de comunicación (visuales, auditivos, manipulativos...) para posibilitar que todos los alumnos puedan tener una comprensión cuanto más ajustada mejor de lo que quiere enseñarles.

La cooperación entre los alumnos. El Plan de Trabajo Personalizado: actividades

El trabajo y el estudio cooperativo en equipos se introduce cuando el profesor ha explicado el nuevo concepto o el nuevo procedimiento, y una vez ha puesto los ejemplos que ha considerado oportunos y ha resuelto las dudas que hayan surgido; llega el momento en que los alumnos tienen que hacer los ejercicios o las actividades que tienen previstas en su *Plan de Trabajo: actividades* (véanse las figuras 9 y 11). Evidentemente, no se trata de que un alumno lleve a cabo las actividades y los otros las copien, sino de que cada alumno, en su equipo, realice las actividades que tiene asignadas en su Plan de Trabajo. La diferencia consiste en el hecho de que no las hace solo, en su mesa, contando tan sólo con la ayuda del profesor si hace falta, sino que las realiza junto a sus compañeros de equipo, contando, si es necesario, con su ayuda. Dentro de cada equipo, los alumnos tienen la consigna de ayudarse mutuamente, poniendo en común cómo resolvería cada uno el problema o cómo realizaría la actividad, o bien explicando cómo se hace alguna cosa a algún compañero que no lo haya entendido.

Durante estas sesiones —en función de la materia trabajada— se pueden aplicar algunas de las técnicas cooperativas que hemos presentado en el capítulo anterior, o se pueden combinar unas cuantas de ellas: el «rompecabezas», el trabajo por parejas, la tutoría entre iguales, etc.

En el caso de que el equipo de base esté llevando a cabo un *Proyecto de Equipo* (aplicando alguna técnica de aprendizaje cooperativo como, por ejemplo, los Grupos de Investigación o la técnica *Coop-Coop*, que se han explicado en el capítulo 4), también tienen que hacer juntos —después de discutir cómo y de haberse distribuido el trabajo— las tareas que cada miembro tiene asignadas en la planificación de su proyecto. (Véase un ejemplo de esto en el capítulo 4, en la página 164 y en la figura 13.)

Hay que tener en cuenta que no sólo *trabajan* en equipo —haciendo las actividades o los ejercicios—, sino que también *estudian* en equipo, haciéndose preguntas, intercambiando las respuestas, resolviendo las dudas, asegurándose, en definitiva, de que todos los miembros del equipo van alcanzando sus objetivos.

La clave radica en el hecho de que los alumnos entiendan que, además de aprender lo que el profesor les enseña de cada una de las áreas, tienen que aprender a trabajar en equipo. El trabajo en equipo no es sólo un medio, o un método para aprender contenidos, sino que también es un contenido que tienen que aprender.

Las guías de trabajo o Bases Orientadoras de la Acción para enseñar a los alumnos a anticipar y planificar la acción

Ya hemos visto antes, en el capítulo 1, página 50, que la anticipación y la planificación de la acción era otra de las estrategias de autorregulación del aprendizaje que favorece la autonomía del alumno. Así pues, una de las cosas que se tienen que ir haciendo a lo largo de una unidad didáctica es ayudar a los alumnos a construir las propias *Bases Orientadoras de la Acción*, a partir de un esquema inicial de referencia facilitado por el profesor.

Por poner un ejemplo (en el libro de Jorba y Casellas, 1996, encontraréis muchos), volvamos —si os parece— a la clase de tecnología, a la unidad didáctica sobre medidas de longitudes y grosores. Uno de los contenidos a enseñar, de carácter procedimental, era el de calcular el error absoluto y el error relativo. Un posible esquema inicial, con las condiciones objetivas necesarias para llevar a cabo esta acción, a partir del que cada alumno pueda elaborar su propia base orientadora de la acción para calcular el error relativo, podría ser éste (figura 15):

A partir del esquema anterior, un alumno —después de haber calculado el error absoluto y el error relativo en diferentes ejercicios utilizando el esquema anterior— podría construirse su propia *Base Orientadora de la Acción* siguiente (figura 16):

No hay duda de que el lenguaje utilizado en esta base orientadora de la acción pierde rigor científico, pero aun así es seguro que para el

Figura 15

1. Calculad el error absoluto (*Ea*) de una medida, restando al valor real (*Vr*) el valor experimental (*Ve*)	$Ea = Vr - Ve$
2. Calculad el error relativo (*Er*) dividiendo el error absoluto (*Ea*) por el valor real (*Vr*)	$Er = \dfrac{Ea}{Vr}$
3. Calculad el porcentaje del error relativo multiplicando el cociente anterior por 100.	$\% Er = \dfrac{Ea}{Vr} \times 100$

Figura 16

> *Pasos para calcular el error relativo:*
>
> 1. Calcular la «equivocación» al tomar una medida.
>
> 2. Dividir la «equivocación» por la medida «de verdad».
>
> 3. Multiplicarlo por cien.

alumno que la hubiera construido ganaría en claridad y comprensión. Para él sería mucho más comprensible que el esquema de referencia facilitado por el profesor que consta en la figura 15, el cual, naturalmente, es mucho más preciso para un experto. Recuerdo que un alumno le explicaba a otro cómo se calculaba un tanto por ciento de una cantidad cualquiera con estas palabras: «Es muy fácil: se multiplica [la cantidad] por el "tanto" y se divide por cien». Ésta era, de alguna manera, *su* base orientadora de la acción para calcular un porcentaje.

Control y gestión de los errores

Todos aprendemos de los errores, y los alumnos también tienen derecho a poderlo hacer. Por esto es imprescindible que el profesor, a medida que va supervisando las actividades de aprendizaje incluidas en el Plan de Trabajo de cada alumno, lo ayude a identificar los errores en vez de indicarle directamente en qué se ha equivocado, y le dé instrucciones precisas para que cada vez sea más capaz de encontrar la manera de corregir, primero, y evitar, después, estos errores.

La organización cooperativa del trabajo en el aula libera al profesor de resolver muchas dudas —porque algunas de estas dudas las resuelven los propios alumnos en cada equipo de base— y esto le permite centrar la atención en el control y la gestión de los errores de los alumnos que más lo necesitan.

La comunicación de los criterios de evaluación: las parrillas de corrección

La comunicación del objeto y de los criterios de evaluación, y la apropiación de dichos criterios por parte de los alumnos, es otra de las estrategias de autorregulación del aprendizaje de que he hablado en el capítulo 1, páginas 37-65. Allí ya he dicho que los objetivos didácticos —al indicar lo que el alumno tiene que aprender y hasta qué punto o nivel lo tiene que aprender— son al mismo tiempo la indicación de lo que será objeto de evaluación y, de alguna manera, el criterio de evaluación: hasta qué nivel lo tienen que saber para considerar que se ha alcanzado el objetivo. Por esto, el formulario del *Plan de Trabajo Personalizado: Objetivos* (véanse las figuras 9 y 10) también puede servir para que los alumnos vayan autocontrolando su evolución en el aprendizaje. Para ir haciendo esta autoevaluación, tanto al principio y al final como durante el proceso de enseñanza y aprendizaje, en el modelo que presentamos se utiliza esta escala:

0 = No lo sé (o no sé hacerlo).
1 = Lo sé (o sé hacerlo) un poco.
2 = Lo sé (o sé hacerlo) bastante bien.
3 = Lo sé (o sé hacerlo) muy bien, de manera que puedo explicarlo a un compañero.

Las *parrillas de corrección* son un instrumento que resulta útil para comunicar al alumnado los criterios de evaluación que seguirá el profesorado cuando se trate de valorar los trabajos y la contribución o peso específico de cada criterio en la calificación final.

La apropiación de los criterios de evaluación: actividades de autoevaluación, de evaluación mutua y de coevaluación

Para conseguir que los alumnos se apropien de los criterios de evaluación, se ha constatado la eficacia de las siguientes actividades, que se deberían incluir de vez en cuando como otra actividad de enseñanza y aprendizaje en el aula:

– *Actividades de autoevaluación.* Evaluación por parte de los estudiantes de las propias producciones. Estas actividades obligan a los alumnos a ser conscientes del grado de divergencia entre sus producciones y el producto que el profesor espera, concretado en los criterios de evaluación.
– *Actividades de evaluación mutua.* Evaluación por un alumno o grupo de alumnos de las producciones de otro alumno o grupo de alumnos. Estas actividades favorecen la explicitación y apropiación de los criterios de evaluación del profesor.
– *Actividades de coevaluación.* Evaluación de la producción de un alumno por él mismo y por el profesor o la profesora. Con estas actividades se propicia la confrontación, entre el profesor y el alumno, de los respectivos puntos de vista sobre el producto esperado y la identificación de los posibles errores.

Al final de una unidad didáctica

Finalmente, en las últimas sesiones de una unidad didáctica, las actuaciones que se tienen que llevar a cabo están determinadas, básicamente, por estrategias de enseñanza y aprendizaje relacionadas con:

- La *recapitulación* y la *síntesis* de los contenidos trabajados a lo largo de la unidad.
- El estudio cooperativo de los temas trabajados durante la unidad.
- La ayuda para la *recuperación*, dirigida a los alumnos que no han alcanzado algunos de los objetivos previstos.

Las actuaciones del final de la unidad, en la sucesión de las unidades didácticas de un crédito, se empalman y se «confunden» con las actuaciones del inicio de la unidad didáctica siguiente, de manera que, al hacer la síntesis de los contenidos trabajados a lo largo de una unidad didáctica, ya se pueden introducir —relacionándolos— los contenidos que se trabajarán en la unidad didáctica siguiente.

Actividades de recapitulación y síntesis

No todos los alumnos son capaces de resumir o sintetizar la información recibida, ni de identificar los contenidos fundamentales. En esta línea, es conveniente que el profesor dedique algún tiempo a enseñarles a recapitular y sintetizar los contenidos fundamentales trabajados a lo largo de la unidad didáctica (a través de resúmenes, esquemas, bases orientadoras de la acción, mapas conceptuales, etc.), a fin de que los alumnos aprendan a discernir qué contenidos son importantes y cuáles son secundarios, y a relacionar lo que han aprendido con lo que ya sabían, y con lo que estudiarán en la unidad didáctica siguiente.

Los *mapas conceptuales* son una buena herramienta para sintetizar lo que se ha trabajado a lo largo de la unidad. Su objetivo consiste en representar relaciones significativas entre conceptos en forma de proposiciones que actúan de «conectores» entre dichos conceptos. Su utilidad reside en el hecho de que ponen de manifiesto la importancia de un número reducido de ideas que tienen que ser objeto preferente de aprendizaje, sugieren conexiones entre los nuevos conocimientos y los que ya se habían adquirido y, una vez acabada una secuencia de aprendizaje, proporcionan un resumen esquemático de lo que se ha aprendido. Por este motivo los mapas conceptuales facilitan la memorización comprensiva (la capacidad de expresar «con palabras propias» lo que se ha aprendido) y son un buen instrumento tanto para conseguir una representación correcta de los objetivos —al inicio de una unidad didáctica— como para hacer una recapitulación y síntesis de lo que se ha aprendido hasta un momento determinado, al final de una unidad didáctica.

Estudio cooperativo

Algunos alumnos, de manera espontanea, estudian juntos en horas extraescolares: preparan un examen, se hacen preguntas, plantean dudas y las resuelven juntos, presentan cuestiones al profesor, consultan libros, etc. Pues bien, se trata de introducir esta actividad, periódicamente y de manera sistemática, en la clase, dentro de los equipos de base de trabajo cooperativo. De la misma manera que los alumnos de un equipo pueden y tienen que colaborar para hacer las actividades de aprendizaje, también pueden y tienen que colaborar a la hora de estudiar y memorizar lo que han aprendido. Esto se puede hacer de muchas maneras. De hecho, aplicar algunas técnicas, como, por ejemplo, hacer resúmenes, esquemas, mapas conceptuales, etc., ya es una manera de estudiar juntos o de facilitar el estudio de lo que se ha trabajado en clase.

Otra manera es hacer una lista de las posibles preguntas o cuestiones que los diferentes equipos consideran que son fundamentales y que, por tanto, pueden salir en el examen. Se ponen en común, prescindiendo de las que se han repetido o son muy parecidas. El profesor puede eliminar de la lista las que considere poco relevantes, o añadir alguna otra importante que los alumnos no hayan planteado; una vez hecho, queda una lista con las cuestiones fundamentales que los alumnos deberían dominar. A continuación, los alumnos las responden individualmente. Después se intercambian las respuestas y se las corrigen mutuamente, o se pueden discutir las respuestas dentro del equipo, etc. Lo importante es que las estudien juntos y que se aseguren, tanto como sea posible, de que todos los miembros del equipo hayan aprendido el material objeto de estudio.

En esta línea, se puede aplicar la técnica conocida con las siglas TGT, una especie de juego de preguntas y respuestas que hemos adaptado con el nombre del juego del JET (véase el capítulo 4, página 172).

Algunos alumnos difícilmente habrán tenido la oportunidad de estudiar un tema de esta manera, y quizá nunca hayan podido hacerlo. El hecho de poderlo hacer en clase, en interacción con los compañeros, es una buena manera de aprender a estudiar solos, cada uno en su casa.

Estrategias de refuerzo

Para algunos alumnos seguramente será necesario programar activi-dades de refuerzo para hacerlas, o bien fuera del aula y del horario es-colar, o bien en el aula y durante algunas horas de clase de una materia determinada. En este sentido se pueden llevar a cabo las siguientes es-trategias:

– Programación de actividades de refuerzo después de una evaluación puntual de carácter formativo (por medio del *Plan de Recuperación Personalizado*, del que hablaré más adelante) que el alumno tendrá que hacer paralelamente a las actividades que se están llevando a cabo (las de la unidad didáctica que están trabajando en clase en ese momento, o las de la unidad didáctica siguiente), con la intención de que el alumno alcance los objetivos que todavía no ha conseguido.

– Programación de actividades de aprendizaje —que se llevarán a cabo durante las últimas clases de un crédito— que fundamentalmente están más destinadas a la consolidación y profundización de las com-petencias de los alumnos desarrolladas durante el crédito (en las di-ferentes unidades didácticas), que a la introducción de nuevos apren-dizajes. En este caso se trata de actividades diferenciadas según los alumnos (no hay que olvidar que estamos al final de un crédito): unas actividades destinadas a los alumnos que ya han alcanzado los obje-tivos previstos para profundizar en los aprendizajes efectuados y aplicarlos en situaciones diferentes de las que se han utilizado para aprenderlos; otras dirigidas a los alumnos que aún no han alcanzado alguno, o algunos, de los objetivos previstos para consolidar al máxi-mo los aprendizajes fundamentales que se habían programado.

Trabajo en subgrupos homogéneos, dentro de la clase, de forma ocasional

Al final de una unidad didáctica —o con más frecuencia, si el pro-fesor lo cree necesario— puede resultar conveniente modificar la es-tructura de la actividad para hacer subgrupos más homogéneos, que en el capítulo 3 hemos descrito como *equipos esporádicos*. De esta mane-ra, por ejemplo, pueden trabajar juntos los alumnos con una capacidad o motivación más altas en una materia determinada —que ordinaria-mente forman parte de diferentes equipos de base—, a fin de afrontar retos y cuestiones más complejos, puestos por el profesor o hasta por ellos mismos. Los otros subgrupos, también formados por alumnos de un nivel de competencias similar, podrían trabajar otras cuestiones o hacer otras tareas adecuadas a sus capacidades e intereses. Esto puede dar lugar a que el profesor esté en condiciones de prestar una atención más personalizada a alguno, o algunos, de los alumnos con más problemas de aprendizaje, sea para ayudarlos a superar alguna dificultad específica, sea para preparar con ellos las posibles pruebas de evaluación, o hasta para evaluarlos de una manera diferente, adecuada a sus características (oralmente, o por medio de una prueba más personalizada, o a través de su libreta o dossier de actividades, etc.).

Autoevaluación final del alumno

Al acabar la unidad didáctica, cada alumno hace una nueva autoevaluación de los objetivos didácticos consignados en su *Plan de Trabajo Personalizado: Objetivos* (véanse, una vez más, las figuras 8 y 10) para constatar de una manera muy visual su progreso o su estancamiento en lo que se refiere a su aprendizaje. De este aspecto —que es muy importante— ya he hablado antes, en el capítulo 4, pp. 140 y s. Por lo tanto, no hay que insistir más en él.

El Plan de Recuperación Personalizado

Si algún alumno no ha alcanzado todavía completamente los objetivos previstos, el profesor le ayuda a determinar qué es lo que aún no ha aprendido lo suficientemente bien, cómo podrá aprenderlo de ahora en adelante (qué puede hacer para aprenderlo) y quién lo puede ayudar. En definitiva, se trata de facilitarle las cosas y de ayudarle a organizar el trabajo que tendrá que hacer (los «deberes de recuperación») fuera de la clase y fuera del horario escolar.

Este *Plan de Recuperación Personalizado* toma la forma de lo que se conoce como *contrato didáctico*, una especie de «negociación» y «pacto» entre el profesor y el alumno. En este documento (del que ya hemos hablado en el capítulo 4, página 160) se hacen constar los contenidos u objetivos que el alumno tendrá que trabajar, las actividades de aprendizaje que deberá hacer y/o los criterios según los cuales se valorará si los ha aprendido, quién le puede echar una mano si es necesario, y cuándo se revisará con el profesor el trabajo efectuado. (Véase la figura 12.)

Valoración del funcionamiento del equipo y establecimiento de objetivos de mejora

Una vez finalizado el período de tiempo para el que el equipo de base ha elaborado un *Plan del Equipo* (que, como he dicho, puede coincidir o no con el final de una unidad didáctica), los miembros de cada equipo de base tienen que tener la oportunidad de hacer, con la participación en un momento u otro del profesor, la valoración de su funcionamiento en tanto equipo: ¿se han ayudado?; ¿han acabado las tareas en el tiempo previsto?; ¿han conseguido que todos los alumnos progresen en su aprendizaje?; ¿han alcanzado los otros objetivos específicos que se habían propuesto?; ¿en qué aspecto tienen que mejorar?; ¿qué cosas tendrían que cambiar?, etc. En función de esta valoración, el equipo puede fijar los objetivos específicos para el próximo Plan del Equipo. (Véase una plantilla para hacer esta valoración en la figura 14.)

Las celebraciones y las recompensas grupales

Si los alumnos han progresado individualmente en su aprendizaje a lo largo de la unidad didáctica y, además, la valoración del *Plan del Equipo* es positiva (dado que hace referencia a contenidos de procedimientos y valores, y de actitudes y normas que también tienen que aprender y, por tanto, tienen que ser enseñados, practicados y evaluados), el profesor —como ya hemos dicho— tendrá que tener en cuenta esta valoración en forma de puntuación adicional cuando sea el momento de determinar la calificación individual final de cada alumno. Y si los equipos han progresado y todo el grupo clase también, esto se merece una celebración grupal. (Repasad, si os parece, lo que se ha dicho sobre este aspecto en el capítulo 3, página 131.)

Todas estas actuaciones —en su conjunto, tanto las que se refieren a la programación de una unidad didáctica como las que se pueden llevar a cabo al comienzo, en el transcurso y al final de una unidad didáctica— conforman el modelo que puede servir de guía al profesorado para ir identificando los aspectos que puede ir mejorando de su práctica docente en vistas a introducir cambios que le permitan —como decía al inicio de este capítulo— no sólo enseñar mejor a los alumnos, sino también educarlos para que sean mejores personas: más responsables, más respetuosos con las diferencias y más capaces de cooperar con los compañeros poniendo lo que han aprendido junto a lo que saben los otros para resolver problemas comunes. Ésta es, como ya ha quedado claro en la introducción de este libro, una de las principales preocupaciones de una escuela organizada desde una perspectiva inclusiva y no selectiva.

Para facilitar esta especie de autoevaluación que el profesorado debe ir haciendo de la propia práctica docente, he incluido, en forma de anexo, el *Cuestionario de autoevaluación del proceso de enseñanza y aprendizaje* que utilizamos en nuestras experiencias de asesoramiento al profesorado sobre cómo se puede atender mejor la diversidad de los alumnos en el aula. Los ítems que se puntúan por debajo de 2 en este cuestionario se pueden considerar los puntos más débiles de la actuación docente, es decir, aquellos sobre los que habría que intervenir de una manera más urgente.

Epílogo. Tres reflexiones finales

Una profesora de secundaria, concretamente, de matemáticas, que participó en una experiencia de asesoramiento sobre la atención a la diversidad en el aula por medio del aprendizaje cooperativo, en un momento determinado me dijo: «Cuando era más joven, fui monitora y ahora me parece que poco más o menos me estás pidiendo que convierta mi clase en una especie de grupo excursionista». Esta es, de hecho, una observación que me han hecho más de una vez, cuando insisto en la necesidad de organizar el trabajo en el aula en equipos cooperativos y en la importancia que tiene la cohesión, la solidaridad, la cooperación y el respeto a las diferencias individuales que debe existir entre los miembros de un mismo equipo de trabajo cooperativo. «Todo esto —me dicen— es bastante "progre" para una escuela...»

Esto me lleva a incluir, a manera de epílogo, unas reflexiones finales que desde hace tiempo me bailan en la cabeza, en torno a la participación del alumnado en el marco escolar y a la necesaria «desformalización» de la educación formal.

Primera reflexión: la crisis de la educación formal viene de lejos

En 1968 Coombs publicó el informe *La crisis mundial de la educación*, en el que se afirmaba que la esencia de dicha crisis de alcance mundial correspondía al desfase existente entre los sistemas educativos y los respectivos entornos. Este desfase se ponía claramente de manifiesto, entre otras cosas, en la obsolescencia de los contenidos educativos en relación con las necesidades reales de los estudiantes, en el desajuste entre la educación y las necesidades de desarrollo de la sociedad, en los crecientes desajustes e inadaptaciones entre la educación y el empleo, y en las profundas desigualdades educativas entre diversos grupos sociales (Coombs, 1985).

Casi veinte años después de ese primer informe, el mismo Coombs publicaría otro —*La crisis mundial de la educación. Perspectivas actuales*—, cuyo primer capítulo se titula significativamente así: «Nuevos aspectos de una vieja crisis».

Entre los nuevos aspectos de esa vieja crisis, Coombs hace referencia al cambio en el concepto de educación y, más concretamente, a la revisión y actualización de la educación formal y al auge de la educación no formal. Si antes se restringía la educación a la escolarización —como si la escuela tuviera la exclusiva de la educación—, a partir de los comienzos de la década de 1970 se ampliaría enormemente el concepto de educación, de manera que desde entonces se identifica con aprendizaje: «Se consideraba, pues, la educación como un proceso que dura toda la vida y comprende desde la primera infancia hasta al final de la vida» (Coombs, 1985, p. 43).

Desde entonces entendemos que la educación hace referencia a un universo que va mucho más allá de los sistemas educativos formales y que alcanza a otras modalidades educativas no formales que cada vez se valoran más al alza. Cada vez se ve más claro —como dice Jaume Trilla (1992)— que lo esencial, en cualquier sociedad, es la educación, no la escuela; que los efectos que la escuela produce en los individuos no se pueden considerar independientemente de los factores e intervenciones educativas no escolares; que la estructura escolar no es apta para todos los objetivos educativos y, además, es inapropiada para algunos de estos objetivos, y que, por tanto, hay que crear otros medios y entornos educativos —que en su mayoría se engloban en la educación no formal— que no necesariamente tienen que ser opuestos o alternativos a la escuela, sino que pueden ser funcionalmente complementarios de ésta. Resulta que hemos ido a parar otra vez a una de las ideas que ya he expuesto en el capítulo 1 de este libro: la educación no se acaba en la escuela; la escuela sólo es un medio más, entre otros, para la educación de los miembros de una comunidad.

Segunda reflexión: a pesar de todo, la educación escolar es necesaria

A pesar de todo esto, la escuela —la educación formal— continúa siendo necesaria y sigue ocupando un lugar privilegiado en el universo de la educación. Jesús Renau (1989) considera que la escuela ha de realizar tres funciones fundamentales:

— En los niños y adolescentes ha de llevar a cabo la *función integradora* de todo el bagaje de conocimientos que de manera tan variada y anárquica produce un impacto en su mente y en sus sentimientos. Integrar significa ordenar, clarificar, criticar y valorar. Aunque la escuela no tenga la exclusiva de la educación, su papel continúa siendo fundamental.
— La segunda función de la escuela es la de *proporcionar el aprendizaje básico y sistemático* que capacite el desarrollo cultural y laboral del alumno.
— La tercera función de la escuela consiste en *la formación de un sistema de valores* para la convivencia, la democracia, la libertad, el respeto y las dimensiones no mensurables de la persona, es decir, aquellas que podrían denominarse espirituales, y que tan necesarias le serán y le son ya ahora.

Para que sea posible llevar a cabo estas tres funciones, la educación escolar tiene que renovarse. Según el mismo Renau (1989):

— Ha fracasado el modelo de escuela igualitaria, es decir, la que tenía que ofrecer a todo el mundo las mismas oportunidades y tenía que acabar con las diferencias. El sistema económico capitalista neoliberal ha convertido la escuela en una inmensa *máquina seleccionadora*.
— Ha fracasado igualmente la teoría del capital humano, que postulaba que la mejor inversión que podía hacer una sociedad era la de la formación cultural y técnica de los ciudadanos. Las necesidades económicas actuales y futuras no nacen del capital humano, sino de la adquisición de nuevas tecnologías, que requieren unas elites tecnológicas y económicas. El resto corresponde a la gran masa de los consumidores, a quienes ya no hay que promocionar.
— La escuela actual —como toda la sociedad— padece del síndrome de la «meritocracia»: las puertas se abren o se cierran en función de los diplomas, de los títulos, de los currícula y de las calificaciones. Esto

ha ocasionado el eclipse de la función educadora de la escuela, que es mucho más importante.

– La escuela descalifica a una gran parte de los alumnos, de la misma manera como la reorganización capitalista del trabajo continúa un proceso de descalificación de los trabajadores, de los que una buena parte ven cómo van perdiendo protagonismo en favor de las máquinas. Otra vez más se niega la misión primordial de la escuela: la formación de todos los ciudadanos en todas las dimensiones humanas y espirituales.

Renau concluye su diagnóstico de la escuela con estas palabras:

> El sistema escolar vigente no responde a las transformaciones económicas, sociales y culturales de la sociedad de hoy, está en gran parte condicionado por una economía que carece de humanismo, que explota y divide a la sociedad, aunque la dote de bienestar consumista [...]
>
> Por esto una reforma radical[1] se hace cada día más urgente. La mayor parte de los estudiantes no se sienten bien en el marco escolar. Para ellos, es fundamentalmente una carga muy pesada, especialmente en su aspecto más escolar (Renau, 1989, p. 160).

En este punto creo necesario citar otro texto, en este caso de C. Freinet, que está relacionado con el anterior:

> ¡Cuántos pobres niños, cuántos adolescentes han sido «reventados» por una falsa pedagogía del esfuerzo, que les ha hecho perder su ritmo, que les ha recalentado y descompuesto los mecanismos, agarrotado los pistones y torcido las bielas, y que están ahí, incapaces de subir por sí mismos la cuesta, porque ya no brota la chispa salvadora! (Freinet, 1979, p. 32).

Tercera y última reflexión: hay que «desformalizar» la educación escolar

Me permito repetir la última frase de Jesús Renau, en el texto citado anteriormente, para subrayarla: para la mayoría de los estudiantes, la escuela es, fundamentalmente, una carga muy pesada, especialmente en su aspecto más escolar; es decir —añado— más *formal*.

---

1. Nótese que Jesús Renau escribió esto en 1989, en pleno debate sobre la reforma educativa en el Estado español, antes de la aprobación de la LOGSE.

Por tanto, la educación escolar —al menos la obligatoria, y ahora en nuestro país es obligatoria hasta los 16 años— tiene que *desformalizarse*, aunque no en un mismo grado en todas las etapas educativas.

En la etapa de parvulario de la educación infantil —que, por cierto, no es obligatoria— y en los primeros ciclos de la educación primaria, a pesar de que se trata de una educación bastante *formal*, los niños y las niñas van a la escuela —en general, naturalmente— de buen grado, con ganas, y, además, se lo pasan bien yendo... Por decirlo de una manera exagerada —utilizando la expresión de la profesora de matemáticas con que he comenzado este epílogo—: el grupo clase se parece mucho a un grupo de un centro recreativo, lo cual, evidentemente, no significa decir que no sea una etapa muy importante desde un punto de vista educativo. De hecho, estos primeros niveles educativos formales tienen en común características de entornos educativos no formales, como, por ejemplo, las de la educación para el tiempo libre: la libertad de los usuarios a la hora de utilizar los recursos y la tendencia a perseguir un goce personal (Trilla, 1992). Así pues, para ellos la escuela no constituye precisamente una carga pesada.

Pero las cosas cambian considerablemente a medida que pasan los cursos y los niños y niñas van avanzando en el sistema educativo. La escuela intensifica el *formalismo*. Cada vez se parece menos a un grupo de un centro recreativo, y hasta podría decirse que ya no se parece en nada: aumenta la importancia que se da a los contenidos desde una óptica academicista, se marcan condiciones para la promoción y el cambio de ciclo, hay evaluaciones finales de carácter selectivo, exámenes... Y cada vez son más los alumnos que ya no van a la escuela con tantas ganas, ni se lo pasan tan bien yendo. A medida que avanza el sistema educativo la escuela intensifica la función seleccionadora en detrimento de la función educadora: cada vez más «califica» a unos alumnos y «descalifica» a otros.

Ante esto, soy de la opinión de que no se trata de aceptar resignadamente los límites que, sin duda, tiene la educación escolar, como aquel que la deja por inútil, al menos en los últimos cursos de la escolaridad obligatoria. Tampoco se trata tan sólo de potenciar la permeabilidad y la coordinación entre la educación escolar y otros recursos de la educación no formal, como reclama Jaume Trilla (1992). Esto último es necesario, pero no suficiente. Se trata, además, de reducir, en la medida en que sea posible, la excesiva formalidad de la educación escolar. La escuela, para cumplir con la parte que le corresponde en la educación en sentido amplio, y que sólo ella puede llevar a cabo, se tiene que «desformalizar», debe perder la rigidez, dejar a un lado algunas de las formas más canónicas y convencionales, y suprimir sus aspectos más puramente «escolares», unos aspectos que la encorsetan y la convierten en una carga muy pesada para una parte de los alumnos, sobre todo en los últimos cursos de la escolaridad obligatoria. Evidentemente, al decir esto quisiera indicar tan sólo un matiz y una tendencia, y poner el énfasis en otros aspectos que hacen más «soportable» la escuela para estos alumnos. Naturalmente, no estoy diciendo que la escuela tenga que perder la condición de educación formal, es decir, entendida como una educación sistemática y planificada para alcanzar unos objetivos claramente establecidos y socialmente convenidos. Tampoco quiero decir que en la escuela no se tenga que exigir a los alumnos que trabajen y se esfuercen por aprender. Una cosa es que los alumnos no se encuentran bien en la escuela, y que no vayan a ella de buen grado, y otra muy diferente es dejar que hagan lo que quieran. Para evitar un mal no hace falta caer necesariamente en otro.

Por tanto, estoy convencido de que hay que corregir el excesivo *formalismo* de la escuela y evitar que para los educandos se convierta en una carga pesada, pero también lo estoy de que hay que evitar que deje de cumplir su función educativa; no se puede permitir, evidentemente, que deje de ser escuela. Los chicos y las chicas, o al menos la mayoría de ellos, irán con más ganas al instituto, y hasta podrán disfrutar participando en él de una forma mucho más activa:

– Si perciben que son el centro del acto educativo; si ven que los contenidos y los objetivos se ajustan a sus necesidades y posibilidades reales; si se dan cuenta de que son capaces de hacer lo que se les propone que hagan y si encuentran interesante hacerlo.
– Si participan activamente en la gestión de su aprendizaje; si éste se estructura en macroactividades, estimulantes por sí mismas, que estén conectadas, cuanto más mejor, con la vida real.
– Si tienen la oportunidad de interactuar entre sí y de trabajar cooperativamente en un equipo con compañeros diferentes, sintiéndose ayudados y respaldados por dicho equipo y haciéndose corresponsables del aprendizaje de todos sus miembros.
– Si «aprenden a aprender» y adquieren los mecanismos de aprendizaje autónomo que les den seguridad en el momento de incorporarse a la vida activa.
– Si se evita el excesivo academicismo de los contenidos; si tienen la oportunidad de aprender todo lo (tanto conceptos o procedimientos,

como valores y normas) que les será útil, es decir, funcional en un sentido más amplio o más estricto, para integrarse de manera crítica y activa en la sociedad, con ganas de mejorarla y transformarla.

La estructuración cooperativa del aprendizaje, y las técnicas, recursos y estrategias que podamos utilizar para estructurar de forma cooperativa el aprendizaje de los alumnos, están, sin duda, en esta línea. Y soy de la opinión de que si avanzamos en esta dirección, conseguiremos —o como mínimo estaremos en la dirección de conseguir— dos de los retos principales de la educación actual: no sólo escolarizar hasta los dieciséis años a todos los chicos y chicas, sino sobre todo hacer —en primer lugar— que puedan aprender juntos, en un mismo centro y en una misma aula, alumnos diferentes, y —en segundo lugar— que estos alumnos «se enganchen» a la escuela y a su oferta educativa. Habremos conseguido lo que Claparède (1991) ya se proponía hace setenta años: no que los chicos y las chicas hagan todo lo que quieran en la escuela, sino que quieran hacer todo lo que hacen en ella. Si es así, el centro escolar, en la secundaria obligatoria, habrá recuperado —o como mínimo estará en la línea de recuperar— los rasgos que lo caracterizan en los primeros niveles y que nunca tendría que haber perdido, y que hacen que los niños y las niñas primero, y los chicos y las chicas después, vayan a la escuela libremente y con ganas, y además disfruten en ella. Y esto sin separarlos, sino incluyéndolos a todos en un mismo centro y en una misma aula, de manera que puedan aprender juntos alumnos diferentes.

Puestos a soñar, soñemos. Y no olvidemos que «la educación que demos a los estudiantes mañana no puede ser mejor que la que soñamos hoy» (Marsha Forest, 1988).

Anexo. Cuestionario de autoevaluación del proceso de enseñanza y aprendizaje

1. Actuaciones que se pueden llevar a cabo en la programación de una secuencia de aprendizaje

(1= Nada o casi nunca; 2 = Algunas veces, de vez en cuando; 3 = Bastantes veces; 4 = Con mucha frecuencia)

	1	2	3	4
1. Determino los objetivos de la secuencia didáctica.				
2. Determino qué objetivos didácticos son fundamentales para el logro de los objetivos generales de la etapa.				
3. Programo objetivos didácticos variados, procurando que haya de carácter conceptual, procedimental y de actitudes, valores y normas.				
4. Programo los objetivos didácticos a diferentes niveles, de manera que todos los alumnos puedan alcanzar al menos algunos de estos objetivos.				
5. Determino las actividades de aprendizaje que mandaré hacer a los alumnos durante la secuencia didáctica.				
6. Programo las actividades de aprendizaje a diferentes niveles, de manera que todos los alumnos puedan hacer al menos algunas de estas actividades.				
7. Preveo actividades de evaluación adecuadas a las características del alumnado (no todos los alumnos se han de evaluar igual ni de la misma manera).				
8. Preveo mecanismos de ayuda para los alumnos que necesitan más apoyo (cómo puedo ayudar a los alumnos que tienen más dificultades para aprender).				

2. Al inicio de una secuencia de aprendizaje

(1= Nada o casi nunca; 2 = Algunas veces, de vez en cuando; 3 = Bastantes veces; 4 = Con mucha frecuencia)

	1	2	3	4
9. Comunico de forma clara a los alumnos los objetivos didácticos que se pretenden alcanzar al largo de la secuencia.				
10. Compruebo la «representación» que los alumnos se hacen de los objetivos didácticos (me aseguro de que los alumnos hayan entendido lo que quiero que aprendan).				
11. Hago notar a los alumnos cuáles son los objetivos didácticos más básicos y fundamentales.				
12. Resalto la funcionalidad o la utilidad de los aprendizajes que les propongo que hagan (explico por qué lo aprendemos y para qué lo aprendemos).				
13. Ayudo a los alumnos a «activar» las ideas previas pertinentes, las más relacionadas con los contenidos que se trabajarán a lo largo de la secuencia.				
14. Ayudo a los alumnos a relacionar lo que trabajaremos a lo largo de la secuencia con lo que se ha estudiado anteriormente, en la misma área o hasta en otras áreas.				
15. Ayudo a los alumnos a concretar los propios objetivos didácticos, de manera que sean adecuados a sus características y capacidades.				
16. Ayudo a los alumnos a elaborar el propio Plan de Trabajo (las actividades que realizarán), de acuerdo con los objetivos que se han propuesto.				
17. Mando hacer a los alumnos una autoevaluación inicial en relación con los objetivos didácticos de la secuencia (qué saben y en qué grado lo saben).				

3. Durante una secuencia de aprendizaje

(1= Nada o casi nunca; 2 = Algunas veces, de vez en cuando; 3 = Bastantes veces; 4 = Con mucha frecuencia)

	1	2	3	4
18. En las explicaciones de los contenidos de la secuencia didáctica, parto de lo que los alumnos ya saben.				
19. Explico de forma clara, lógica y coherente los contenidos de la secuencia, y pongo ejemplos —siempre que venga al caso— de lo que les explico a los alumnos.				
20. Facilito la ayuda necesaria a los alumnos que tienen más dificultades para aprender.				
21. Facilito que en mi clase los alumnos puedan interactuar, de manera que les sea posible contrastar diferentes opiniones y puntos de vista.				
22. Organizo la clase a fin de que los alumnos formen equipos de trabajo para ayudarse los unos a los otros, y en los que tengan que cooperar para aprender.				
23. Enseño a los alumnos las habilidades sociales que necesitan para trabajar en equipo (no sólo hago que trabajen en equipo, sino que les enseño a hacerlo).				
24. Dedico de vez en cuando tiempo para que los miembros de cada equipo revisen el funcionamiento como equipo.				
25. Enseño a los alumnos a construirse las propias «guías de trabajo» para saber los pasos que han de seguir en la realización de una determinada tarea.				
26. Permito que los alumnos utilicen estas «guías de trabajo» siempre que lo necesiten, con el objetivo de que los que puedan lleguen a interiorizarlas.				
27. Compruebo hasta qué punto los alumnos van haciendo los aprendizajes previstos en la secuencia, para ir ajustando mi intervención (evaluación formativa).				

4. Al final de una secuencia de aprendizaje

(1= Nada o casi nunca; 2 = Algunas veces, de vez en cuando; 3 = Bastantes veces; 4 = Con mucha frecuencia)

	1	2	3	4
28. Ayudo los alumnos a hacer una recapitulación y una síntesis de lo que hemos ido trabajando a lo largo de la secuencia, por medio de esquemas, mapas conceptuales, etc.				
29. Comunico con claridad a los alumnos qué será objeto de evaluación.				
30. Comunico a los alumnos los criterios que se seguirán para evaluar si han hecho, o no, los aprendizajes previstos.				
31. Facilito la apropiación por parte de los alumnos de estos criterios de evaluación, por medio de actividades de autoevaluación o de evaluación mutua o coevaluación.				
32. Mando hacer a los alumnos una autoevaluación final de lo que han aprendido en relación con los objetivos didácticos, para que puedan comprobar en qué han avanzado y en qué no.				
33. Ajusto las actividades de evaluación a las características de los alumnos (evaluando de forma adecuada a los alumnos en relación con los objetivos que han ido trabajando).				
34. Contrasto con el alumno su autoevaluación final de los objetivos, con la evaluación final que he hecho del propio alumno.				
35. Ayudo a los alumnos que no han alcanzado algún o algunos objetivos considerados fundamentales a concretar cómo los pueden ir recuperando.				

Bibliografía

Alumnos de la escuela de Barbiana (1998): *Carta a una mestra*. Vic: Eumo Editorial.

BROWN, L.; NIETUPSKI, J.; HAMBE-NIETUPTSKI, S. (1987): «Criteris de funcionalitat última», en J.L. Ortega, y J.L. Matson (comps.): «Recerca actual en integració escolar». *Documents d'Educació Especial*, núm. 7. Barcelona: Departamento de Enseñanza, p. 21-34.

CANEVARO, A. (1985): *Els infants que es perden al bosc*. Vic: Eumo Editorial, 1985.

CARRETERO, M.R.; PUJOLÀS, P., y SERRA, J. (2002). *Un altre assessorament per a l'escola*. Barcelona: La Galera.

CLAPARÈDE, E. (1991): *L'educació funcional*. Vic: Eumo Editorial.

COLL, C. (1984): «Estructura grupal, interacción entre alumnos y aprendizaje escolar». *Infancia y Aprendizaje*, núm. 27/28, pp. 119-138.

COLLICOTT, J. (2000): «Posar en pràctica l'ensenyament multinivell: estratègies per als mestres». *Suports. Revista Catalana d'Educació Especial i Atenció a la Diversitat*, vol. 4, núm. 1, pp. 87-100.

COOMBS, Ph.H. (1985): *La crisis mundial de la educación. Perspectivas actuales*. Madrid: Santillana.

DABAS, E. (1998): *Redes sociales, familias y escuela*. Buenos Aires: Paidós.

DELORS, J. (1995): *La educación encierra un tesoro*. Madrid: UNESCO.

ECHEITA, G., y MARTÍN, E. (1990): «Interacción social y aprendizaje», en C. Coll; J. Palacios, y A. Marchesi (comps.): *Desarrollo psicológico y educación*. Vol. III. Madrid: Alianza Editorial, pp. 49-67.

FABRA, M.L. (1992a): *Técnicas de grupo para la cooperación.* Barcelona: CEAC.

FABRA, M.L. (1992b): *El professorat de la Reforma.* Barcelona: Barcanova.

FILLEY, A.C. (1985): *Solución de conflictos interpersonales.* Barcelona: Trillas.

FORD, A.; DAVERN, L., y SCHNORR, R. (1999): «Educació inclusiva. Donar sentit al currículum». *Suports*, volum 3, núm. 2, pp. 172-188. Se trata de la versión catalana del capítulo 3 del libro de Susan Stainback y William Stainback, *Aulas inclusivas.* Madrid: Narcea, 1999.

FOREST, M. (1988): «Full inclusion is possible». *Impact*, núm. 1, 1988, pp. 3-4.

FREINET, C. (1979): *Parábolas para una pedagogía popular.* 5.ª ed. Barcelona: Laia.

FREINET, C. (1990): *Per l'escola del poble.* Vic: Eumo Editorial. [El original es de 1969, y aglutina dos obras anteriores de C. Freinet: *L'école moderne française*, de 1945, y *Les invariants pedagògiques*, de 1964.]

GARCÍA ROCA, J. (1998): *La educación en el cambio de milenio.* Santander: Sal Terrae.

GONZÁLEZ RODRÍGUEZ, P. (2000): «Comunitat d'aprenentatge Ruperto Medina, de Portugalete». *Guix*, núm. 263, pp. 9-18.

HERNÁNDEZ, E., y VENTURA, M. (1992): *La organización del currículum por proyectos de trabajo.* Barcelona: Graó/ICE.

JOHNSON, D.W., y JOHNSON, R.T. (1994): «An Overview of cooperative Lear-ning», en: J.S. Thousand; R.A. Vila, y A.I. Nevin: *Creativity and Collaborative Learning. A Practical Guide to Empowering Students and Teachers.* Baltimore: Paul H. Brookes.

JOHNSON, D.W.; JOHNSON, R.T., y HOLUBEC, E.J. (1999): *El aprendizaje cooperativo en el aula.* Buenos Aires: Paidós.

JOHNSON, R.T., y JOHNSON, D.W. (1997): «Una visió global de l'aprenentatge cooperatiu». *Suports. Revista Catalana d'Educació Especial i Atenció a la Diversitat*, vol. 1, núm. 1, pp. 54-64.

JORBA, J., y CASELLAS, E. (eds.) (1996): *Estratègies i tècniques per a la gestió social a l'aula. Volum 1: la regulació i l'autoregulació dels aprenentatges.* Bellaterra: Universidad Autónoma de Barcelona. Instituto de Ciencias de la Educación.

MARÍN, S. (2001): «El aprendizaje cooperativo. Una propuesta de atención a la diversidad para el área de Matemáticas en la Educación Secundaria Obligatoria». [Tesis doctoral.] ICE / Universidad de Extremadura.

MARTÍ, E. (1997): «Trabajamos juntos cuando...». *Cuadernos de Pedagogía*, núm. 255, pp. 54-58.

Martínez Bonafé, J. (1994): «Los olvidados. Memoria de una pedagogía divergente». *Cuadernos de Pedagogía*, núm. 230, pp. 58-65.

Ovejero, A. (1990): *El aprendizaje cooperativo. Una alternativa eficaz a la enseñanza tradicional*. Barcelona: PPU.

Parrilla, A. (1992): *El profesor ante la integración escolar. «Investigación y formación.»* Capital Federal (Argentina): Cincel.

Piaget, J. (1969): *Psicología y pedagogía*. Barcelona: Ariel.

Porter, G.L. (2001): «Elements crítics per a escoles inclusives. Creant l'escola inclusiva: una perspectiva canadenca basada en quinze anys d'experiència». *Suports. Revista Catalana d'Educació Especial i Atenció a la Diversitat*, vol. 5, núm. 1, pp. 6-14.

Postman, N. (2000): *Fi de l'educació. Una redefinició del valor de l'escola*. Vic: Eumo Editorial.

Pujolàs, P. (1997a): «Intervenció psicopedagògica i assessorament curricular a l'Ensenyament Secundari Obligatori: l'atenció a la diversitat de necessitats educatives dels alumnes dins l'aula ordinària». [Tesis doctoral inèdita.] Universidad de Girona. Departamento de Pedagogía.

Pujolàs, P. (1997b): «Los grupos de aprendizaje cooperativo. Una propuesta metodológica y de organización del aula favorecedora de la atención a la diversidad». *Aula de innovación educativa*, núm. 59, pp. 41-45.

Pujolàs, P. (1999): «Atención a la diversidad y aprendizaje cooperativo en la ESO». *Revista de Educación Especial*, núm. 26, pp. 43-98.

Pujolàs, P. (2001): *Atención a la diversidad y aprendizaje cooperativo en la educación obligatoria*. Archidona (Málaga): Aljibe.

Putnam, J.W. (1993): *Cooperative Learning and Strategies for Inclusion. Celebrating Diversity in the Classroom*. Baltimore: Paul H. Brookes.

Renau, J. (1989): «Una nueva oferta educativa», en J.N. García Nieto [*et al.*]: *La sociedad del desempleo. Por un trabajo diferente*. Barcelona: Cristianisme i Justícia.

Rué, J. (1991a): *El treball cooperatiu*. Barcelona: Barcanova.

Rué, J. (1991b): «L'organització social de l'ensenyament-aprenentatge i l'agrupament dels alumnes», en J. Rué, y M. Teixidó (eds.): *Diversitat i agrupament d'alumnes*. Bellaterra: Universidad Autónoma de Barcelona. Instituto de Ciencias de la Educación, pp. 21-31.

Ruiz i Bel, R. (1997): «Les Adaptacions Curriculars Individualitzades a l'Escola Inclusiva com a elements d'un sistema. Consideracions sobre la seva extrapolació al nostre sistema educatiu». *Suports. Revista catalana d'Educació Especial i Atenció a la Diversitat*, vol. I, núm. 1, pp. 45-53.

Ruiz i Bel, R. (1999): «Algunes reflexions i propostes sobre aspectes conceptuals i pràctics de les Adequacions Curriculars. Disseny de "Bases Curriculars Comunes" per a tot l'alumnat i adequació personalitzada del currículum». *Suports. Revista catalana d'Educació Especial i Atenció a la Diversitat*, vol. 3, núm. 2, pp. 121-148.

Serrano, J.M., y Calvo, M.T. (1994): *Aprendizaje cooperativo. Técnicas y análisis dimensional*. Murcia: Caja Murcia, Obra Cultural.

Solé, I. (1992): *Estrategias de lectura*. Barcelona: Graó.

Solé, I. (1997): «Reforma y trabajo en grupo». *Cuadernos de Pedagogía*, núm. 255, pp. 50-53.

Slavin, R.E.; Sharan, S.; Kagan, S.; Hertz-Lazarpwotz, R.; Webb, C., y Schmuck, R. (eds.) (1985): *Learning to cooperate, cooperating to learn*. Nueva York: Plenum Press.

Stainback, S.B. (2001*a*): «The Inclusions Movement: A goal for rescructuring Education», en Margaret A. Winzer, y Kas Mazurek (eds.): *Defining Special Education into the 21st Century: Issues of Debate and Reform*. Wasch., D.C.: Gallaudet University Press.

Stainback, S.B. (2001*b*). «Inclusive Education». [Documento fotocopiado presentado en la Universidad de Vic].

Stainback, S.B. (2001*c*): «Components crítics en el desenvolupament de l'educació inclusiva». *Suports. Revista Catalana d'Educació Especial i Atenció a la Diversitat*, vol. 5, núm. 1, pp. 26-31.

Stainback, S., y Stainback, W. (1999): *Aulas inclusivas*. Madrid: Narcea. [Original de 1992.]

Stainback, S.; Stainback, W., y Jackson, H.J. (1999): «Hacia las aulas inclusivas», en S. Stainback, y W. Stainback: *Aulas inclusivas*. Madrid: Narcea, pp. 21-35.

Talizina, N. (1988): *Psicología de la enseñanza*. Moscú: Progreso.

Talizina, N. (1992): *La formación de la actividad cognoscitiva de los escolares*. México, D.F.: Ángeles Editores, S.A.

Trilla, J. (1992): «La educación no formal. Definición, conceptos básicos y ámbitos de aplicación», en J. Serramona (ed.): *La educación no formal*. Barcelona: CEAC, pp. 10 y s.

Unesco (1995): *Conferencia Mundial sobre necesidades educativas especiales*. Salamanca: Unesco: Ministerio de Educación y Ciencia.

Ventura, M. (1992): *Actitudes, valores y normas en el currículo escolar*. Madrid: Escuela Española.

Wilson, J.D. (1992): *Cómo valorar la calidad de la enseñanza*. Barcelona: Paidós.

r e c u r s o s
O C T A E D R O

Albert LAHUERTA MONTOLIU y Toni LLORET GRAU

Drogas: síntomas y signos

ISBN 84-8063-096-5

▼

Mila MARÍN y Rafael ZAMORA

Plan de acción tutorial

ISBN 84-88008-01-5

▼

Empar CALATAYUD y Octavi PALANCA

La evaluación en la educación primaria

ISBN 84-88008-03-1

▼

Rubem ALVES

La alegría de enseñar

ISBN 84-8063-226-7

▼

Jaume CARBONELL

La escuela: entre la utopía y la realidad

ISBN 84-8063-220-8

▼

Jordi FONT

La enseñanza de la tecnología en la ESO

ISBN 84-8063-231-3

▼

Philippe MEIRIEU

La escuela modo de empleo

ISBN 84-8063-287-9

▼

Leandro SEQUEIROS

Educar para la Solidaridad

Proyecto didáctico para una nueva cultura de relaciones entre los pueblos

ISBN 84-8063-247-X

▼

Saturnino de la TORRE

Cine formativo

ISBN 84-8063-224-0

▼

M.ª Antonia PUJOL i SUBIRÀ

La evaluación en el área de música

ISBN 84-8063-261-5

▼

Margarida BASSOLS y Ana M.ª TORRENT

Modelos textuales

Teoría y práctica

ISBN 84-8063-289-5

▼

Gerardo MARTÍNEZ CRIADO

El juego y el desarrollo infantil

ISBN 84-8063-288-7

Saturnino de la TORRE
Cine para la vida
ISBN 84-8063-331-X

▼

Maximiano CORTÉS
Guía para el profesor de idiomas
Didáctica del español y segundas lenguas
ISBN 84-8063-410-3

▼

Teodoro ÁLVAREZ ANGULO
El resumen escolar
ISBN 84-8063-356-5

▼

Irene de PUIG, Angélica SÁTIRO
Jugar a pensar
Recursos para aprender a pensar en educación infantil
ISBN 84-8063-423-5

▼

Antonio MENDOZA FILLOLA
Tú, lector
Aspectos de la interacción texto-lector en el proceso de lectura
ISBN 84-8063-355-7

▼

María de BORJA i SOLÉ
Las ludotecas
Instituciones de juego
ISBN 84-8063-460-X

▼

Agustí PASCUAL CABO
*Hacia una sociología curricular
en Educación de Personas Adultas*
ISBN 84-8063-411-1

▼

Saturnino de la TORRE y Oscar BARRIOS
Estrategias didácticas innovadoras
ISBN 84-8063-412-X

▼

Mª. Rosa MONTOLIU y Cora FUEGEL
Innovemos el aula
Creatividad, grupo y dramatización
ISBN 84-8063-420-0

▼

Rosa VÉLEZ y otros
Jugar y aprender
Talleres y experiencias en Educación Infantil
ISBN 84-8063-436-7

▼

Juan Jesús BASTERO
Astronomía sin dejar la Tierra
ISBN 84-8063-441-3

Rosa Ana CLEMENTE
Desarrollo del lenguaje
ISBN 84-8063-057-4

▼

A. FERRÁNDEZ, J. TEJADA, P. JURADO, A. NAVÍO y C. RUIZ
**El formador de Formación Profesional
y Ocupacional**
ISBN 84-8063-444-8

▼

Julia AÑORGA MORALES
La educación avanzada
ISBN 84-8063-467-7

▼

A. de LEÓN, A. MALAJOVICH, L. MOREAU DE LINARES
**Pensando la educación infantil
La sala de bebés**
ISBN 84-8063-475-8

▼

Yak RIVAIS
Cienjuegos
Ejercicios de lectura 7-11 años
ISBN 84-8063-515-0

▼

Philippe MEIRIEU
La opción de educar
Ética y pedagogía
ISBN 84-8063-487-1

▼

Mar CRUZ PIÑOL
Enseñar español en la era de Internet
La www y la enseñanza del español como lengua extranjera
ISBN 84-8063-556-8

▼

M.ª Paz CALATAYUD y Emilia SERRA
Las relaciones de amor en los adolescentes de hoy
ISBN 84-8063-524-X

▼

Fernando TRUJILLO y M.ª Remedios FORTES (eds.)
Violencia doméstica y coeducación
Un enfoque multidisciplinar
ISBN 84-8063-559-2

▼

Anna CARPENA
Educación socioemocinal en la etapa de primaria
Materiales prácticos y de reflexión
ISBN: 84-8063-606-8

▼

Mireia BASSOLS (coord.)
Expresión-comunicación y lenguajes en la práctica educativa
Creación de proyectos
ISBN: 84-8063-594-0

Encarna HIDALGO, Dolores JULIANO, Montserrat ROSET y Àngels CABA

Repensar la enseñanza de la geografía y la historia

Una mirada desde el género

ISBN: 84-8063-578-9

▼

Chris KYRIACOU

Antiestrés para profesores

ISBN: 84-8063-593-2

▼

Anne-Marie VENNER

40 juegos para la expresión corporal

De 3 a 10 años

ISBN: 84-8063-621-1

▼

Saturnino de la TORRE

Dialogando con la creatividad

De la identificación a la creatividad paradójica

ISBN: 84-8063-618-1